高等院校精品课程系列教材

金融工程
Financial Engineering

付剑茹 周德才 陈华 编著

机械工业出版社
China Machine Press

图书在版编目（CIP）数据

金融工程 / 付剑茹，周德才，陈华编著. -- 北京：机械工业出版社，2022.9
高等院校精品课程系列教材
ISBN 978-7-111-71936-6

I. ①金… II. ①付… ②周… ③陈… III. ①金融学—高等学校—教材 IV. ①F830

中国版本图书馆CIP数据核字（2022）第202172号

    本书是作者20余年教学经验的总结，全书框架清晰，深入浅出，在注重知识点前后呼应、推导严谨的同时，特别注意数学模型与金融学的紧密结合。此外，作者还设计了例题和练习，并提供了配套练习答案，有助于商科和文科学生学习。

    本书不仅适用于金融工程、金融学等专业本科教学，也适用于金融工程、金融学等专业研究生教学，还可用于金融工程、金融衍生工具及金融风险管理等课程的教学和学习。对于初学者和金融从业人员来说，本书不失为一本有益的参考书。

金融工程

出版发行：机械工业出版社（北京市西城区百万庄大街22号 邮政编码：100037）	
责任编辑：马新娟	责任校对：张亚楠 张 征
印 刷：三河市国英印务有限公司	版 次：2022年12月第1版第1次印刷
开 本：185mm×260mm 1/16	印 张：16.75
书 号：ISBN 978-7-111-71936-6	定 价：59.00元

客服电话：（010）88361066 68326294

版权所有·侵权必究
封底无防伪标均为盗版

作者简介

付剑茹，男，1974年出生，江西高安人，博士，教授，博士生导师，现任江西师范大学财政金融学院副院长。中国金融教育发展基金会"金融院校百名优秀教师"，江西省统计学会常务理事，江西省货币信贷政策咨询专家，全国师范大学经济与管理学院（商学院）院长联席会理事，国家社会科学基金和国家自然科学基金通讯评审专家，国家社会科学基金项目成果鉴定专家。主持国家社会科学基金重大招标项目子课题1项、国家自然科学基金项目3项、教育部等省部级项目近20项；在《管理科学学报》《中国管理科学》《管理工程学报》等期刊公开发表核心论文50余篇，出版专著4部；其专著和论文获得江西省社会科学优秀成果类等奖项7项；其金融教学案例入选中国金融专业学位案例中心库。

周德才，男，1974年出生，江西修水人，教授，博士生导师，南昌大学统计学博士点负责人，宝钢优秀教师，江西省"井冈学者"特聘教授。荣获省级教学成果奖3项、省社会科学优秀成果奖3项。主持国家社会科学基金2项、省部级项目14项，在《数量经济技术经济研究》《系统工程理论与实践》等刊物上发表论文40多篇，其中C刊达23篇。

陈华，男，1972年出生，江西瑞昌人，南昌大学数量经济学专业研究生毕业，现任九江学院教师，从事金融专业教学20余年，主讲金融风险管理与金融工程课程，深受学生喜爱和好评，荣获学校"优秀教师"称号。

20世纪50年代前,金融科学大多基于经验分析,处于定性描述阶段。1952年,哈里·马科维茨发表了博士论文《证券组合选择》,提出了投资组合理论,开创了现代金融理论,使金融科学进入了定量分析阶段。投资组合理论的产生被称为"华尔街第一次革命"。20世纪70年代,金融科学经历了第二次根本性的变革,由分析型科学转变为工程科学。1973年,费希尔·布莱克和迈伦·斯科尔斯发表论文《期权定价与公司债务》,对期权定价问题进行了解答。布莱克-斯科尔斯公式给金融行业带来了现代鞅和随机分析的方法。这种方法使投资银行能够对"衍生证券"进行生产、定价和套期保值。布莱克-斯科尔斯公式使人们认识到用"无套利假设"为金融产品定价是非常有效的。这一思想被斯蒂芬·罗斯等进一步发展为"无套利定价理论"(1978年)。1979年,科克斯、罗斯和鲁宾斯坦就用这样的方法,先对离散时间的期权定价,再取极限连续化,同样得到布莱克-斯科尔斯期权定价公式。随着金融创新、金融工程技术及计算信息技术的飞速发展,20世纪80年代末90年代初,金融工程作为一门工程型的新兴学科开始出现。它将工程思维引入金融领域,综合采用各种工程技术方法(主要有数学建模、数值计算、网络图解、仿真模拟等),设计、开发和实施新型的金融产品,创造性地解决各种金融问题。

进入新世纪后,我国的金融改革不断深入,金融衍生品市场迅速发展,给我国的金融工程科学提供了巨大的发展空间,同时也带来了挑战,意味着未来我国急需大量的金融工程人才。作为教育工作者,我们希望能在金融工程人才培养上做出贡献。在多年的金融工程教学过程中,我们接触并采用过不少优秀教材和著作,这些教材和著作给了我们很多启发,特别是由洛伦兹·格利茨著、唐旭等人翻译的《金融工程学》(修订版)和由约翰·赫尔著、王勇等人翻译的《期权、期货及其他衍生产品》(原书第9版)这两本著作,对我们影响很大。本教材可以说是作者在使用和学习这些优秀教材和著作过程中的一些体会和领悟。

全书可分为三大部分:第一部分为第1章,介绍金融工程产生的原因、金融工程的内涵、交易工具的创新,以及金融工程与风险管理的关系,提出金融工程的主要内容是金融产品设计、定价、金融资产组合管理和风险管理;第二部分为第2~13章,介绍了远期、期货、互换和期权等主要金融衍生品的运营机理、产品定价、产品运用与交易策略等方面的内容;第三部分为第14~16章,主要介绍市场风险和信用风险,并介绍了因管控信用风险而派生的信用衍生品。本教材在编写过程中,力求知识点的前后一致性和呼应性,努力保证知识推导严谨,注重深入浅出的写作风格,希望能够满足不同层次的读者。

本教材适用范围广泛,不同专业、不同层次的读者可以根据自己的需求选取不同章节的内容进行学习。

对于非金融工程专业的本科生或初学者,根据课时情况,可以对第4章、第11章、第12章、第13章、第15章、第16章的内容进行灵活选择。对于金融衍生工具课程的教学,可以采用第1~10章及第16章的内容。对于研究生,无论金融工程课程还是金融衍生工具课程,建议全部内容都要涉及。

本书虽已完稿,但有些工作还有待进一步完善。其中,金融风险管理部分的讲解比较粗略,由于金融资产有效管理部分在其他金融教科书中有讲解,本教材并未编入。限于编者的学识与经验,本书还有不足之处,希望读者不吝批评与指正,以便我们进一步完善。

最后,感谢众多同行专家学者、兄弟院校、出版社及社会各界,衷心感谢读者的咨询、勘误和建议。

编者

教学目的

本课程教学的目的在于让学生掌握金融工程的基本知识、原理和金融衍生工具,主要包括金融工程概论、金融衍生工具和风险管理三大部分,要求学生从多个方面掌握金融衍生工具和金融工程的理论知识和业务知识。本教材不仅介绍了当今金融衍生工具和金融工程理论的最新发展,而且全面介绍了金融衍生工具设计、定价、估值及金融风险管理的实用方法,使学生能够理论联系实际,较快地投入金融实际工作,为今后从事金融工作打下坚实的基础。

前期需要掌握的知识

金融学、经济学等课程相关知识。

学时分布建议

教学内容	学习要点	学时安排	
		本科生	研究生
第1章 概论	① 金融工程的定义与内涵 ② 金融工程的发展历程 ③ 金融工程的分解、组合和整合技术 ④ 金融工程的定价技术 ⑤ 金融工程与风险管理的关系	4	3

(续)

教学内容	学习要点	学时安排	
		本科生	研究生
第2章 远期价格	① 无套利均衡 ② 判断市场是否均衡 ③ 如果不均衡，如何设计套利交易 ④ 套利交易如何改变市场价格 ⑤ 市场如何从失衡恢复到均衡	4	3
第3章 远期利率协议	① FRA 交易的流程及术语 ② 交割额的计算 ③ FRA 是如何避险的 ④ FRA 的无套利定价原理 ⑤ FRA 的估值	4	3
第4章 综合远期外汇协议	① SAFE 交易的流程及术语 ② 交割额的计算 ③ SAFE 的定价 ④ 用现金交易为衍生交易避险 ⑤ 场外交易的特点	6	4
第5章 期货基础	① 期货的起源和发展历史 ② 期货合约的内容 ③ 期货交易的具体流程 ④ 期货市场的职能和面临的风险 ⑤ 期货的交易制度	4	3
第6章 短期利率期货	① 交易的重要日期和交易流程 ② 用最小价值变动计算盈亏 ③ 套利定价 ④ 标准化合约给避险带来的麻烦 ⑤ 短期利率期货与 FRA 的差异	4	3
第7章 债券和股票指数期货	① 转换因子的作用 ② 净价的含义 ③ 现金-持有定价法的步骤和原理 ④ 复制指数的方法 ⑤ 股票转化为现金和现金转化为股票的原理	4	3
第8章 互换	① 什么是互换，为什么要互换 ② 互换的交易流程及利息净额的计算 ③ 名义到期收益率与实际到期收益率、贴现因子与贴现函数、定价与估值、零息票利率、面额债券利率、互换利率、远期利率 ④ 零息票利率、面额债券利率、互换利率、远期利率之间的关系 ⑤ 互换均衡价格的推导	6	4

(续)

教学内容	学习要点	学时安排	
		本科生	研究生
第 9 章 期权基础	① 期权的定义和特点 ② 期权价值的构成 ③ 期权价值的影响因素 ④ 期权价格的上下限 ⑤ 看跌-看涨平价关系	4	3
第 10 章 期权定价之二叉树	① 无套利定价方法与风险中性定价方法 ② 二叉树估值方法公式的推导 ③ 多步二叉树方法的应用 ④ 对美式期权定价	4	3
第 11 章 股票价格随机过程	① 马尔可夫过程、维纳过程、广义维纳过程及伊藤过程的概念和性质 ② 股票价格随机过程 ③ 伊藤引理及其应用 ④ 股票价格的分布性质及股票收益率分布	4	3
第 12 章 期权定价之 B-S-M 公式	① 用微分方程法推导 B-S-M 微分方程 ② 风险中性定价的理论基础 ③ 用风险中性定价方法推导 B-S-M 期权定价公式 ④ B-S-M 期权定价公式性质与理解 ⑤ 隐含波动率的概念和计算	6	4
第 13 章 数值方法基础	① 蒙特卡罗模拟法和有限差分法的原理 ② 多个标的资产的衍生品和亚式期权的蒙特卡罗模拟定价 ③ 美式期权的有限差分法定价	4	4
第 14 章 市场风险	① 金融市场风险含义及其类型 ② 市场波动性含义及其度量 ③ VaR 方法基本原理 ④ 基于正态分布的 VaR 值计算和基于历史模拟法的 VaR 值计算 ⑤ 应用 VaR 进行市场风险控制	4	4
第 15 章 信用风险	① 信用风险的含义 ② 计算估计违约概率的多种方法 ③ 风险中性违约概率和现实世界违约概率 ④ 风险敞口的计算	6	4

(续)

教学内容	学习要点	学时安排	
		本科生	研究生
第 16 章 信用衍生品	① 信用违约互换运行机制 ② 信用违约互换的定价方法 ③ 总收益互换的运行机制 ④ 合成 CDOs 的运行机制	4	3
学时总计		72	54

说明:

1) 对于"金融工程"课程, 金融工程专业的本科生, 建议每周按 4 学时开设, 每学期 18 周, 共 72 学时; 金融学类其他专业的本科生, 建议每周按 3 学时开设, 每学期 18 周, 共 54 学时(教师可以不讲授第 4 章、第 13 章、第 15 章和第 16 章); 非金融学类专业的本科生, 建议每周按 2 学时安排, 每学期 18 周, 共 36 学时(教师可以不讲授第 4 章、第 11~13 章、第 15 章、第 16 章)。

2) 对于"金融衍生工具"课程(本科生), 如果采用本教材, 可以选择第 1~10 章及第 16 章的内容。

3) 对于研究生, 无论"金融工程"课程, 还是"金融衍生工具"课程, 建议老师对本书全部内容都要涉及, 每周按 3 学时安排, 每学期 18 周, 共 54 学时。

4) 学时分布建议表所设定的学时数包含学生线上(或课后)的自学学时。教师可以根据学生的具体接受能力、教师自身的教学特点及不同要求, 采用线上线下混合教学模式, 灵活调整相应学时。

作者简介
前言
教学建议

第1章 概论 ················· 1
1.1 金融工程 ················· 1
1.2 金融工程学的方法论 ········ 5
1.3 金融工程学的发展 ·········· 11
1.4 金融工程与风险管理 ········ 12
本章小结 ······················ 13
本章重点 ······················ 13
练习 ·························· 13
练习答案 ······················ 14

第2章 远期价格 ············ 15
2.1 远期价格的定义与确定 ······ 15
2.2 套利与远期价格 ············ 17
2.3 远期汇率 ·················· 20
2.4 远期利率 ·················· 27
2.5 四种价格 ·················· 32
2.6 三类交易者 ················ 33

2.7 远期对远期贷款中的资本金占用
    问题 ···················· 34
本章小结 ······················ 35
本章重点 ······················ 36
练习 ·························· 36
练习答案 ······················ 37

第3章 远期利率协议 ········ 39
3.1 概念 ······················ 39
3.2 交割 ······················ 40
3.3 FRA的避险功能 ············ 41
3.4 FRA的定价 ················ 43
3.5 FRA的利率表现 ············ 44
3.6 FRA的估值 ················ 44
本章小结 ······················ 45
本章重点 ······················ 45
练习 ·························· 45
练习答案 ······················ 46

第4章 综合远期外汇协议 ···· 48
4.1 汇差与利差 ················ 48

4.2 综合远期外汇协议（SAFE）
　　 产生的原因 ………………… 48
4.3 SAFE 的相关术语 …………… 51
4.4 SAFE 的交割 ………………… 53
4.5 SAFE 的定价 ………………… 54
4.6 SAFE 的报价 ………………… 55
4.7 实例 …………………………… 55
4.8 为 SAFE 避险 ………………… 58
4.9 FRA 和 SAFE 的好处 ………… 60
本章小结 ………………………… 61
本章重点 ………………………… 61
练习 ……………………………… 61
练习答案 ………………………… 62

第 5 章　期货基础 ………………… 65
5.1 期货的起源和发展历史 ……… 65
5.2 期货合约 ……………………… 66
5.3 期货交易 ……………………… 69
5.4 期货市场及其职能与风险 …… 73
5.5 期货交易制度 ………………… 75
本章小结 ………………………… 79
本章重点 ………………………… 80
练习 ……………………………… 80
练习答案 ………………………… 84

第 6 章　短期利率期货 …………… 86
6.1 基础知识 ……………………… 86
6.2 套利定价机制 ………………… 89
6.3 基差与对冲 …………………… 90
6.4 期货价格与现货价格的收敛 … 91
6.5 关于收益率曲线与基差（仅讨论 $t_S = t_F$ 的期货合约） …………… 92
6.6 期货价格与市场利率 ………… 93
6.7 短期利率期货与 FRA 的对比 … 93
6.8 套期组合头寸 ………………… 93
本章小结 ………………………… 94

本章重点 ………………………… 95
练习 ……………………………… 95
练习答案 ………………………… 96

第 7 章　债券和股票指数期货 …… 98
7.1 债券期货的几个重要概念 …… 98
7.2 债券期货的现金-持有
　　 定价法 ……………………… 100
7.3 运用债券期货进行套期保值的
　　 基本策略 …………………… 101
7.4 股票指数 …………………… 101
7.5 股指期货合约的定义 ……… 102
7.6 股指期货的现金-持有
　　 定价法 ……………………… 103
本章小结 ………………………… 104
本章重点 ………………………… 105
练习 ……………………………… 105
练习答案 ………………………… 106

第 8 章　互换 ……………………… 108
8.1 标准互换 …………………… 108
8.2 以利率互换为例展示互换中各重要
　　 日期间的关系 ……………… 109
8.3 利率互换的定价——零息票互换
　　 定价法 ……………………… 110
8.4 贴现因子和贴现函数 ……… 112
8.5 互换利率的公式推导 ……… 113
8.6 利率互换的估值 …………… 117
8.7 货币互换的定价与估值 …… 119
8.8 货币互换与远期外汇
　　 交易组合 …………………… 121
8.9 互换的无风险套利策略 …… 122
本章小结 ………………………… 123
本章重点 ………………………… 123
练习 ……………………………… 123
练习答案 ………………………… 124

第9章 期权基础 ········ 126

9.1 期权概述 ········ 126
9.2 期权的价值 ········ 128
附录9A 连续复利 ········ 133
本章小结 ········ 136
本章重点 ········ 136
练习 ········ 136
练习答案 ········ 137

第10章 期权定价之二叉树 ········ 139

10.1 二叉树之无风险套利定价 ········ 139
10.2 二叉树之风险中性定价 ········ 142
10.3 参数的确定 ········ 144
10.4 二叉树步数增加 ········ 146
10.5 美式期权 ········ 150
本章小结 ········ 151
本章重点 ········ 151
练习 ········ 151
练习答案 ········ 151

第11章 股票价格随机过程 ········ 154

11.1 马尔可夫过程与有效市场理论 ········ 154
11.2 维纳过程 ········ 155
11.3 广义维纳过程 ········ 156
11.4 伊藤过程 ········ 157
11.5 股票价格随机过程 ········ 158
11.6 股票百分比收益率分布 ········ 159
11.7 伊藤引理 ········ 160
11.8 股票价格分布 ········ 161
11.9 股票对数收益率的分布 ········ 163
11.10 μ 和 $\mu - \sigma^2/2$ ········ 164
附录11A 伊藤引理的推导过程 ········ 165
本章小结 ········ 166
本章重点 ········ 166
练习 ········ 166
练习答案 ········ 167

第12章 期权定价之B-S-M公式 ········ 170

12.1 B-S-M公式推导之微分方程法 ········ 170
12.2 B-S-M公式推导之风险中性定价 ········ 173
12.3 B-S-M公式性质与理解 ········ 175
12.4 隐含波动率 ········ 176
本章小结 ········ 177
本章重点 ········ 178
练习 ········ 178
练习答案 ········ 178

第13章 数值方法基础 ········ 183

13.1 蒙特卡罗模拟法 ········ 183
13.2 有限差分法 ········ 190
本章小结 ········ 194
本章重点 ········ 194
练习 ········ 194
练习答案 ········ 194

第14章 市场风险 ········ 196

14.1 市场风险概述 ········ 196
14.2 市场变量波动率计算 ········ 199
14.3 风险价值度 ········ 203
14.4 基于历史模拟法的VaR计算 ········ 208
14.5 利用VaR值进行市场风险控制 ········ 213
本章小结 ········ 215
本章重点 ········ 216
练习 ········ 216
练习答案 ········ 216

第15章 信用风险 ········ 219

15.1 信用风险的概念 ········ 219

15.2	信用风险度量 ……………	220	16.3 两点信用互换 ……………	245
15.3	违约概率的计算 ……………	222	16.4 CDS远期合约与期权合约 ……	246
15.4	衍生品交易中的信用风险 ……………	230	16.5 违约篮子互换 ……………	246
			16.6 总收益互换 ……………	247

本章小结 …………………………… 235
本章重点 …………………………… 236
练习 ………………………………… 236
练习答案 …………………………… 237

第 16 章 信用衍生品 …………… 240

16.1 CDS 的相关定义 …………… 240
16.2 CDS 定价 …………………… 243
16.3 两点信用互换 ……………… 245
16.4 CDS 远期合约与期权合约 … 246
16.5 违约篮子互换 ……………… 246
16.6 总收益互换 ………………… 247
16.7 CDO ………………………… 248
16.8 合成 CDOs ………………… 249
本章小结 …………………………… 250
本章重点 …………………………… 250
练习 ………………………………… 250
练习答案 …………………………… 251

参考文献 ………………………… 254

第1章 概论

1.1 金融工程

1.1.1 金融工程的出现及其涵盖范围

金融工程与衍生证券市场经历了从简单到复杂、从市场风险到信用风险、从少数到普及的过程。简要历程如下：

1）1972年5月16日，芝加哥商品交易所（Chicago Mercantile Exchange，CME）的国际货币市场（International Monetary Market，IMM）分部推出外汇期货合约，这标志着金融期货的诞生，从而掀开期货市场发展的黄金时代。

2）1973年4月26日，芝加哥期权交易所（Chicago Board Options Exchange，CBOE）成立并开始交易16只股票的场内认购期权，标志着金融期权的诞生。

3）1981年，在所罗门兄弟公司的安排下，世界银行发行债券所筹集的29亿美元与IBM公司发行债券所筹集的德国马克和瑞士法郎进行了货币互换，标志着互换与国际资本市场真正融为一体。

4）1992年，美国纽约互换市场出现了与信用有关的衍生品，国际掉期与衍生品协会（International Swaps and Derivatives Association，ISDA）创造出信用衍生品（Credit Derivatives）这一名词，标志着信用衍生品的产生。

因此，20世纪80年代末90年代初，人们创造性地解决金融问题有了坚实的基础，金融工程就产生了。一般认为，金融工程的根本目的是创造性地解决金融问题，其涵盖的范围主要有金融创新、金融资产定价、金融资产组合管理和金融风险管理。正如美国经济学家约翰·芬尼迪（John Finnerty）于1988年所指出的，金融工程包括新型工具与金融手段的设计、开发和实施，并创造性地解决金融问题。

1.1.2　金融工程得以迅速发展的原因

金融工程得以迅速发展主要受下面四种因素的影响。

1. 经济因素

（1）各类价格波动加剧

经济环境急剧变化导致的不确定性增强，或者说各类价格的波动增大是金融工程发展的重要因素之一。这类因素主要是：其一，20世纪70年代布雷顿森林体系崩溃导致汇率波动增大，汇率通过利率平价引起利率的波动加大，利率变动又导致金融资产价格波动。其二，20世纪70年代两次石油价格冲击，导致全球通货膨胀加剧，通胀的压力导致了市场浮动利率的盛行。为规避汇率和利率风险，各种风险管理工具和技术便应运而生，如期货、期权、套期保值等。

（2）金融创新推动

严格的金融管制通常会引致金融机构的金融创新。20世纪80年代以前，西方各国政府对金融机构实行严格管制，如分业经营和利率管制等，给金融机构的生存带来了不利影响。这样，金融机构便通过组织创新、工具创新等来逃避金融管制，金融创新的迅猛发展推动了金融工程的发展。

（3）理财需求增长

经济增长或经济发展水平提高促进了社会财富的增长，引致了经济生活中广泛的理财需求，如家庭理财、公司理财等。这些需求推动了个性化金融服务和金融产品的创新。值得一提的是，公司理财中一个重要的方面是合理避税的需求。许多国家为经济发展的需要，采用税收减免或差别税率等税收政策，这种税收不对称给了金融工程师可以利用的机会。利用金融工程的手段可以帮助企业实现有效的避税，使得金融工程在这方面大有用武之地。

2. 技术因素

技术因素主要是指相关技术性科学发展对金融工程的推动作用，包括数理分析技术、计算机信息技术及数值计算和仿真技术等。

（1）数理分析技术

数理分析技术主要包括数学方法和统计计量学方法。数理分析方法包含的内容很广泛，从基本的代数、微积分、概率论和线性代数，到微分方程、运筹学和优化技术，再到模糊数学、博弈论、随机过程、拓扑结构、泛函分析、实分析、非参数估计、时间序列分析。此外，还有混沌理论、小波理论、遗传算法、神经网络、复杂系统理论等，都已经在金融研究和实践中开始了广泛的应用。

（2）计算机信息技术

计算机信息技术的进步为金融工程的发展起到了关键性推动作用。计算机的大规模运算和数据处理能力及远程通信技术，使实施大型金融工程设计成为可能。首先，运用计算机信息技术开发出的各种计算和分析软件包，为金融工程提供了开发和实施各种新型金融产品、解决财务金融问题的手段。其次，计算机和现代通信技术的应用，创造了全球性金融市场，促进了各类金融机构开展金融工程活动。最后，信息技术的进步使市场获取信息的速度和数据都大为增加，这使得个别市场上的异常交易价格迅速蔓延到周边乃至世界市场，加剧了全球市场价格的波动性，对价格风险的防范提出了更高要求，这就产生了市场交易者对金融工程的巨大需求。

（3）数值计算和仿真技术

数值计算和仿真技术的发展在金融工程发展中也占有重要的位置。采用数值计算和仿真技术建立的模型比传统模型更贴近现实且更灵活，容易推广使用，而且减少了交易员严格逻辑推演的工作量和场合，因为许多逻辑推理是由计算机程序帮助实现的。基于数值计算和仿真技术建立金融产品估价模型的方法，大大提高了金融产品创新的速度。估价方法的重点从严格的封闭式的模型转移到理论不高深但计算量很大的方法，其广泛应用得益于计算机信息技术的支持。目前应用较多的数值计算和仿真技术有代数格、有限差分和统计模拟等。

3. 人才因素

（1）"火箭科学家"

金融工程活动是一个知识和智力密集型的运作过程。没有雄厚的人才资源支撑，是不可能开展大规模的金融工程活动的。而且，这些高智力人才的行为方式对金融工程运作和发展有极大的影响，换言之，金融工程的许多特征，原本就是这些参与金融工程的人才带来的。极端地说就是，金融工程不过是金融工程师活动的方式，是这些人才的内在素质或知识结构的体现而已。冷战结束之后，大量的物理、数学人才从军事领域转向了其他领域，美国招募了数以千计的数学家、物理学家、计算机科学家和工程师从事金融工程的研究，这些人才被称为"火箭科学家"。从事金融工程的这些"火箭科学家"的知识结构、思维方式和行为方式是具有承继性和惯性的，这些特征必然带入并烙刻在金融工程活动之中。这类新型金融人才主要从事金融产品的开发和研究，为金融机构和客户解决复杂的金融难题。为了回应金融机构的需求，全球许多著名大学开始培养具有深厚数理分析和计算机技能的金融工程人才。

（2）金融工程师

"金融工程师"这一概念最早是由伦敦的银行界提出的。1991年，国际金融工程师协会（International Association of Financial Engineer，IAFE）成立，该协会旨在为那些从事金融工程理论和实务的人提供联系和交流的途径，加强金融工程教育和对金融工程的研究。金融工程师是一群利用金融工程技术设计新型金融工具，并创造性地解决金融问题的专业人才，他们首先进行风险分析，即风险识别、风险计量、风险管理策略的确定，然后运用各种金融衍生工具进行结构化的组合和拼装，以实现理想的金融目标。可以说，金融工程师是站在前沿的金融创新人才。

在西方金融机构中，根据工作重心的不同，金融工程师可以分为三类：一是产品人员，其工作是根据客户的需要，从现有的金融产品库中挑选适当的产品并进行合成以满足客户的需要；二是创新人员，其职责是同产品人员一道，在现有金融产品无法实现预期目标的情况下，设计和创造出新的金融产品或金融交易方式以满足客户的要求；三是漏洞活动人员，他们积极利用会计准则、税则和金融规章的任何一个漏洞，以达到盈利的目的。金融工程师是推动金融创新的最重要的人才资源。

4. 理论因素

无论将金融工程视为一种金融创新的实践，还是一门新兴的金融学科，它都是金融发展到一定阶段的一种体现，都要带上不同阶段金融理论的烙印。金融工程学科的发展是金融学科发展的自然结果，是金融学科由描述性过渡到分析性，再过渡到工程化阶段的产物。

（1）现代金融理论诞生

金融学真正从一门描述性的科学向分析性的科学转变始于20世纪50年代哈里·马科维茨的创造性工作。马科维茨的资产组合选择理论和莫迪利安尼-米勒的MM定理的提出促成了"华尔街的第一次革命"，是现代金融理论诞生的标志，从此金融学开始了定量化发展的方向。由经济学中的完全竞争市场发展出来的无套利原则为资本市场定价提供了理论基础。直到现在，金融工程的理论基础仍是这两大理论，一切金融工具的设计和定价仍围绕着这两套理论进行。资本资产定价模型和套利定价模型的建立，标志着现代金融和财务理论开始走向成熟。而且，银行金融界的实务人员开始实际地应用这些发展出来的理论和工具进行资产组合选择和套期保值决策。

（2）数理金融理论深化

1973年，芝加哥期权交易所推出股票期权的同时，布莱克-斯科尔斯定价公式为金融工具的定价提供了第一件有用的武器，促成了"华尔街的第二次革命"。此后，围绕该模型，按照标准的科学研究方法，金融学家对其进行修正，按照实际情况改造模型使其适应美式期权和欧式期权等。围绕定价问题，金融市场理论为金融工程的发展提供了理论依据。此外，20世纪80年代达莱尔·达菲等人在不完全资产市场一般均衡理论方面的经济学研究，为金融创新和金融工程的发展提供了重要的理论支持。他们的工作从理论上证明了金融创新和金融工程的合理性和对提高社会资本资源配置效率的重大意义。由金融工程作为技术支持的金融创新活动不仅转移价值，而且通过增加金融市场的完全性和提高市场效率实际地创造价值。从而，金融科学的工程化不只是给一部分人带来好处，而是为整个社会创造效益。

1.1.3 金融工程学的定义

1991年，IAFE给出了比较权威的界定：金融工程是借助庞大而先进的金融信息系统，用系统工程的方法将现代金融理论与计算机信息技术综合在一起，通过建立数学模型、网络图解、仿真技术等各种工程技术方法，设计开发出新型的金融产品，创造性地解决各种各样的金融问题的学科。1998年，英国学者劳伦斯·盖尔利兹对金融工程学界定如下：运用工程的方法重新构造现在的金融状况，使之具有人们所期望的收益和风险组合特性。

金融工程学被公认为是一门将工程思维引入金融领域，融现代金融学、工程方法与信息技术于一体的交叉性学科。一般来说，金融工程学有广义和狭义两种定义。广义上说，金融工程学是将工程思维引入金融领域，综合采用各种工程技术方法（数学建模、数值计算、网络图解、仿真模拟等）设计、开发和实施新型金融产品，创造性地解决各种金融问题的金融学。狭义上说，金融工程学是对组合金融工具和风险管理技术的研究。

需要说明的是，金融工程中可选择的金融工具既可以单独使用，也可以按不同方式组合起来，以达到人们的不同目的，就像机械工程中的零件一样。金融工程的魅力就在于创造了几乎无限的选择以满足不同的需要。

1.2 金融工程学的方法论

1.2.1 金融工程技术：分解、组合与整合

模块式（或结构化）的分解、组合技术和整合技术是金融工程的核心技术，它把各种金融工具看作零部件，采用不同的方式组装起来，创造具有符合特殊需求的流动性和收益与风险特性的新型金融产品来满足客户的需要。现有的金融工具或企业财务架构可以通过"剥离"等分解技术分解其收益与风险，从而在金融市场上实现收益与风险的转移及重新配置金融资产。

1. 分解技术

分解技术就是在原有金融工具的基础上，将其构成因素中的某些高风险因子进行剥离（Stripping），使剥离后的各个部分独立地作为一种金融工具参与市场交易，既消除原有金融工具的风险，又适应不同偏好投资人的实际需要。它包含以下三层含义：第一，从单一金融工具中进行风险因子分离，使分离后的因子成为一种新型工具参与市场交易；第二，从若干个金融工具中进行风险因子分离；第三，对分解后的新成分进行优化组合，构成新型金融工具。

2. 组合技术

组合技术主要运用远期、金融期货、互换及期权等衍生金融工具的组合体对金融风险

暴露（或敞口风险）进行规避或对冲。组合技术的基本原理是根据实际需要构成一个相反方向的头寸全部冲掉或部分冲销原有的风险暴露。组合技术主导思想是用数个原有金融衍生工具来合成理想的对冲头寸。由于组合技术灵活性强，因此可以无限地构成新型金融工具或产品。

3. 整合技术

"整合"一词的英文 integration 来自拉丁文 integration，其词义是更新、修复，目前有综合、集成、一体化等解释。按系统论的观点，整合是一个系统为实现系统目标将若干部分、要素联系在一起，使之成为一个整体的、动态有序的行为过程。整合技术是把两个或两个以上不同种类的金融工具在结构上进行重新组合或集成，其目的是获得一种新型的混合金融工具，使它一方面保留原有金融工具的某些特性，另一方面创造新的特性，以适应投资人或发行人的实际需要。

4. 分解、组合与整合技术的区别与联系

分解技术主要在既有金融工具的基础上，通过拆开风险对其进行结构分解，使那些风险因素与原工具分离，创造出若干新型金融工具，以满足不同偏好投资人的需求；组合技术主要在同一类金融工具或产品之间进行搭配，通过构造对冲头寸规避或抑制风险暴露，以满足不同风险管理者的需求；整合技术主要在不同种类的金融工具之间进行融合，使其形成具有特殊作用的新型混合金融工具，以满足投资人或发行人的多样化需求。分解、组合和整合技术都是对金融工具的结构进行变化，其技术方法的共同优点是灵活、多变和应用面广。

1.2.2　金融工程基本分析方法

金融工程学大量采用工程化的方法论，立足于解决金融产品开发、实施及改进等问题，目前已融入了数学模型法、数值计算法和仿真模拟法，如模型构建、有限差分法、蒙特卡罗模拟法等技术手段。这里延续分解、组合与整合技术思路，主要介绍积木分析法、无套利分析法、风险中性定价法和状态价格定价法。

1. 积木分析法

积木分析法也叫模块分析法，是金融工程中的一种常用分析方法，主要是通过将金融产品如同积木一般的分解组合，辅助金融问题的解决。金融工程产品和方案由股票、债券等基础性证券和 4 种衍生证券构造组合而成，积木分析法非常适合金融工程。积木分析法的重要工具是金融产品回报图或损益图。横轴反映金融资产价格的变化（ΔP），纵轴反映金融工具价值的变化（ΔV）或损益。为了解决不同的财务金融问题，金融工程师们将两种或多种金融积木组合起来，形成许许多多具有不同现金流特征的金融工具。我们列出单个期权的四种损益图（不考虑期权费），如图 1-1 所示。

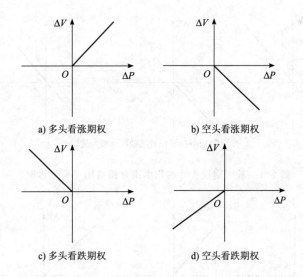

图 1-1 单个期权的四种损益图

以期权头寸为基础,金融工程师可以通过积木组合的方式,得到不同的损益结果。部分积木组合方式如图 1-2～图 1-5 所示。

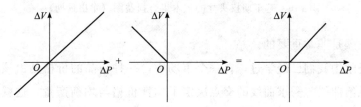

多头金融价格风险+多头看跌期权=多头看涨期权

图 1-2 基于期权头寸的积木组合损益图(多头看涨期权)

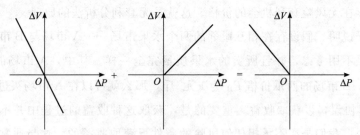

空头金融价格风险+多头看涨期权=多头看跌期权

图 1-3 基于期权头寸的积木组合损益图(多头看跌期权)

2. 无套利分析法

现代金融理论发端于 20 世纪 50 年代初哈里·马科维茨的组合投资理论,50 年代后期由莫迪利安尼和米勒提出了无套利分析法。金融工程学是一种以无套利分析为基本方法的对金融市场进行数量分析的现代金融理论。金融工程基本分析方法中,从均衡分析法到无

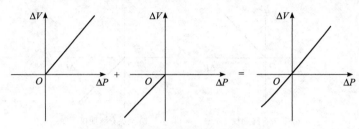

买入看涨期权+卖出看跌期权＝买入远期

图1-4 基于期权头寸的积木组合损益图（买入远期）

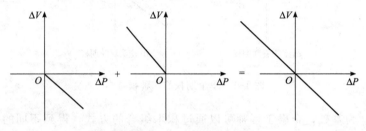

卖出看涨期权+买入看跌期权＝卖出远期

图1-5 基于期权头寸的积木组合损益图（卖出远期）

套利分析法的发展是非常重要的。

在微观经济学中我们已经学过，在一个市场中，一种商品的价格是由该商品的供给与需求决定的，供给曲线与需求曲线的交点决定了均衡价格与均衡产量，这就是所谓的均衡分析法。现在，我们将要学习一种新的定价方法——无套利分析法。金融市场套利机会的存在总是暂时的，一旦有套利机会，投资者就会很快实施套利，从而使市场回到无套利机会的均衡中。因此，无套利均衡被用于对金融产品进行定价。金融产品在市场的合理价格是使市场上不存在无风险套利机会的价格。这就是无套利分析法的原理。

举一个例子说明。假设存在相互毗邻的两个水果市场——A市场与B市场，交通运输费用极低，几乎不用考虑，并且所卖的水果质量完全一样。其中，A市场的西瓜价格P_A为0.8元/斤[⊖]，B市场的西瓜价格P_B为1元/斤，那么就可以在A市场买进西瓜，同时在B市场签订销售协议，以获取收益。重要的是，获取这种收益的过程中并不存在任何不确定性，也就是说，我们是在不承担任何风险的条件下获取收益的。这与通常的投资，例如开商店、办工厂等实业投资及买股票、外汇等金融投资，是完全不同的，这就是无风险套利。

既然我们有机会获取无风险的确定的收益（这其实是一个在出错的市场中捡钱的机会），那么自然会有人来复制这种交易，在不考虑交易成本（运费）的情况下，A市场与B

⊖ 1斤=0.5kg。

市场的西瓜价格很快会趋于一致，直至完全相同。在此之前，套利交易及由套利交易导致的价格变化都不会停止，市场处于非均衡状态。显然，市场在不存在无风险套利机会时才是稳定的、均衡的，此时的市场价格为均衡价格，这种确定均衡价格的方法即无套利分析法。

均衡分析法与无套利分析法的区别是，前者得到的均衡价格是一个绝对价格，后者得到的则是一个相对价格。我们只知道，当 $P_A=P_B$ 时，市场将达到均衡，但究竟会在何等价位上达到均衡却不得而知，尽管我们知道这个均衡价格应该在 0.8～1 元。另外，如果市场初始状态是均衡的，某天 B 市场的西瓜价格由于供求关系发生变化（比如遭遇热浪）而上升（此时，在 P_A 变化之前市场不再均衡，出现套利机会），则 A 市场的西瓜价格也会受套利交易推动而随之变化，最后市场将在新的水平上恢复均衡，而这个新的均衡价格我们也无法确定。因此，无套利分析法给出的均衡价格并不是一个明确的绝对价格，而是一个满足 $P_A=P_B$ 条件的相对价格。P_A 与 P_B 将在外界条件的影响下联合浮动并保持无套利状态，推而广之，两种及两种以上存在内在联系的金融工具也会组合成类似的联合浮动体。以无套利分析法确定均衡价格就是以市场无套利为原则，以联合浮动体内已知的价格为基础为某一金融工具定价。

从这个例子也可以看出，套利机会存在两个基本条件：套利行为无风险、行为主体无须自有资金。进行无套利定价的关键是复制技术——构造一个金融资产组合，使其与考察的金融资产未来损益（现金流）特征完全一致，然后建立两者的无套利均衡进行分析。下面通过一个例题来说明。

【例 1-1】 假设 3 种零息票债券面值均为 100 元，其中 1 年后到期的零息票债券的当前价格为 98 元，2 年后到期的零息票债券的当前价格为 96 元，3 年后到期的零息票债券的当前价格为 93 元。假设不考虑交易成本和违约情况。

(1) 债券 C 的息票率为 10%，1 年支付 1 次利息，期限为 3 年，则当前价格应该为多少？

(2) 如果债券 C 的当前价格为 120 元，问是否存在套利机会？如果有，如何套利？

解答：

(1) 复制组合：购买 0.1 张 1 年后到期的零息票债券，购买 0.1 张 2 年后到期的零息票债券，购买 1.1 张 3 年后到期的零息票债券。

债券 C 的合理价格 $=0.1\times 98+0.1\times 96+1.1\times 93=121.7$（元）。

(2) 由于债券 C 的当前价格 120 元低于债券 C 的理论价格 121.7 元，因此存在套利机会。投资者可以通过在同一时刻进行两笔交易：卖空复制组合，买进债券 C，获得无风险套利收益 1.7 元。

3. 风险中性定价法

在对衍生证券进行定价时，我们可以做出一个有助于大大简化工作的简单假设：所有投资者对于标的资产所蕴含的价格风险的态度都是中性的,既不偏好也不厌恶。风险中性定价法有两点很关键:①在风险中性条件下,所有证券的预期收益率都等于无风险利率,因为风险中性的投资者并不需要额外的收益来吸引他们承担风险;②在风险中性条件下,所有现金流都应该使用无风险利率进行贴现求得现值。这就是风险中性定价法的原理。在具体的金融问题处理中,我们通常借助分解、组合与整合技术,下面也通过一个例题来说明。

【例 1-2】 假设一种不支付红利股票目前的市价为 10 元,我们知道在 3 个月后,该股票价格要么是 11 元,要么是 9 元。假设现在的无风险年利率等于 10%,我们要找出一份 3 个月期协议价格为 10.5 元的该股票欧式看涨期权的价值。

解答: 在风险中性世界中,我们假定该股票上升的概率为 P,下跌的概率为 $1-P$。

$$e^{-0.1\times 0.25}[11P+9\times(1-P)]=10$$
$$P=0.6266$$

这样,根据风险中性定价法原理,我们就可以得出该期权的价值:

$$f=e^{-0.1\times 0.25}(0.5\times 0.6266+0\times 0.3734)=0.31$$

4. 状态价格定价法

我们定义一种状态价格:在特定的状态发生时回报为 1,否则回报为 0 的资产在当前的价格。具有状态价格的资产称为"基本证券"。其中,基本证券 1 在上升时价值为 1,下跌时为 0,该基本证券的当前价格为上升状态的价格 π_u;基本证券 2 在下跌时价值为 1,上升时为 0,该基本证券的当前价格为下降状态的价格 π_d。

同样地,如果未来时刻有 N 种状态,而这 N 种状态的价格我们都知道,那么我们只要知道某种资产在未来各种状态下的回报状况和市场无风险利率水平,就可以对该资产进行定价,这就是状态价格定价法。

现在考察一种风险证券 A,当前时间 t 时价格为 P_A,假设 $T-t$ 年后价格要么上升到 uP_A,要么下降到 dP_A。假设市场有两种状态:上升状态(概率为 p),下降状态(概率为 $1-p$);基本证券 1 的当前价格为 π_u,基本证券 2 的当前价格为 π_d。

用基本证券 1 和基本证券 2 构造组合复制风险证券 A——产生与风险证券 A 相同的未来现金流,即构造虚拟的证券组合(uP_A 份基本证券 1 和 dP_A 份基本证券 2)就可以复制风险证券 A。

由此可以得到:

$$P_A=\pi_u uP_A+\pi_d dP_A \Rightarrow 1=\pi_u u+\pi_d d \tag{1-1}$$

另外,由单位基本证券 1 和单位基本证券 2 组成的组合在 T 时刻无论出现什么状态,其回报都是 1 元,这是无风险的投资组合。因此,有

$$\pi_u+\pi_d=e^{-r(T-t)} \tag{1-2}$$

由式(1-1)和式(1-2)组成方程组,解得

$$\pi_u = \frac{1 - de^{-r(T-t)}}{u-d}, \pi_d = \frac{ue^{-r(T-t)} - 1}{u-d}$$

知道基本证券的状态价格后,我们就可以对风险证券定价:

$$P_A = \pi_u u P_A + \pi_d d P_A$$

或

$$P_B = \pi_u u P_B + \pi_d d P_B \qquad \text{(B 为相关联金融证券)}$$

下面通过一个例题来说明。

【例 1-3】假设一种不支付红利股票目前的市价为 10 元,我们知道在 3 个月后,该股票价格要么是 11 元,要么是 9 元。假设现在的无风险年利率等于 10%,我们要找出一份 3 个月期协议价格为 10.5 元的该股票欧式看涨期权的价值。

解答:

设上升状态价格为 π_u,下跌状态价格为 π_d,则

$$10 = 11\pi_u + 9\pi_d$$

$$\pi_u + \pi_d = e^{-10\% \times 3/12}$$

解得

$$\pi_u = 0.6111, \pi_d = 0.3642$$

所以,$f = 0.5 \times 0.6111 = 0.30555$。

1.3 金融工程学的发展

1.3.1 交易工具的创新

在最早的金融市场上,交易的主要品种都是物权凭证。19 世纪中期,美国芝加哥市场出现了期货交易。这种期货合约的出现使金融市场为现实生产活动提供了新型交易工具。令人惊讶的是,当时甚至还出现了专门从事期货交易的投机商,这使期货合约不再拘泥于在市场上寻找有供需要求的双方,而单独成了一种交易工具。20 世纪中期,出现了一种创造性的期权。它有着自身独特的优点,即在接受未来新信息的基础后,决定是否对某种资产实施约定权利。同时,它给现代金融学提出了新的问题:如何对期权进行定价比较合理?20 世纪 80 年代初兴起了一种保值工具——远期合约,它不再和期货一样是拘泥于在交易所买卖的标准化合约,而是通过场外交易(OTC)达成,是为买卖双方量身定制的必须履行的协议。直到现在,金融交易工具已经非常丰富,通过一系列工具的组合,基本工具又可以构造成一种更为复杂、包含信息更多的新交易工具。我们简单对金融工具进行分类,如图 1-6 所示。

图 1-6 金融工具分类

1.3.2 金融市场的完善

随着金融交易品种增加及新交易工具日益创新，金融市场已经逐渐趋于完善。从某种意义上来讲，金融市场的成熟要经历从一个简单的套利场所发展到一个无风险套利的有效金融市场。在金融市场尚未成熟时，投资者可以利用市场上信用不完全的特点借助相应的工具从事无风险套利活动。但随着金融市场的不断发展完善，套利机会越来越少。因此，投资人要想不断追求套利机会，就要不断创造产生新型的衍生品及更为精确的套利方式，这又会促使整个金融市场不断发展进步，一步一步走向成熟。对于金融市场，我们简单利用图 1-7 展示它的类别。

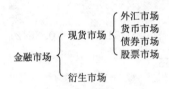

图 1-7 金融市场分类

1.4 金融工程与风险管理

金融工程快速发展的同时也伴随着金融风险的增大。在 2008 年美国次贷危机后，人们更加注重金融风险问题。面对金融风险，金融工程有多种选择。一是用确定性来代替不确定性。二是消除对自己不利的风险，保留对自己有利的风险。三是衡量风险并管理风险。例如，可以通过 VaR 模型等方法来度量风险，利用压力测试和回溯测试来检验该度量的准确性，并采用衍生品等各类金融工具对风险进行管理。四是转移风险，降低不利于自己的风险。例如，可以通过信用衍生品将违约风险等不确定性转移给他人。

从衍生品的基础资产来看，衍生品可大致分为利率衍生品、汇率衍生品、商品衍生品和股权衍生品。其中，利率衍生品主要用于规避和管理利率风险，包括远期利率协议、短期利率期货和利率互换等；汇率衍生品主要用于规避和管理汇率风险，包括远期外汇、外汇期货和外汇互换等；商品衍生品主要用于规避和管理与商品价格有关的风险，包括能源和黄金等期货期权等；股权衍生品主要用于规避和管理股票和股票指数等与价格有关的风险，包括股票期权、股指期货和股指期权等。

但金融风险也是金融市场创新和活力的源泉，正因为未来收益的不确定性，才使每个市场参与者对未来的投资收益具有不同的看法，因此人们会希望通过金融交易活动实现自己的预期收益。同时，金融风险可能造成的严重后果对市场参与者有一定的警示作用，使得金融市场参与者会相应地管理自己的投机行为，从而维护金融市场稳定。

因此，只有了解各类风险，做针对性的防护，控制风险，减少风险带给自己的损失，甚至通过管理和经营风险，使之创造新的价值，才能真正使风险为我所用，使自身处于不败之地。在这方面，金融工程大有可为。

■ 本章小结

金融工程产生于 20 世纪 80 年代末期 90 年代初期。金融工程是借助庞大而先进的金融信息系统，用系统工程的方法将现代金融理论与计算机信息技术综合在一起，通过建立数学模型、网络图解、仿真技术等各种方法，设计开发出新型的金融产品，创造性地解决各种各样的金融问题的学科。

模块式（或结构化）的组合分解技术和整合技术是金融工程的核心技术，它把各种金融工具看作零部件，采用不同的方式组装起来，创造具有符合特殊需求的流动性和收益与风险特性的新型金融产品来满足客户的需要。现有的金融工具或企业财务架构可以通过"剥离"等分解技术分解其收益与风险，从而在金融市场上实现收益与风险的转移及重新配置金融资产。

在资产定价方面，金融工程主要采用无套利分析法、风险中性定价法和状态价格定价法等。

金融工程快速发展的同时也伴随着金融风险的增大。在 2008 年美国次贷危机后，人们更加注重金融风险问题。面对金融风险，金融工程有多种选择。一是用确定性来代替不确定性。二是消除对自己不利的风险，保留对自己有利的风险。三是衡量风险并管理风险。例如，可以通过 VaR 模型等方法来度量风险，利用压力测试和回溯测试来检验该度量的准确性，并采用衍生品等各类金融工具对风险进行管理。四是转移风险，降低不利于自己的风险。例如，可以通过信用衍生品将违约风险等不确定性转移给他人。

■ 本章重点

① 金融工程的定义与内涵。
② 金融工程的发展历程。
③ 金融工程的分解、组合和整合技术。
④ 金融工程的定价技术。
⑤ 金融工程与风险管理的关系。

■ 练 习

1. 简述金融工程的概念。

2. 简述金融工程的分解、组合和整合技术。
3. 金融工程对金融衍生工具进行定价主要采用哪几种方法？
4. 简述金融工程与金融衍生工具二者之间的关系。
5. 金融工程进行风险管理时有哪几种选择？
6. 谈一谈金融工程在我国的现状与发展前景。

■ 练习答案

1. 金融工程是借助庞大而先进的金融信息系统，用系统工程的方法将现代金融理论与计算机信息技术综合在一起，通过建立数学模型、网络图解、仿真技术等各种工程技术方法，设计开发出新型的金融产品，创造性地解决各种各样的金融问题的学科。

2. 分解技术就是在原有金融工具的基础上，将其构成因素中的某些高风险因子进行剥离，使剥离后的各个部分独立地作为一种金融工具或产品参与市场交易，既消除原有金融工具的风险，又适应不同偏好投资人的实际需要。组合技术主要运用远期、金融期货、互换及期权等衍生金融工具的组合体对金融风险暴露（或敞口风险）进行规避或对冲。整合技术是把两个或两个以上不同种类的金融工具在结构上进行重新组合或集成，其目的是获得一种新型的混合金融工具，使它一方面保留原有金融工具的某些特性，另一方面创造新的特性，以适应投资人或发行人的实际需要。分解、组合和整合技术都是对金融工具的结构进行变化，其技术方法的共同优点是灵活、多变和应用面广。

3. 在资产定价方面，金融工程主要采用无套利分析法、风险中性定价法和状态价格定价法等。金融产品在市场的合理价格是使市场上不存在无风险套利机会的价格。这就是无套利分析法的原理。假设投资者的风险态度中性，则：①在风险中性条件下，所有证券的预期收益率都等于无风险利率，因为风险中性的投资者并不需要额外的收益来吸引他们承担风险；②在风险中性条件下，所有现金流都采用无风险利率进行贴现求得现值。这就是风险中性定价法的原理。如果未来时刻有 N 种状态，而这 N 种状态的价格我们都知道，那么我们只要知道某种资产在未来各种状态下的回报状况和市场无风险利率水平，就可以对该资产进行定价，这就是状态价格定价法。

4. 金融工程解决各种金融问题离不开金融衍生工具，而金融衍生工具的设计、定价与应用则是金融工程理论和方法应用的结果，本身也是金融工程的内容。

5. 面对金融风险，金融工程有多种选择。一是用确定性来代替不确定性。二是消除对自己不利的风险，保留对自己有利的风险。三是衡量风险并管理风险。例如，可以通过 VaR 模型等方法来度量风险，利用压力测试和回溯测试来检验该度量的准确性，并采用衍生品等各类金融工具对风险进行管理。四是转移风险，降低不利于自己的风险。例如，可以通过信用衍生品将违约风险等不确定性转移给他人。

6. 开放式问题。

第2章

远期价格

远期价格是金融衍生工具和金融工程中最为基础、最为重要的概念之一。顾名思义，远期价格与即期价格相对应。即期价格为"即期交易，即期交割"交易行为对应的价格，而远期价格为"即期交易，远期交割"交易行为对应的价格。特别值得提醒的是，远期价格并不等同于"未来的价格"，也不是"未来交易行为对应的价格"。远期价格对应的仍然是即期交易行为的价格，其与即期价格不同的是，前者是未来交割，而后者是即期交割。因此，远期价格的定义可表述为：市场为即期进行交易但在未来某日进行交割的商品制定的价格。常见的远期价格是远期汇率和远期利率。本章我们对远期价格的定义与确定、套利与远期价格、远期汇率和远期利率进行详细阐述。

2.1 远期价格的定义与确定

2.1.1 远期价格的定义

远期价格，顾名思义，与即期价格相对应，是即期交易、远期交割的商品或金融工具的价格。即期价格是即期交易、即期交割的价格。远期价格的英文是 Forward Price，即期价格的英文是 Spot Price。所以，我们通常用 S_t 和 F_t 分别表示 t 时刻的即期价格和远期价格。$t=0$ 通常表示现在或零时刻，S_0 和 F_0 分别表示现在或零时刻的即期价格和远期价格。

现在，我们来看两个实例。

【例 2-1】假设现在（通常称作零时刻）为 2022 年 6 月 12 日，大豆的即期价格 S_0 报价为 4 900 元/吨，3 个月的远期价格 F_0 报价为 5 100 元/吨。

这表明，如果投资者在 2022 年 6 月 12 日购买现货大豆，则 6 月 12 日交易，6 月 12 日支付 4900 元，收取 1 吨大豆。如果投资者在 2022 年 6 月 12 日购买 3 个月的远期大豆，则 6 月 12 日交易，9 月 12 日支付 5100 元，收取 1 吨大豆。

【例 2-2】假设现在（记为零时刻）为 2022 年 6 月 12 日，则 2022 年 7 月 15 日（记为 t 时刻）的大豆即期价格 $\widetilde{S}_t$ 表示：如果投资者在 7 月 15 日购买现货大豆，则 7 月 15 日交易，7 月 15 日支付 $\widetilde{S}_t$ 元，收取 1 吨大豆。

2022 年 7 月 15 日（记为 t 时刻）的大豆 3 个月的远期价格 $\widetilde{F}_t$ 表示：如果投资者在 7 月 15 日购买 3 个月的远期大豆，则 7 月 15 日交易，10 月 15 日支付 $\widetilde{F}_t$ 元，收取 1 吨大豆。

由于现在（或者说零时刻）为 2022 年 6 月 12 日，所以 7 月 15 日（或者说 t 时刻）的大豆即期价格 $\widetilde{S}_t$ 和远期价格 $\widetilde{F}_t$ 均不确定，也就是说，它们是随机变量，所以我们通常用波浪线来表示。

现在我们来总结一下，即期价格和远期价格是在相同时刻进行交易的价格，差别只是在于，前者是交易时就进行交割，也就是交易后，马上进行一手交钱一手交货；而后者则是交易后，要过一段时间才进行交割，也就是交易后，过一段时间才进行一手交钱一手交货。

2.1.2 远期价格的确定

为了掌握远期价格的确定，同学们可以试着问自己一些问题，比如，既然我们说远期价格是对应于即期价格的某种价格，那么即期价格和远期价格是否存在某种特殊关系呢？如果存在，这种关系会是什么样的呢？换句话说，如果我们知道了大豆的即期价格，那么大豆的 3 个月远期价格是否也应该确定？如果答案是肯定的，那么应该如何确定呢？

为了推导远期价格和即期价格二者之间的关系，请同学们思考一下，如果想在 3 个月后持有 1 吨大豆，我们应该怎么办？

很明显，有三种路径可以达成我们的目标。

路径 1：现在（记为零时刻）在市场上按即期价格 S_0 购买现货大豆，并持有至 3 个月后。

路径 2：现在（记为零时刻）在市场上按 3 个月的远期价格 F_0 购买 3 个月的远期大豆，3 个月后交割。

路径 3：现在（记为零时刻）什么也不做，3 个月后（记为 t 时刻）在市场上按即期价格 $\widetilde{S}_t$ 购买现货大豆。

显然，这三条路径都能达成同一个目标，即 3 个月后持有 1 吨大豆。现在，我们来看一下为了达成同一个目标，不同路径所付出的成本。表 2-1 展示了不同路径下的成本及该成本是否存在不确定性（即该成本是否存在风险）。

表 2-1 3 个月后持有 1 吨大豆所付出的成本

路径	成本	是否存在不确定性（风险）
路径 1	零时刻支付的 S_0（货物成本），以及 3 个月的时间价值（利息成本）：$S_0(1+r)^t$	不存在
路径 2	3 个月后交割时支付 F_0（货物成本）	不存在
路径 3	3 个月后支付的 $\tilde{S}_t$（货物成本）	存在

对于路径 1，为了达成 3 个月持有 1 吨大豆的目标，付出的成本分为两个部分：零时刻的即期交易所支付的货币支出 S_0，以及该货币支出的时间价值，其中无风险利率为 r。则总成本为 $S_0(1+r)^t$，无不确定性。

对于路径 2，其付出的成本为 3 个月后交割时支付的货币支出 F_0（即零时刻的 3 个月远期价格），无不确定性。

对于路径 3，其付出的成本为 3 个月后的即期交易所支付的货币支出 $\tilde{S}_t$（即 3 个月后的即期价格），存在不确定性。

由于路径 3 的成本存在不确定性，所以我们只比较路径 1 和路径 2 的成本。

由于路径 1 和路径 2 达成的是同一个目标，那么，如果市场有效的话，其成本也应该相等，因此我们得到以下等式：

$$F_0 = S_0(1+r)^t$$

如果以上等式不成立，那么会怎么样呢？

比如 $F_0 > S_0(1+r)^t$，很明显，所有想在 3 个月后持有 1 吨大豆的经济主体都会选择路径 1（在零时刻购买现货大豆持有至 3 个月后），而不会选择路径 2（在零时刻购买远期大豆，3 个月后交割），这样在其他条件不变的前提下，零时刻的即期价格 S_0 会上升，而零时刻的 3 个月远期价格 F_0 会下降。一直持续到等式成立。这时，对于想在 3 个月后持有 1 吨大豆的经济主体来说，路径 1 和路径 2 并无差别。

所以，以上等式就是我们推导的远期价格和即期价格的关系式。当某种商品的即期价格确定后，其远期价格也就随之确定下来，二者之间必须满足以上等式。

2.2　套利与远期价格

上一小节我们讲到远期价格的定义与确定，得到远期价格的公式：

$$F_0 = S_0(1+r)^t$$

回顾一下该公式的推导，推导的思想是达到同一个目标的成本应该相等。假设我们想在 3 个月后持有 1 吨大豆，有两条路径可以选择：一是现在（记为零时刻）以即期价格 S_0 购买现货大豆，并持有到 3 个月后；二是现在（记为零时刻）以 3 个月远期价格 F_0 购买 3

个月的远期大豆，3个月交割。由于达成同一目标，且均没有风险，因此两条路径的成本应该一致，有 $F_0=S_0(1+r)^t$。如果不相等，经济主体就会选择成本低的那条路径，放弃成本高的路径，从而推动价格发生变化，使得两条路径的成本最终相等。

同学们就会反问，当 $F_0 \neq S_0(1+r)^t$ 时，市场上又没有经济主体想在3个月后持有1吨大豆，那么如何能保证或推动这个不等式回归到等式呢？这个问题问得非常好，问到了核心。今天我们就通过引进套利这个金融衍生工具定价重要思想，来证明远期价格的确定公式一定会成立。

我们首先介绍两个重要概念：套利和卖空。

套利（Arbitrage）就是利用市场上各种价格的不合理机会，无须投入成本，不承担任何风险，来获取收益。

卖空（Selling Short）就是卖出你不拥有的商品或金融工具。

你不拥有的商品或金融工具，怎么能卖呢？很显然，必须先"借"过来再卖。当然，借过来的东西，到期必须偿还。

接下来，我们看两个实例。

【例2-3】假设：①某股票的即期价格为40元；②该股票的3个月远期价格为43元；③3个月的人民币无风险利率为5%（连续复利）；④该股票不支付股息。

请问是否存在套利机会？如果存在，为什么？应该如何套利？

对于这个问题，我们应该怎么思考呢？仔细看这个例题，我们就会发现，这个例题涉及即期价格和远期价格。通过上一小节的学习，我们知道，二者之间应该存在如下关系：

$$F_0=S_0(1+r)^t$$

那么，在例2-3中，该关系是否成立呢？我们来计算一下。

$$F_0=43, S_0(1+r)^t=40\times(1+0.05)^{0.25}=40.5$$

因此有 $F_0>S_0(1+r)^t$，原等式不成立。

请问同学们，当发现 $F_0>S_0(1+r)^t$ 后，我们会做什么？显然，想办法套利啊！不用投入成本，不用承担风险，就可以获取收益。那么，应该怎么套利呢？

很简单，现在（零时刻）同时做以下3笔交易，然后3个月后结清所有头寸：

1）卖出3个月的远期股票。
2）以风险利率借入 S_0 元，期限为3个月。
3）利用借来的 S_0 元购买现货股票。

接下来，我们来看看3笔交易在零时刻和 t 时刻的现金流。3笔交易的现金流列于表2-2。从表2-2可以看出，交易1在零时刻没有现金流发生，在 t 时刻由于交割会收到现金 F_0，而交易2在零时刻会收到现金 S_0，但在 t 时刻由于要偿还所借款项的本息，会支出现金 $S_0(1+r)^t$。交易3在零时刻由于购买现货股票会支出现金 S_0，而在 t 时刻没有现金流发生。所以，3 笔交易零时刻的现金流合计为 0，而 t 时刻的现金流合计为 $F_0 - S_0(1+r)^t$。

表 2-2　例 2-3 套利交易的现金流

交易	现在（零时刻）	3 个月后（t 时刻）
1	0（卖出 3 个月的远期股票）	F_0（交割：售出股票，收到货币）
2	S_0（借入人民币）	$-S_0(1+r)^t$（偿还借款本息）
3	$-S_0$（购买现货股票）	0
合计	0	$F_0 - S_0(1+r)^t$

在例 2-3 中，$F_0 - S_0(1+r)^t = 43 - 40.5 = 2.5$（元）。

所以，我们在零时刻同时进行以上 3 笔交易，并在 3 个月后（也就是 t 时刻）结清所有头寸，则可以不用投入任何成本，不用承担任何风险，而获取收益。这就是套利。

很显然，投资者一旦发现 $F_0 > S_0(1+r)^t$，就会进行上述 3 笔交易，以获取无风险套利收益。上述 3 笔交易就会使得 F_0 下降（卖出 3 个月的远期股票），无风险利率 r 上升（借入人民币），S_0 上升（购买现货股票），从而缩小 F_0 和 $S_0(1+r)^t$ 之间的差距。套利行为会一直持续，直到 $F_0 = S_0(1+r)^t$，此时套利机会消失。

要强调的是，为了获得尽可能多的无风险套利收益，投资者在零时刻会卖出尽可能多的 3 个月远期股票，借入尽可能多的钱，购买尽可能多的现货股票。因此，从理论上讲，只需要一个投资者进行套利，就可以推动 $F_0 = S_0(1+r)^t$ 的成立。

我们再看例 2-4。

【例 2-4】假设：①某股票的即期价格为 40 元；②该股票的 3 个月远期价格为 39 元；③3 个月的人民币无风险利率为 5%（连续复利）；④该股票不支付股息。

请问是否存在套利机会？如果存在，为什么？应该如何套利？

由于同时涉及即期价格和远期价格，我们仍然可以计算出

$$F_0 = 39, S_0(1+r)^t = 40 \times (1+0.05)^{0.25} = 40.5$$

由于 $F_0 < S_0(1+r)^t$，原等式不成立，因此存在套利机会。那么，应该如何套利呢？

我们现在（记为零时刻）同时进行 3 笔交易，在 3 个月后（记为 t 时刻）结清所有头寸：

1) 买入 3 个月的远期股票。
2) 卖空现货股票。
3) 将卖空现货股票所获得的资金，以无风险利率存入银行，期限为 3 个月。

接下来，我们来看看 3 笔交易在零时刻和 t 时刻的现金流。3 笔交易的现金流列于表 2-3。从表 2-3 可以看出，交易 1 在零时刻没有现金流发生，在 t 时刻由于交割会支出现金 F_0，而交易 2 在零时刻会收到现金 S_0，但在 t 时刻没有现金流发生；交易 3 在零时刻由

于将资金存入银行会支出现金 S_0，而在 t 时刻由于要收回存款本息，会收到现金 $S_0(1+r)^t$。所以，3 笔交易零时刻的现金流合计为 0，而 t 时刻的现金流合计为 $S_0(1+r)^t - F_0$。

表 2-3　例 2-4 套利交易的现金流

交易	现在（零时刻）	3 个月后（t 时刻）
1	0（买入 3 个月的远期股票）	$-F_0$（交割：买入股票，支出货币）
2	S_0（卖空现货股票）	0（偿还股票）
3	$-S_0$（将卖空现货股票所获得的资金，以无风险利率存入银行）	$S_0(1+r)^t$（收回存款本息）
合计	0	$S_0(1+r)^t - F_0$

在例 2-4 中，$S_0(1+r)^t - F_0 = 40.5 - 39 = 1.5$（元）。

所以，当 $F_0 < S_0(1+r)^t$ 时，存在套利机会，投资者套利交易会使得价格发生变化。交易 1 买入 3 个月的远期股票，会使得 F_0 上升；交易 2 卖空现货股票，会使得 S_0 下降；交易 3 存资金至银行，会使得无风险利率 r 下降，从而缩小 F_0 和 $S_0(1+r)^t$ 之间的差距。套利行为会一直持续，直到 $F_0 = S_0(1+r)^t$，此时套利机会消失。

现在，我们对本小节进行总结。①如果原等式不成立，就会出现无风险套利机会，投资者的套利交易会推动价格发生变化，直到原等式成立，套利机会消失，套利交易停止。②无风险套利思想是我们金融衍生工具、金融工程中金融资产定价的核心思想，希望大家课后一定要认真思考、真正掌握。

2.3　远期汇率

对未来进行交割的外汇即期交易提出的报价，称为远期汇率，即外汇的远期价格。和汇率的即期价格一样，外汇的远期价格也是随机变量。不过，远期汇率与即期汇率之间是否存在某种关联？当即期汇率和利率等相关市场变量给定时，是否存在均衡远期汇率？本部分内容主要对此进行介绍。

2.3.1　均衡远期汇率的推导

在上一章我们已经知道，金融工程用以给金融工具定价的无套利分析法是以市场无套利为原则，以联合浮动体内已知的价格为基础来对某一金融工具定价。现在我们来看看如何通过无套利分析确定远期汇率。先看例 2-5。

【例 2-5】某日，美国某公司一年后要从我国进口一批商品，需要支付 198 万元，担心未来人民币上涨（或纯粹为了锁定成本），因此向某商业银行询问美元对人民币一年后的汇价，即为远期汇率。

已知：

$S_0 = 6.8000$（1美元＝6.8000元人民币）　　S_0：现汇汇率（即期汇率）

$i_b = 6\%$　　i_b：基础货币（外国货币）一年期利率

$i_q = 10\%$　　i_q：报价货币（本国货币）一年期利率

这就是一个通过无套利分析以已知价格为基础为远期外汇定价的问题，对此我们做如下分析，看看银行是如何确定远期外汇价格的。分析过程以图 2-1 进行展示。首先，银行为一年后进行的交易报价。银行报价即承诺一年后向客户支付 198 万元并收取一笔固定美元。其次，银行为远期的人民币避险。银行为保证一年后能支付 198 万元，在即期贷出 180 万元。再次，银行为即期的人民币避险。为获得即期的 180 万元，可在即期用 26.47 万美元兑换。最后，银行为即期的美元避险。银行为获得即期的 26.47 万美元，可在即期借入 26.47 万美元，一年后用客户支付的美元偿还本息和，共计 28.06 万美元。

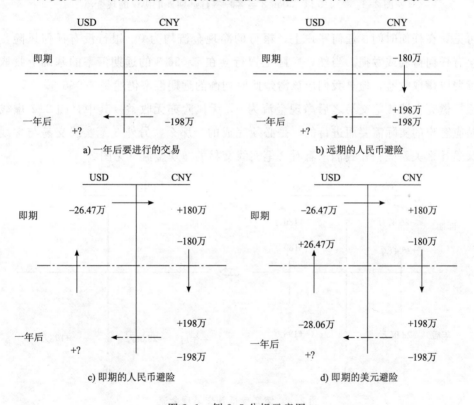

图 2-1　例 2-5 分析示意图

根据图 2-1 可知，银行要保证在一年后有 198 万元支付给客户，只需保证有 28.06 万美元可供支出即可，如果客户同意一年后以 28.06 万美元兑换 198 万元，银行的 28.06 万美元就有了保障，也即可保证支付 198 万元给客户。所以银行交易员应该报出 198 万元兑 28.06 万及以上美元的远期汇率。反向分析告诉我们，客户能接受的报价是用 28.06 万及以下的美元换取 198 万元，再考虑到银行之间的竞争，最后的成交价应该是一年后以 28.06 万美元兑换 198 万元，即 1 美元兑换 7.056 3 元人民币。因此，$F_0 = 7.0563$。F_0 为均衡的远期汇率。

如果银行以 7.056 3 的远期汇率与客户签订协议，则现金流如图 2-2 所示。

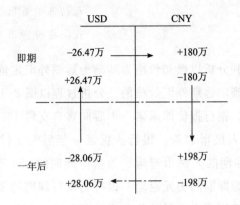

图 2-2 例 2-5 以 7.056 3 与客户签订远期外汇协议的现金流

可见，在任何时间、任何账户上，银行的净现金流均为 0，银行没有任何风险，同时也不会有任何盈利或亏损。当然，实际上银行会在 7.056 3 的远期汇率的基础上收取一定的手续费以赚取收益，但是我们应该清楚此时均衡的远期汇率仍然是 7.056 3。

银行做完上述 4 笔交易之后净现金流为 0，无风险亦无收益。其中，图 2-2 虚线这笔交易是应客户的实际需要而进行的，是必须完成的。那么，另外 3 笔实线交易与虚线交易之间又是什么关系呢？让我们来看看 3 笔实线交易的净现金流（见图 2-3）。

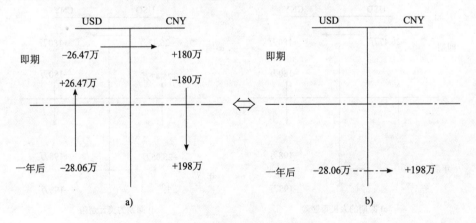

图 2-3 例 2-5 抵补交易现金流

由图 2-3a 可知，3 笔实线交易做完之后，即期的两个账户净现金流均为 0，只在一年后支出 28.06 万美元并收到 198 万元，这种净现金流与图 2-3b 中 1 笔虚线交易的净现金流完全等价。特别值得注意的是，图 2-3b 中这笔虚线交易可以看作图 2-2 中虚线交易的抵补交易。因此，银行如果只应客户要求做一笔如图 2-2 中虚线所示的远期交易，则将完全暴露在风险之下，一年后的美元实际汇率如果低于 7.056 3，银行将出现亏损，为此银行另做 3 笔交易实线交易来为该笔虚线所示的远期交易避险。这 3 笔实线交易与图 2-2 中虚线所示的远期交易完全对冲,这就是银行做完上述 4 笔交易之后,净现金流为 0,无风险亦无收益的缘故。

下面我们来推导远期汇率定价的一般公式。分析过程以图 2-4 进行展示。

假定美元对人民币的即期汇率为 S_0,两种货币 t 年期的利率分别为 i_b 和 i_q,t 年后的远期汇率为 F。某客户希望 t 年后以美元向银行兑换 1 元,要求银行报价。$t<1$ 时计单利,$t>1$ 时计复利。我们仅演示 $t<1$ 的情形。$t=\text{DAYS}/\text{BASIS}$,式中,DAYS 是即期到远期的天数;BASIS 是一年的天数,美元为 360 天,英镑为 365 天,人民币为 360 天。首先,银行为 t 年后要进行的交易报价。银行报价后即承诺一年后向客户支付 1 元并收取一笔固定数量的美元。其次,银行为远期的人民币避险。银行为保证一年后能支付 1 元,可在即期贷出 $1/(1+i_q t)$ 元。再次,银行为即期的人民币避险。银行为获得即期的 $1/(1+i_q t)$ 元,可在即期用 $1/[S_0(1+i_q t)]$ 美元兑换。最后,银行为即期的美元避险。为获得即期的 $1/[S_0(1+i_q t)]$ 美元,可在即期借入 $1/[S_0(1+i_q t)]$ 美元,一年后用客户支付的美元偿还本息和,共计 $(1+i_b t)/[S_0(1+i_q t)]$ 美元。

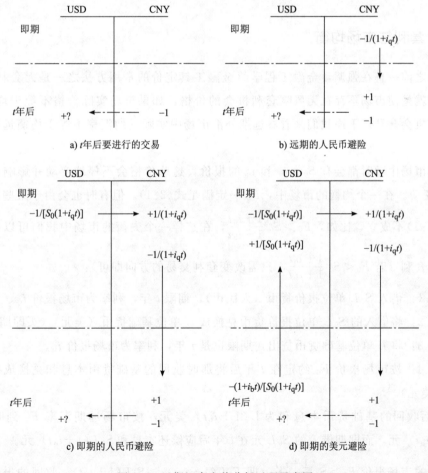

图 2-4 远期汇率定价分析过程示意图

由图 2-4 可知，最后的成交价将是 $(1+i_b t)/[S_0(1+i_q t)]$ 美元兑换 1 元，即 1 美元兑换 $[S_0(1+i_q t)]/(1+i_b t)$ 元。

由此，我们得到均衡远期汇率的定价公式：

$$F_0 = S_0 \frac{1+i_q t}{1+i_b t} \tag{2-1}$$

至此，我们通过一个假设的例子推导出了远期汇率的定价公式，可见，由已知的 S_0、i_b 和 i_q 就可以确定远期汇率 F_0。当远期汇率 F_0 满足式(2-1)时，我们称 F_0 为均衡远期汇率，也可称为合理的远期汇率或由 S_0、i_b 和 i_q 暗含的远期汇率。

在实践中，远期汇率一般不以绝对数字——远期直接汇率 F_0 报价，而是以即期与远期汇率之差——远期汇差（Forward Margin）或换汇汇率（Swap Point）来报价。这是因为 $\partial F_0/\partial S_0 \approx 1$，$F_0$ 随 S_0 变动太频繁，而 $\partial W_0/\partial S_0 \approx 0$，$W_0$ 稳定得多。

$$W_0 = F_0 - S_0 = S_0 \left(\frac{1+i_q t}{1+i_b t} - 1 \right) = S_0 \frac{(i_q - i_b)t}{1+i_b t} \tag{2-2}$$

2.3.2 套利与市场均衡

我们之前一直在强调，金融工程学给金融工具定价的常用方法之一是无套利分析法，均衡价格就是使市场不存在无风险套利机会的价格，如果市场实际价格不等于均衡价格，那么就有机会套利。下面我们来看看远期外汇市场中实际远期汇率不等于均衡远期汇率时的情形。

金融市场中随时都会有 S_0、i_b 和 i_q 的报价，这些价格会不停地变动并影响远期汇率 F_0 同步变动。在一个均衡的市场中，F_0 一定满足式(2-1)。但有时也会由于某些偶然因素使得式(2-1)不成立，比如，$F_0 > S_0 \frac{1+i_q t}{1+i_b t}$，在这样一个失衡的市场中我们可以按照以下策略完成套利（若 $F_0 < S_0 \frac{1+i_q t}{1+i_b t}$，只需改变套利交易的方向即可）：

交易 1：借入 $S_0 L$ 单位报价货币（人民币），期限 t 年，利率为市场报价 i_q。

交易 2：将借入的 $S_0 L$ 单位报价货币兑换成 L 单位基础货币（美元）（买即期美元）。

交易 3：将 L 单位基础货币贷出，期限也是 t 年，利率为市场报价 i_b。

交易 4：按市场报价 F_0 约定在 t 年后将那时收回的基础货币本息和兑换成报价货币（卖远期美元）。

t 年后收回的基础货币本息和为 $L(1+i_b t)$ 美元，按市场远期汇率 F_0 到时可兑换 $F_0 L(1+i_b t)$ 元，而即期借入的 $S_0 L$ 元在 t 年后应偿还本息和 $S_0 L(1+i_q t)$ 元。

目前的市场报价 $F_0 > S_0 \frac{1+i_q t}{1+i_b t}$，即 $F_0 L(1+i_b t) > S_0 L(1+i_q t)$，收回的报价货币多于需偿还的报价货币。

可见，以上交易策略可获得收益。另外，整套交易还有两个特点：一是涉及的价格（利率、汇率）全部是确定的，收益也是确定的，没有任何风险。二是全部交易无须投入本金。这就是说，这套交易实现了无风险套利。

既然可以套利，交易就会被复制。大量复制的交易将会推动市场价格发生变动，交易 1、2、3、4 会分别使得 i_q 和 S_0 上升，i_b 和 F_0 下降，进而使 $F_0L(1+i_bt)$ 下降，$S_0L(1+i_qt)$ 上升，套利空间被压缩，套利空间消失之前套利交易不会停止，价格也会持续变动。直至套利空间完全消失，套利交易停止，价格才稳定下来。此时

$$F_0L(1+i_bt) = S_0L(1+i_qt)$$

$$F_0 = S_0 \frac{1+i_qt}{1+i_bt}$$

市场在套利交易的推动下自动恢复均衡，并保持 $F_0 = S_0 \dfrac{1+i_qt}{1+i_bt}$ 的关系不变。

由以上分析我们可以发现市场与套利之间存在着一种有趣的关系：

偶然因素改变市场价格从而打破市场均衡，不均衡的市场提供套利机会，套利交易改变市场价格，市场恢复均衡。市场就像一个不倒翁，当偶然因素使之偏离均衡状态后，无须人为调节，套利交易会使市场自动恢复均衡。当市场重新均衡后，套利机会也就不存在了，套利交易是自己的终结者。由于有套利交易的保障，在有效市场中，不均衡总是暂时的，从长期来看均衡是常态，因此远期汇率通常满足式(2-1)。

2.3.3 推导远期汇率的其他方法

1. 基于风险与收益关系推导

在一个有效市场中，承担相同风险的投资方式应该取得相同的收益。所以，我们考虑两种投资：

A：将 L 单位美元兑换成 LS_0 单位人民币，再将其贷出 t 年。

B：将 L 单位美元贷出 t 年，并按实际远期汇率 F_0 约定将 t 年后收回的本息和兑换成人民币。

A、B 两种投资应获得相同收益：

$$F_0L(1+i_bt) = S_0L(1+i_qt)$$

由此我们得到与之前相同的结论：

$$F_0 = S_0 \frac{1+i_qt}{1+i_bt}$$

若 A、B 两种投资收益不相等，比如 B 投资收益大于 A 投资，即 $F_0L(1+i_bt) > S_0L(1+i_qt)$，则市场是不均衡的，可以按照以下策略完成套利（若 A 投资收益大于 B 投资，只需改变套利交易的方向即可）：

交易1：借入 S_0L 单位报价货币（人民币），期限 t 年，利率为市场报价 i_q。

交易2：将借入的 S_0L 单位报价货币兑换成 L 单位基础货币（美元）（买即期美元）。

交易3：将 L 单位基础货币贷出，期限也是 t 年，利率为市场报价 i_b。

交易4：按市场报价 F_0 约定在 t 年后将那时收回的基础货币本息和兑换成报价货币（卖远期美元）。

t 年后收回的基础货币本息和为 $L(1+i_bt)$，按市场实际远期汇率 F_0 到时可兑换 $F_0L(1+i_bt)$ 元，而即期借入的 S_0L 单位报价货币在 t 年后应偿还本息和 $S_0L(1+i_qt)$ 元。目前的市场报价 $F_0L(1+i_bt) > S_0L(1+i_qt)$，即收回的报价货币多于需偿还的报价货币。

以上交易策略可获得收益，不承担任何风险，无须投入本金，实现了无风险套利。大量的套利交易将使得 i_q 和 S_0 上升，i_b 和 F_0 下降，进而使 $F_0L(1+i_bt)$ 下降，$S_0L(1+i_qt)$ 上升，套利空间被压缩，套利空间消失之前套利交易不会停止，价格也会持续变动。直至套利空间完全消失，套利交易停止，价格才稳定下来。此时，$F_0L(1+i_bt) = S_0L(1+i_qt)$，A、B两种投资收益相等，市场恢复均衡。

2. 基于汇率与两国货币利率关系推导

假定美元对人民币的即期汇率为 S_0，两种货币 t 年期的利率分别为 i_b 和 i_q，t 年后的远期汇率为 F_0。假设投资者 A 在即期持有 1 美元，A 想在 t 年后以人民币的形式持有该资产。请问 A 可以采用哪几种策略达成该目标？A 在 t 年后持有多少人民币？

显然，投资者 A 可以采用两种策略达成目标（见图2-5）：

策略1：A 在即期将 1 美元按即期汇率兑换为 S_0 元，并将所得人民币以利率 i_q 存入银行，t 年后获得人民币 $S_0(1+i_qt)$ 元。

策略2：A 在即期将 1 美元按利率 i_b 存入银行，同时按 t 年后的远期汇率 F_0 卖出 $(1+i_bt)$ 远期美元，t 年后获得人民币 $F_0(1+i_bt)$。

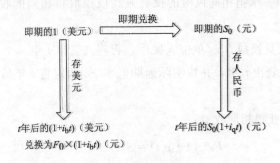

图2-5 美元转换人民币的策略示意图

在缺乏套利机会的情况下，两种策略得到的结果应一致。因此，有

$$F_0(1+i_bt) = S_0(1+i_qt)$$

$$F_0 = S_0 \frac{1+i_qt}{1+i_bt}$$

2.3.4 如何快速判断套利交易的方向

市场越有效,套利交易推动市场恢复均衡就越快,市场失衡、可供套利的时间就越短,所以及早发现套利机会很重要。能否正确判断套利方向决定了套利者是获取确定的收益还是遭受确定的亏损。下面介绍一种快速判断套利交易方向的方法。

我们以美元和人民币为例,美元为外汇(即基础货币),人民币为本币(即报价货币)。如果发现 $F_0 < S_0 \dfrac{1+i_q t}{1+i_b t}$,则我们可以理解为美元的远期价格被低估而即期价格被高估。根据投资的基本直觉,此时通过买低卖高即可进行套利,即买入远期美元,卖出即期美元。具体策略如下:

交易 1:借入 L 单位美元,期限 t 年,利率为市场报价 i_b。

交易 2:将借入的 L 单位报价货币兑换成 $S_0 L$ 单位人民币(卖即期美元)。

交易 3:将 $S_0 L$ 单位人民币贷出,期限也是 t 年,利率为市场报价 i_q。

交易 4:按市场报价 F_0 约定在 t 年后将那时收回的人民币本息和兑换成美元(买远期美元)。

t 年后收回的人民币本息和为 $S_0 L(1+i_q t)$,按远期汇率 F_0 到时可兑换 $\dfrac{S_0 L(1+i_q t)}{F_0}$ 美元,而即期借入的 L 单位美元在 t 年后应偿还本息和 $L(1+i_b t)$ 美元。由于 $F_0 < S_0 \dfrac{1+i_q t}{1+i_b t}$,则有 $L(1+i_b t) < \dfrac{S_0 L(1+i_q t)}{F_0}$,即收回的美元多于需偿还的美元。以上交易策略可获得收益,且不承担任何风险和无须投入本金,实现了无风险套利。

如果 $F_0 > S_0 \dfrac{1+i_q t}{1+i_b t}$,则可理解为美元的远期价格被高估而即期价格被低估。根据投资的基本直觉,此时通过买低卖高即可进行套利,即买入即期美元,卖出远期美元。具体策略可参见"2.3.2 套利与市场均衡"相关内容。

2.4 远期利率

20 世纪 60~70 年代,中期贷款已成为一种很流行的融资工具,客户可以直接借到 7~10 年的借款,而不再需要重复续借短期款项。但银行要提供 7~10 年的贷款就需要多次从货币市场融入短期资金,从而形成银行的传统功能之一——借短贷长,或称期限转移(Maturing Transformation)。银行完成多次短期融资是没有问题的,但未来的短期利率却无法确定,这使得客户的中期贷款利率也无法确定,不利于公司的财务管理。因此,银行在做出中期贷款决策时,希望能在即期锁定未来的短期利率,即确定远期利率。换言之,远期利率就是即期进行签署(或交易),但在未来进行交割的资金融通协议中的资金价格。

那么，远期利率是如何确定的呢？或者说，均衡远期利率应如何确定？解答这一问题依靠的仍然是无套利分析。下面我们进行具体阐述。

2.4.1 均衡远期利率推导

我们先从一个例题开始，通过图2-6和图2-7来展示均衡远期利率的推导过程。

【例2-6】 A公司在6个月后需借入100万元，期限为6个月，即12个月后偿还。该公司要求银行交易员报出6×12贷款（6个月后开始12个月后结束的贷款）的价格，即远期利率$i_{6\times12}$。银行交易员为完成报价可做如下分析：假设$i_6=9.5\%$，$i_{12}=9.875\%$。首先，银行为6个月后的贷款报价。银行报价即承诺在6个月后将向客户贷款100万元。其次，银行为6个月后的100万元避险。银行为保证6个月后有100万元贷出，可在即期贷出954 654元。再次，银行为即期的954 654元避险。银行即期借入954 654元以贷出。由于资金收回在12个月之后，因此即期借入的期限为12个月。

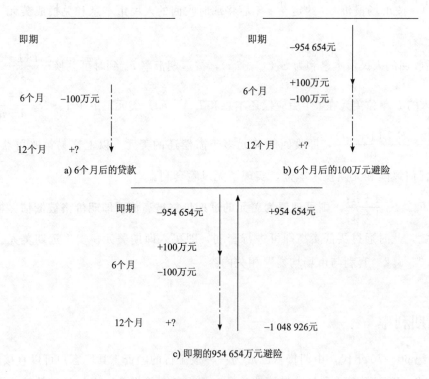

图2-6 例2-6分析示意图

因此，银行要保证在6个月后有100万元贷给客户，只需保证在一年后有1 048 926元可供支出即可，如果客户同意一年后为6×12贷款偿还本息和1 048 926元，银行的1 048 926元就有了保障。所以银行交易员应该报出9.785%及以上的远期利率［1 000 000元×(1+9.785%/2)＝1 048 926元］。反向分析告诉我们，客户能接受的报价是9.785%

及以下的 $i_{6\times 12}$，再考虑到银行之间的竞争，最后的成交价应该是 $i_{6\times 12}=9.785\%$，我们称其为均衡的远期利率。

如果银行以 9.785% 的远期利率与客户签订协议，则银行的现金流如图 2-7 所示。

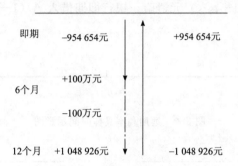

图 2-7 例 2-6 以 9.785% 与客户签订远期利率协议的现金流

由图 2-7 可知，银行做完上述 3 笔交易之后在任何时点上的净现金流均为 0，银行没有任何风险，同时也不会有任何盈利或亏损。3 笔交易中，虚线这笔交易是应客户的实际需要而进行的，是必须完成的。让我们来看看另两笔实线交易的净现金流（见图 2-8）。

两笔实线交易做完之后，即期的净现金流为 0，只在 6 个月后收到 100 万元，在 12 个月后支出 1 048 926 元（见图 2-8a）。显然，两笔实线交易的净现金流等价于图 2-8b 中虚线交易的现金流。特别值得注意的是，图 2-8b 中虚线交易的现金流与图 2-7 中虚线交易的现金流相比，大小完全一致，但方向相反。银行如果只应客户要求做 1 笔图 2-7 中虚线所示的远期交易，则将完全暴露在风险之下，6 个月后，实际的 6 个月期利率如果高于 9.785%，银行将出现亏损，为此银行另做两笔交易（实线所示的即期交易）来为远期交易避险。这就是银行做完上述 3 笔交易之后，净现金流为 0，无风险亦无收益的缘故。

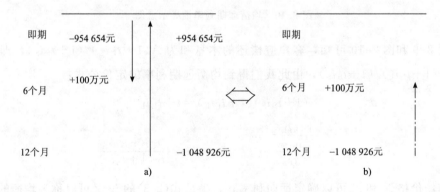

图 2-8 例 2-6 抵补交易现金流示意图

下面我们来推导远期利率定价的一般公式。假设期限为 t_S（年）的利率为 i_S，期限为 t_L（年）的利率为 i_L，i_F 为远期利率，指的是 t_S 后开始期限为 t_F 的远期对远期借贷的利率，远期对远期借贷在 t_L 后到期，$t_L=t_S+t_F$。客户需要在 t_S 后贷款，金额为 A，贷款期限为 t_F，要求银行对远期利率报价。$t<1$ 时计单利，$t>1$ 时计复利。我们仅演示 $t<1$ 的情

形。远期利率具体时间如图 2-9 所示。图 2-10 则展示了均衡远期利率的推导过程。首先，银行为 t_S 年后的贷款报价。银行报价即承诺在 t_S 年后将向客户贷款 A 元。其次，银行为 t_S 年后的 A 元贷款避险。银行为保证 t_S 年后有 A 元贷出，在即期贷出 $A/(1+t_S i_S)$ 元。再次，银行为即期的 $A/(1+t_S i_S)$ 元避险。银行即期借入 $A/(1+t_S i_S)$ 元以贷出，借入的期限为 t_L 年。

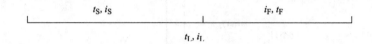

图 2-9　远期利率具体时间示意图

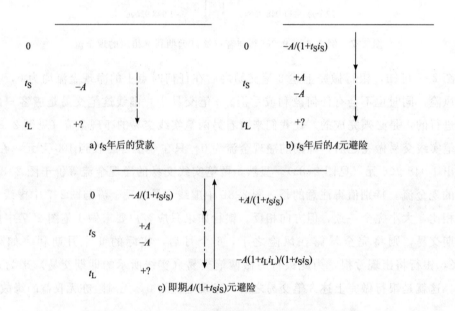

图 2-10　均衡远期利率推导示意图

由图 2-9 和图 2-10 可知，客户应偿还的本息和为 $A(1+t_L i_L)/(1+t_S i_S)$，即 $A(1+i_F t_F)=A(1+t_L i_L)/(1+t_S i_S)$，由此我们得到均衡远期利率的定价公式：

$$(1+t_S i_S)(1+i_F t_F)=1+t_L i_L$$

$$i_F=\frac{\dfrac{1+i_L t_L}{1+i_S t_S}-1}{t_F} \quad 或 \quad i_F=\frac{t_L i_L - t_S i_S}{t_F(1+t_S i_S)} \tag{2-3}$$

由市场价格 i_S 和 i_L 可以确定远期利率 i_F，满足式(2-3)的 i_F 又可以称为均衡的远期利率、合理的远期利率或 i_S、i_L 暗含的远期利率。

2.4.2　套利与市场均衡

与远期汇率一样，市场价格 i_S 和 i_L 会不停地变动并影响远期利率 i_F 同步变动。通常情况下，三者关系会满足式(2-3)。不过，由于市场波动等，偶尔也会出现式(2-3)不成立的情形，比如，$i_F > \dfrac{t_L i_L - t_S i_S}{t_F(1+t_S i_S)}$，此时我们可以按照以下策略完成套利［若 $i_F < \dfrac{t_L i_L - t_S i_S}{t_F(1+t_S i_S)}$，只需改变套利交易的方向即可］：

交易 1：借入 L 单位货币，期限 t_L 年，利率为市场报价 i_L，t_L 年后应偿还本息和 $L(1+t_L i_L)$。

交易 2：将 L 单位货币贷出，期限 t_S 年，利率为市场报价 i_S，t_S 年后应收回本息和 $L(1+t_S i_S)$。

交易 3：按市场报价 i_F 约定在 t_S 年后将那时收回的本息和 $L(1+t_S i_S)$ 再贷出，期限为 t_F，到期将收回本息和 $L(1+t_S i_S)(1+i_F t_F)$。

t_L 年后应偿还本息和 $L(1+t_L i_L)$，而收到的本息和为 $L(1+t_S i_S)(1+i_F t_F)$，目前的市场报价 $i_F = \dfrac{t_L i_L - t_S i_S}{t_F(1+t_S i_S)}$，即

$$(1+t_S i_S)(1+i_F t_F) > 1 + t_L i_L$$

$$L(1+t_S i_S)(1+i_F t_F) > L(1+t_L i_L)$$

这说明收回的本息和多于需偿还的本息和。以上交易策略可获取收益，并且没有任何风险，无须投入本金，实现了无风险套利。

大量的套利交易会推动市场价格发生变动，交易 1、2、3 会分别使得 i_L 上升，i_S 和 i_F 下降，进而使 $L(1+t_L i_L)$ 上升，$L(1+t_S i_S)(1+i_F t_F)$ 下降。套利空间被压缩，套利空间消失之前套利交易不会停止，价格也会持续变动。直至套利空间完全消失，套利交易停止，价格才稳定下来。此时

$$(1+t_S i_S)(1+i_F t_F) = 1 + t_L i_L$$

$$i_F = \frac{t_L i_L - t_S i_S}{t_F(1+t_S i_S)}$$

市场在套利交易的推动下自动恢复均衡。由于有套利交易的保障，在有效市场中，不均衡总是暂时的，从长期来看均衡是常态。

2.4.3 推导远期利率的其他方法

我们在前面已经提出，在一个有效市场中，承担相同风险的投资方式应该取得相同的收益。假设投资者持有 L 单位货币，考虑以下两种投资策略：

策略 1：将 L 单位货币贷出，期限 t_L 年，利率为市场报价 i_L。

策略 2：将 t_L 年分成两个阶段，时长分别为 t_S 年和 t_F 年。将 L 单位货币贷出，期限 t_S 年，利率为市场报价 i_S。同时，按市场报价 i_F 约定在 t_S 年后将那时收回的本息和 $L(1+t_S i_S)$ 再贷出，期限为 t_F。

两种策略应获得相同收益，即有

$$L(1+t_S i_S)(1+i_F t_F)=L(1+t_L i_L)$$

由此我们得到与之前相同的结论：

$$i_F = \frac{t_L i_L - t_S i_S}{t_F(1+t_S i_S)}$$

若策略1和策略2收益不相等，比如策略2收益大于策略1，即 $L(1+t_S i_S)(1+i_F t_F) > L(1+t_L i_L)$，则市场没有达到均衡，可以按照以下策略完成套利（若策略1收益大于策略2，只需改变套利交易的方向即可）：

交易1：借入 L 单位货币，期限 t_L 年，利率为市场报价 i_L，t_L 年后应偿还本息和 $L(1+t_L i_L)$。

交易2：将 L 单位货币贷出，期限 t_S 年，利率为市场报价 i_S，t_S 年后应收回本息和 $L(1+t_S i_S)$。

交易3：按市场报价 i_F 约定在 t_S 年后将那时收回的本息和 $L(1+t_S i_S)$ 再贷出，期限为 t_F 年，到期将收回本息和 $L(1+t_S i_S)(1+i_F t_F)$。

t_L 年后应偿还本息和 $L(1+t_L i_L)$，而收到的本息和为 $L(1+t_S i_S)(1+i_F t_F)$，$L(1+t_S i_S)(1+i_F t_F) > L(1+t_L i_L)$，实现了无风险套利。

大量的套利交易使得 i_L 上升、i_S 和 i_F 下降，进而使 $L(1+t_L i_L)$ 上升，$L(1+t_S i_S)(1+i_F t_F)$ 下降。套利空间被压缩，套利空间消失之前套利交易不会停止，价格也会持续变动。直至套利空间完全消失，套利交易停止，价格才稳定下来。此时，$1+t_L i_L = (1+t_S i_S)(1+i_F t_F)$，式(2-3)的关系依然成立，市场恢复均衡。

2.4.4 如何快速判断套利交易的方向

当式(2-3)的关系不成立时，便存在套利机会。那么，如何快速判断套利交易的方向，正确地构建套利交易策略呢？假设 $i_F > \frac{t_L i_L - t_S i_S}{t_F(1+t_S i_S)}$，其等价于 $(1+t_S i_S)(1+i_F t_F) > 1+t_L i_L$。我们可以理解为 i_F 和 i_S 被高估，而 i_L 被低估。根据投资的基本直觉，采用借低贷高的策略就可实现套利，即以被低估的利率 i_L 借款，同时以高估的利率 i_F 和 i_S 贷出去。

2.5 四种价格

即期价格、未来的即期价格、远期价格、（市场或经济主体）对未来即期价格的预期这四种价格对于金融衍生工具和金融工程初学者来说，特别容易引起混淆。下面我们对这四种价格进行简单的阐述和区分。我们以市场上的大豆商品为例，有一家生产豆奶的A企业以大豆为主要生产原材料。假设今天为2021年7月18日，A企业于今天在市场上以每吨4000元的价格购买了10t大豆，并立即交割（支付货币资金40 000元，收取10t大豆）。

此时，4000元便为大豆今天的即期价格。未来的某个日子，如3个月后（2021年10月18日）在市场上购买大豆并立即交割的大豆价格，我们称之为未来的即期价格。这两个价格都是即期交易、即期交割的价格。对于今天而言，前者是确定的，后者是不确定的，属于随机变量。尽管A企业今天购买了10t大豆，但这些大豆只够A企业生产3个月，并且考虑到豆奶销量的上升及产能的扩张，A企业通过核算，发现3个月后需要购买大豆13t作为原材料。3个月后的大豆价格（也就是未来的即期价格）是不确定的。当然，A企业会对市场上的各种信息进行分析，从而形成对3个月后大豆价格的预期，比如A企业预期3个月大豆价格会上涨到4230元。4230元就是市场或经济主体对未来（3个月后）即期价格的预期。当然，我们要强调的是，预期并不一定就会实现，也就是说，一并一定是正确的。未来的即期价格仍然是不确定的。因此，A企业尽管对未来的即期价格有了预期，但仍然面临着不确定性，为了锁定3个月后的生产成本，A企业决定今天和大豆种植农场签订13t的大豆远期合约，价格为4150元/t，约定3个月后交割。此处4150元便为远期价格。很明显，远期价格为即期交易、远期交钱交货对应的价格。远期价格和即期价格一样，是确定的，并且远期价格和即期价格之间具有我们前述讨论的定量关系。如果这种关系不成立，就会出现无风险套利机会，最终推动该种关系的成立。

2.6 三类交易者

衍生品市场有众多的交易者。根据交易行为的目的，我们可以将交易者分为三类：避险者（对冲者）（Hedger）、投机者（Speculator）和套利者（Arbitrageur）。对冲者采用衍生品合约来减少自身所面临的不确定性（或者说减少自身所面临的风险）。投机者基于自身对未来的看法，利用衍生品对未来进行下注。套利者则利用市场中各种变量之间的关系，采用两个或多个相互抵消的交易，承担最小的风险甚至不承担风险来锁定利润。从持有的头寸来看，对冲者和套利者通常持有双向头寸，而投机者通常是单向持有头寸。关于三类交易者的具体区分，我们列于表2-4中。

表2-4 三类交易者的区别

	避险者（对冲者）	投机者	套利者
交易	单向地买入或卖出，交易链不封闭	同避险者	同时买进与卖出，交易链封闭
市场	均衡或不均衡	均衡或不均衡	不均衡
原始头寸	有	无	无
风险裸露	由敞口到封闭	由封闭到敞口	由封闭到封闭
依据	发现两个头寸同受一因素影响且方向相反、金额相等	依独特的信息或分析方法得出与市场不同的预测	发现市场出错
结果	避险，无盈亏	盈或亏	无风险收益

这里有两点要特别提醒读者：一是这里的分类是针对衍生品市场的。大家可能注意到，三类交易者并没有大家熟悉的投资者。在投资学这门课程的范畴中，我们经常会区分投资和投机。很明显，这与衍生品市场和金融工程中的语言并不在同一逻辑中。在衍生品市场和金融工程的语境中，所有单向持有头寸的交易行为都被认定为投机。二是大部分读者会了解到对冲基金（Hedge Fund）这种投资工具。这里要强调的是，对冲基金并非只进行对冲交易，它们运用衍生品，不仅进行对冲交易，还进行投机交易和套利交易。因此，它们既可以是衍生品市场的对冲者，也可以是投机者和套利者。

2.7 远期对远期贷款中的资本金占用问题

20世纪70年代后期，经营者和投资者的远期对远期贷款需求量很大，但银行却不欢迎这种业务。在一笔6×12贷款中，由于不能保证6个月后有资金可供贷出，银行必须即期借入一笔12个月的借款，再贷出6个月。银行借款将占用信贷指标及资本金，这些都是有限的、昂贵的资源。

为说明占用资本金增加的成本，假设银行拆入资金的银行间市场利率为10%，贷出利率为11%，资本金成本为15%，银行被要求持有相当于其贷款总量8%的资本金。

银行做一笔100万元即期的6个月期贷款时资产负债表和损益表如图2-11所示。

资产负债表		损益表	
资产	负债及权益	收入	费用
额户贷款　1 000 000元（6个月）	银行间存款　920 000元（6个月）	客户贷款　55 000元	银行间存款　46 000元
	资本金　80 000元		资本金　6 000元
总资产　1 000 000元	总资产　1 000 000元	总收入　55 000元	总费用　52 000元

图2-11　银行100万元即期6个月期贷款资产负债表和损益表

由图2-11可知，银行做一笔100万元即期的6个月期贷款所获得的资本回报率为

$$\frac{3\ 000}{80\ 000} \times 2 = 7.50\%$$

银行做一笔100万元6×12远期对远期贷款时资产负债表和损益表如图2-12所示。

由图2-12可知，银行做一笔100万元6×12远期对远期贷款所获得的资本回报率为

$$\frac{1\ 000}{80\ 000} = 1.25\%$$

银行应客户要求做了一笔远期对远期贷款后必须再做两笔现金交易（借长贷短）来避

险。在前 6 个月，由于没有对应的贷款需求，银行占用了资本金但只能按 10％的银行间贷款利率拆出，而不能按 11％的客户贷款利率拆出，使得相比即期贷款，远期对远期贷款的回报率显著降低，因此银行不愿意开展远期对远期贷款。为了能消除对资本金的占用，同时又能满足银行为远期对远期贷款避险的需求，有必要设计新的金融工具，这就是下一章要介绍的远期利率协议（FRA）。

资产负债表（前6个月）		资产负债表（后6个月）	
资产	负债及权益	资产	负债及权益
银行间贷款 1 000 000元（6个月）	银行间存款 920 000元（12个月）	客户贷款 1 000 000元（6个月）	银行间存款 920 000元（12个月）
	资本金 80 000元		资本金 80 000元
总资产 1 000 000元	总资产 1 000 000元	总资产 10 000 000元	总资金 1 000 000元

损益表（12个月）	
收入	费用
银行间贷款 50 000元	银行间存款 92 000元
客户贷款 55 000元	资本金 12 000元
总收入 105 000元	总费用 104 000元

图 2-12 银行 100 万元 6×12 远期对远期贷款资产负债表和损益表

■ 本章小结

存在内部联系的几种价格，比如 S_0、i_b、i_q、F_0 或者 i_L、i_S、i_F，形成一个联合浮动体，就像用铁链拴在一起的几艘船一样。当联合体中的一个价格受外界影响发生变动而其他价格暂时没有跟进时，价格之间的关系被改变，市场失衡，套利机会出现。此时的市场价格是不稳定的，在套利交易的推动下联合体中的其他价格很快将发生相应变化，价格的变动使套利空间逐渐压缩直至最终消失，这时套利交易才会停止，价格也就此稳定下来不再变动，价格之间的关系重新恢复，市场也恢复均衡。就好像连在一起的船队中，一艘船受外力影响发生位移后，其他的船也会相应移动，最终将保持相对位置不变。市场在套利作用下会自动恢复均衡，就像不倒翁受外力推动偏离平衡点后会重新平衡一样。

无套利分析决定的均衡指的是联合体中的各种价格保持相对关系不变，比如 $F_0 = S_0 \dfrac{1+i_q t}{1+i_b t}$，但绝对价格是可以联合浮动的，这与均衡分析法决定的均衡是不同的。一种情况是，当 S_0 受外界影响从均衡水平上升，市场进入失衡状态，如果基础货币的货币市场及远期外汇市场规模足够大，套利交易无法影响其价格，则在 F_0 和 i_b 都不变的情况下仅压低 i_q 也可以使市场恢复均衡。可见，所谓市场失衡并不能说是某一种价格出错了，只是价格之间的关系出错了。市场恢复均衡可以通过各种价格均匀地相互靠拢来实现，也可以纯粹通过某一种价格向其他价格靠拢来实现，这取决于各种市场的规模及由此决定的套利对各种价格的影响力。

■ **本章重点**

① 无套利均衡。
② 判断市场是否均衡。
③ 如果不均衡，如何设计套利交易。
④ 套利交易如何改变市场价格。
⑤ 市场如何从失衡恢复到均衡。

■ **练　习**

1. 常见的远期价格有哪几种？
2. 远期汇率是否为未来的即期汇率？举例说明。
3. 某美国客户希望在 1 年后用美元向中国银行购买 1100 万元用于偿还其到期的一笔债务，求此时的 1 年期美元对人民币的远期均衡汇率。1 美元＝6.4 元人民币，i_b＝5%，i_q＝10%。
4. 若上题中国银行交易员报出美元对人民币 1 年期的远期汇率 F_0 为 6.8，则市场是否存在套利机会？如何套利？若 F_0 为 6.7，则又该如何操作？
5. 假定一个理性的投资者拥有 1000 万美元，此时市场为有效市场，他有以下两种投资方式：

A：将 1000 万美元兑换成人民币并将其贷出 1 年。

B：将 1000 万美元贷出 1 年并按实际远期利率汇率 F 约定将 1 年后所获得的美元本息和兑换成人民币。

此时，若美元对人民币即期汇率为 7，1 年期美元的利率为 3%，1 年期的人民币利率为 6%，求 1 年后的远期汇率 F 为多少时，两种投资方式对于投资者来说是相同的。

6. 某客户在 6 个月后需借入 10 万元，期限为 6 个月，同时 6 个月后偿还。他要求银行交易员报出 6×6 贷款（6 个月后开始 6 个月后结束的贷款）的价格，即远期利率 $i_{6\times 12}$ 为多少？假设此时 i_6＝5%，i_{12}＝6%。

7. 若上题中 i_6＝8%，i_{12}＝9%，则远期利率 $i_{6\times 12}$ 又为多少？若 i_6＝5.7%，i_{12}＝6.3%呢？

8. 某客户在 6 个月后需借入 10.228 万元，期限为 6 个月，同时 6 个月后偿还。若此

时银行的贷款利率 $i_6=4.56\%$，$i_{12}=4.65\%$，同时实际的 6 个月之后的 6 个月的远期利率 i_F 为 4.85%，问此时是否存在套利机会？如何操作？

■ 练习答案

1. 常见的远期价格有两种，分别是远期汇率和远期利率。远期汇率指的是当前为未来完成交割的一笔外汇交易制定的价格，即对未来进行的外汇交易提出的报价；远期利率是指即期为未来进行的资金借贷约定的利率。

2. 远期汇率并非未来的即期汇率。远期汇率是指由交易双方事先约定的汇率，而未来的即期汇率则是真实的市场汇率，既可能高于远期汇率，也可能等于或低于远期汇率。例如，某客户按 1 美元=7 元 6 个月远期汇率向银行卖出 100 万美元，假定 6 个月后的即期汇率为 1 美元=6.985 元，则此时客户在这笔交易中赚了 1.5 万元；若 6 个月后的即期汇率为 1 美元=7.030 元，则此时该客户在此交易中亏损了 3 万元。

3. (1) 分析：对于中国银行来说，一年后需要支付 1 100 万元并收取相应的手续费，则银行为保证在 1 年后有 1 100 万元，可以在此时贷出 1 000[=1 100/(1+10%)] 万元，为了获得即期的 1 000 万元，中国银行可以借入 156.25(=1 000/6.4) 万美元在即期兑换 1 000 万元，在 1 年后用客户支付的美元偿还相应的借款本金及利息。

(2) 计算：中国银行即期借入的 156.25 万美元在 1 年后需要支付本息

$$156.25\times(1+5\%)=164.062\ 5(万美元)$$

又因为银行在 1 年后将会获得 1 100 万元，则

$$F_0=\frac{1\ 100}{164.062\ 5}=6.704\ 8$$

即此时的均衡远期汇率为 6.704 8。

4. $F_0\neq 6.704\ 8$，则存在套利机会。我们以 $F_0=6.8$ 为例讲述套利的具体操作：

(1) 借入 1 000 万元，期限 1 年，此时利率为市场报价 10%。

(2) 将借入的 1 000 万元兑换成 156.25 万美元。

(3) 将 156.25 万美元贷出，期限也是 1 年，利率为市场报价 5%。

(4) 按市场报价 6.8 约定在 1 年后将那时收回的美元本息和兑换成人民币

$$156.25\times(1+5\%)\times 6.8=1\ 115.625(万元)$$

则按以上无风险套利可得 15.625 万元。

若 $F_0=6.7$，则上述操作均改变交易方向，最终无风险套利可得 7812.5 元。

5. 若投资者采用方式 A，则到期共有人民币本息和为

$$1\ 000\times 7\times(1+6\%)=7\ 420(万元)$$

若投资者采用方式 B，则 1 年后可获得人民币数量为

$$1\ 000\times(1+3\%)F$$

两种投资获得相同收益时，有

$$7\,420 = 1\,000 \times (1+3\%)F$$

求得 $F=7.203\,9$，两种方式对于投资者来说收益相同。

6. 银行在 6 个月后需要贷出 10 万元，则意味着银行 6 个月后将有 10 万元的现金流支出，为了保证客户贷款需求，银行可以即期借入 $9.756\,1[=10/(1+5\% \times 1/2)]$ 万元 1 年，则对于银行来说，1 年后需要偿还 $9.756\,1$ 万元 $\times(1+6\%)=10.341\,5$ 万元，同时银行因为即期借入了 $9.756\,1$ 万元，可以将其贷出给其他人 6 个月，6 个月后银行获得本息和为 10 万元，再将其贷出，保证客户贷款需求，于是到期日也就是离即期 1 年后银行可以获得的本息和（忽略交易费用）为 $10 \times (1+i_{6 \times 12}/2)$。

均衡的等式为 $10.341\,5 = 10 \times (1+i_{6 \times 12}/2)$，即均衡远期利率 $i_{6 \times 12}$ 为 6.83%。

7. 当 $i_6=8\%$，$i_{12}=9\%$ 时，可由公式得

$$i_{6 \times 12} = \frac{\frac{1+9\%}{1+8\% \times 0.5}-1}{0.5} = 9.615\%$$

当 $i_6=5.7\%$，$i_{12}=6.3\%$ 时，可得

$$i_{6 \times 12} = \frac{\frac{1+6.3\%}{1+5.7\% \times 0.5}-1}{0.5} = 6.709\%$$

8. 我们先计算均衡的远期利率 i_{F_0}：

$$i_{F_0} = \frac{\frac{1+4.65\%}{1+4.56\% \times 0.5}-1}{0.5} = 4.634\%$$

由于实际的远期利率 i_F 为 4.85%，不等于均衡远期利率 4.634%，因此存在套利机会。

具体操作如下：①借入 10 万元，期限为 1 年，利率为市场报价 4.65%，1 年后应偿还本息和 10.465 万元；②将 10 万元贷出，期限 0.5 年，利率为市场报价 4.56%，半年后应收回本息和 10.228 万元；③按市场报价 4.85% 约定在半年后将那时收回的本息和 10.228 万元再贷出，期限为半年，到期将收回本息和 10.476 万元。以上操作可获得无风险回报为 110 元。

第3章

远期利率协议

3.1 概念

一份远期利率协议（Forward Rate Agreement，FRA）就是交易双方或者为了规避未来利率波动的风险，或者为了在未来利率的波动上进行投机而约定的一份协议。买卖双方（银行与客户或两个银行同业之间）于即期商定在未来某个时间点（即交割日，也指利息起算点）开始的一定期限内的协议利率，并规定以何种利率为参考利率。在交割日，按规定的协议利率、协议期限和协议本金，由当事人一方向另一方支付协议利率和参考利率利息差的贴现额。

协议的买方承诺名义上借入资金，卖方承诺名义上贷出资金，协议约定了名义上借贷的本金金额、期限、利率、开始日期及标价货币。

FRA 通过固定将来实际交付的利率而避免了利率变动的风险，FRA 用利差结算，资金流动量小，并且不需要支付保证金，为经济主体提供了一种管理利率风险而又无须改变资产负债结构的有效工具。FRA 最大的特点就是协议双方只是名义上借贷资金，协议到期时并不会发生本金的真实转移，这使得 FRA 不会在资产负债表中出现，也就不必满足资本充足率的要求。因此，既可以把未来的利率确定下来，又可以避免对资本金的占用（实际上要求保留相当于现金交易资本要求1％的资本金）。如果双方签订协议的目的是避险而非投机，协议到期时有借贷资金的真实需要，那么他们需要在货币现货市场上另行借贷以完成本金的转移。FRA 是由银行提供的场外市场产品。

3.2 交割

3.2.1 有关术语

我们首先通过图 3-1 和图 3-2 来直观展示 FRA 的相关时点，并对有关术语进行解释。图 3-2 是图 3-1 的简化版本，为了使初学者更容易理解，不至于刚入门就被过多的时间点干扰。

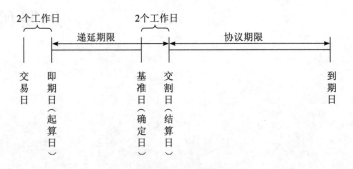

图 3-1　FRA 各时点示意图

图 3-2　FRA 各时点示意图（简化版）

交易日：FRA 交易的执行日，签订协议，确定协议利率、名义借贷的本金、借贷期限、协议货币和开始日期。

即期日：计算时间长度的起始日，交易日之后两个工作日。

基准日：确定参考利率，交割日之前两个工作日。

交割日：完成交割额的转手，名义借贷的开始日。

到期日：名义借贷的到期日。

协议数额（A）：名义借贷的本金金额。

协议货币：协议数额的面值货币。

协议期限（DAYS）：交割日到到期日之间的时间长度。

协议利率（i_c）：FRA 中约定的名义借贷的利率。

参考利率（i_r）：基准日的市场实际利率，用以计算交割额。

交割额：根据协议利率与参考利率的差异计算得出，在交割日由亏损方支付给盈利方。

以 2021 年 4 月 12 日交易的 1×4 FRA 为例说明各日期之间的关系：

交易日：2021 年 4 月 12 日（周一）——→即期日：2021 年 4 月 14 日（周三）——→基准日：2021 年 5 月 12 日（周三）——→交割日：2021 年 5 月 14 日（周五）——→到期日：2021 年 8 月 14 日（周六）[由于 2021 年 8 月 14 日是周六，因此，实际的到期日延续到下一个工作日，即 2021 年 8 月 16 日（周一）]。

3.2.2 交割额

为了便于理解，我们以图 3-2 为 FRA 各时点的示意，对远期利率协议的交割进行讲解。对于远期利率协议的买方而言，远期利率协议就是在即期日签订协议，协议中规定在交割日从交易对手（即卖方）以协议利率 i_c 借入资金 A，期限为交割日至到期日这段时间（即协议期限的天数 DAYS）。我们知道，远期利率设计的初衷是锁定未来利率，消除未来利率的不确定性。因此，如果到了交割日，市场真实的即期利率（称为参考利率 i_r）要高于协议利率 i_c，则买方应得到补偿，补偿额为参考利率与协议利率之差在协议期限对应的利息。同时，因为利息通常是在借款到期后才支付，而远期利率协议在交割日就要进行交割，所以补偿额还应由到期日贴现到交割日。因此，补偿额至交割日的贴现值就是远期利率买方应得到的交割额，具体见式(3-1)：

$$买方应得的交割额 = \frac{(i_r - i_c) A \dfrac{DAYS}{BASIS}}{1 + i_r \dfrac{DAYS}{BASIS}} \tag{3-1}$$

式中，i_r 为参考利率；i_c 为协议利率；A 为协议金额；DAYS 为协议期限的天数；BASIS 为一年的天数，美元为 360 天，英镑为 365 天，人民币为 360 天。

3.3 FRA 的避险功能

FRA 本身并不发生本金的转移，如何能使未来资金借贷的利率得以确定呢？答案就在于经过 FRA 交割额的调整，资金借贷的实际利率将被锁定为 FRA 的协议利率。我们先通过一个例题来展示这个过程。

【例 3-1】假设在 2021 年 4 月 12 日（周一），客户发现需要在 2021 年 5 月 14 日借入 100 万元购买原材料，期限 3 个月。他决定在当天买进 100 万元的 1×4 FRA 来为这笔远期借款避险。$i_c = 6.25\%$，$i_r = 7\%$，$A = 100$ 万元。

2021 年 4 月 12 日（周一）：交易日，买进 100 万元的 1×4 FRA，$i_c = 6.25\%$。

2021 年 4 月 14 日（周三）：即期日，开始计算时间。

2021 年 5 月 12 日（周三）：基准日，取得当天市场实际 3 个月期的利率 $i_r=7\%$，按此利率借入 100 万元用于购买原材料。将两天后结清的交割额拆出。

2021 年 5 月 14 日（周五）：交割日，结清 FRA 的交割额支付给拆入方，开始计息。借入的 100 万元到账并开始计息。

2021 年 8 月 16 日（周一）：到期日，收回交割额的本息和，偿还 100 万元的本息和。

交割日 2021 年 5 月 14 日收到的交割额为 $\dfrac{(i_r-i_c)A\dfrac{\text{DAYS}}{\text{BASIS}}}{1+i_r\dfrac{\text{DAYS}}{\text{BASIS}}}=1\,923.18$（元）。

到期日 2021 年 8 月 16 日收回交割额的本息和 $1\,923.18\times(1+7\%\times 94/360)=1\,958.33$（元）。

到期日 2021 年 8 月 16 日偿还 100 万元的本息和 $1\,000\,000\times(1+7\%\times 94/360)=1\,018\,277.78$（元）。

到期日实际为 100 万元借款支付本息和 $1\,018\,277.78-1\,958.33=1\,016\,319.45$（元）。

为 100 万元借款实际支付的利率为 $(1\,016\,319.45-1\,000\,000)/(1\,000\,000\times 94/360)=6.25\%=i_c$。

我们在例 3-1 的基础上，将远期利率协议的避险功能论证推广到一般情况。

交割日收到的交割额为

$$\dfrac{(i_r-i_c)A\dfrac{\text{DAYS}}{\text{BASIS}}}{1+i_r\dfrac{\text{DAYS}}{\text{BASIS}}}$$

到期日收回交割额的本息和为

$$\dfrac{(i_r-i_c)A\dfrac{\text{DAYS}}{\text{BASIS}}}{1+i_r\dfrac{\text{DAYS}}{\text{BASIS}}}\left(1+i_r\dfrac{\text{DAYS}}{\text{BASIS}}\right)=(i_r-i_c)A\dfrac{\text{DAYS}}{\text{BASIS}}$$

到期日偿还 A 的本息和为

$$A\left(1+i_r\dfrac{\text{DAYS}}{\text{BASIS}}\right)$$

到期日实际支付本息和为

$$A\left(1+i_r\dfrac{\text{DAYS}}{\text{BASIS}}\right)-(i_r-i_c)A\dfrac{\text{DAYS}}{\text{BASIS}}=A\left(1+i_c\dfrac{\text{DAYS}}{\text{BASIS}}\right)$$

实际支付的利率为

$$\dfrac{A\left(1+i_c\dfrac{\text{DAYS}}{\text{BASIS}}\right)-A}{A\dfrac{\text{DAYS}}{\text{BASIS}}}=i_c$$

经过 FRA 交割额的调整资金借贷的实际利率将被锁定为 FRA 的协议利率，成功避险。

利用 FRA 对未来利率的波动进行投机。例如，市场报价 $i_{1\times 4}=10\%$，某投资人认为此价格偏低，于是按此价买入 100 万元的 1×4 FRA。一个月后，若基准日确定的市场实际 3 个月期利率 $i_r=12\%$，则基准日可确定该投资人将于到期日获利 $1\ 000\ 000\times(12\%-10\%)\times 3/12=5\ 000$（元），两天后的交割日他将实际收到这笔盈利的贴现值 $5000\div(1+12\%\times 3/12)=4\ 854.37$（元）。

3.4 FRA 的定价

FRA 的价格指的是协议利率 i_c，FRA 的定价指的是确定协议利率 i_c。上一节已经证明借助 FRA 可以把未来资金借贷的实际利率锁定为 FRA 的协议利率，买入一份 FRA 等同于做一笔远期对远期的借款。因此，FRA 的价格 i_c 应是同期的均衡远期利率 i_F。因此，有

$$i_c = \frac{t_L i_L - t_S i_S}{t_F(1+t_S i_S)} \tag{3-2}$$

式中，t_L 为即期日到到期日的时间长度（年）；i_L 为即期日到到期日的市场利率；t_S 为即期日到交割日的时间长度（年）；i_S 为即期日到交割日的市场利率；t_F 为交割日到到期日的时间长度（年）；i_c 为交割日到到期日的协议利率。

如果式(3-2)不成立，则会出现套利机会。假设 $i_c > \dfrac{t_L i_L - t_S i_S}{t_F(1+t_S i_S)}$，其等价于 $(1+t_S i_S)(1+i_c t_F) > 1+t_L i_L$，我们可以理解为 i_S 和 i_c 被高估，而 i_L 被低估，因此可借低贷高（或借长贷短）套利，具体交易策略如下：

交易 1：借入 L 单位货币，期限 t_L 年，利率为市场报价 i_L，t_L 年后应偿还本息和 $L(1+t_L i_L)$。

交易 2：将 L 单位货币贷出，期限 t_S 年，利率为市场报价 i_S，t_S 年后应收回本息和 $L(1+t_S i_S)$。

交易 3：按市场报价 i_c 卖出一份 FRA，本金为 $L(1+t_S i_S)$。

卖出 FRA 等同于把 t_S 年后收回的本息和 $L(1+t_S i_S)$ 按 i_c 再次贷出，到期将收回本息和 $L(1+t_S i_S)(1+i_c t_F)$。

t_L 年后应偿还本息和 $L(1+t_L i_L)$，而收到的本息和为 $L(1+t_S i_S)(1+i_c t_F)$，根据前述假设有 $L(1+t_S i_S)(1+i_c t_F) > L(1+t_L i_L)$，因此，$t_L$ 年后收到的本息和大于应偿还的本息和，实现了无风险套利。

大量的套利交易使得 i_L 上升、i_S 和 i_c 下降，进而使 $L(1+t_L i_L)$ 上升，$L(1+t_S i_S)(1+i_c t_F)$ 下降。套利空间被压缩，套利空间消失之前套利交易不会停止，价格也会持续变动。直至套利空间完全消失，套利交易停止，价格才稳定下来。此时 $1+t_L i_L = (1+t_S i_S)$

$(1+i_c t_F)$，市场恢复均衡。

因此，合理的 FRA 价格应是当时对应的均衡远期利率。

3.5　FRA 的利率表现

所谓 FRA 的利率表现，是指 FRA 的协议利率受市场利率影响的特点。首先做定性分析。由 $(1+t_S i_S)(1+i_c t_F)=1+t_L i_L$ 可知：当 i_L 不变，i_S 上升，则要求 $i_c(i_F)$ 下降才能使两种投资方式的收益保持一致，因此 i_c 与 i_S 负相关。当 i_S 不变，i_L 上升，则要求 $i_c(i_F)$ 上升才能使两种投资方式的收益保持一致，因此 i_c 与 i_L 正相关。

下面再做定量分析。由式(3-2)可得

$$\frac{\partial i_c}{\partial i_L}=\frac{t_L}{t_F(1+t_S i_S)} \approx \frac{t_L}{t_F}$$

$$\frac{\partial i_c}{\partial i_S} \approx -\frac{t_S}{t_F}$$

i_S 与 i_c 形成互补品关系，i_S+i_c 与 i_L 形成替代品关系。

3.6　FRA 的估值

FRA 签署时，该合约价值为 0。不过，合约一旦签署，随着时间的流逝，合约价值便有可能为正或为负。那么，如何给 FRA 估值呢？下面我们进行阐述。

假设在 2021 年 4 月 14 日（周三）（为了简化，我们假设这一天为即期日），A 客户发现需要在 2021 年 5 月 14 日借入 100 万元购买原材料，期限 3 个月。为了消除未来借款利率不确定的风险，锁定未来借款利率。他在当天以 $i_c=6.25\%$ 的价格买进 100 万元的 1×4 FRA（或者表述为：他在当天以 $i_c=6.25\%$ 的价格与银行签署了协议本金为 100 万元的1×4 FRA）。假设 $i_c=6.25\%$ 为签署时刻对应的均衡远期利率 $i_{F,20210414}$，那么合约签署的那一刻，该 1×4 FRA 价值为 0。但合约签署之后一直到合约到期（即合约交割日）期间，合约的价值很可能会呈现出非零特征，既可能为正，也可能为负。我们想知道该 FRA 在 2021 年 4 月 18 日的价值。思路很简单，我们算出 2021 年 4 月 18 日的交割日的均衡远期利率 $i_{F,20210418}$，并假设其在交割日会实现。然后按以下公式计算即可得出该 FRA 的价值。

如果 2021 年 4 月 18 日的均衡远期利率 $i_{F,20210418}$ 在交割日实现，则 A 客户在到期日收到的 FRA 支付 K 为

$$(i_{F,20210418}-i_c)\frac{\text{DAYS}}{\text{BASIS}}$$

当 K 大于 0 时，A 客户在到期日收到 FRA 对手方的补偿；当 K 小于 0 时，A 客户在到期日要补偿 FRA 对手方。

将 A 客户在到期日收到的 FRA 支付 K 贴现到 2021 年 4 月 18 日即得出该 FRA 于 2021 年 4 月 18 日的价值：

$$V_{\text{FRA},20210418} = \frac{K}{1 + i_{r_1}\dfrac{\text{DAYS}_1}{\text{BASIS}}}$$

式中，i_{r_1} 为 2021 年 4 月 18 日至到期日的零息利率；DAYS_1 为 2021 年 4 月 18 日至到期日的期限。

■ 本章小结

FRA 尽管没有本金的转移，不占用资本金，但效果等同于远期对远期贷款，是对利率进行避险或投机的重要金融工具。本章阐述了 FRA 交易的流程及相关术语和交割机制，并对 FRA 的无套利定价及估值进行了详细介绍。

■ 本章重点

① FRA 交易的流程及术语。
② 交割额的计算。
③ FRA 是如何避险的。
④ FRA 的无套利定价原理。
⑤ FRA 的估值。

■ 练　习

1. 远期利率协议的实质是什么？
2. 以 19970901 交易的 1×4 FRA 为例，说明各日期之间的关系。
3. 假设即期为 19970901（周一），一客户需要在 19971003 借入 100 万元购买商品，期限 3 个月。他决定在当天买进 100 万元的 1×4 FRA 来为这笔远期对远期贷款避险。$i_c = 5\%$，$i_r = 6\%$，$A = 100$ 万元。要求在交割日 19971003 时该客户收到交易额，同时计算说明此时借款实际利率。
4. 已知：某公司计划 3 个月后在欧洲美元市场筹资 3 个月期限的资金 1 亿美元，担心届时借款利率会上涨，于是决定通过远期利率协议保值。已知该公司与银行签订的协议利率为 4.5%，若基准日后确定的参考利率为 5%，则该笔交易给公司在交割日带来了多少收益？若到期参考利率为 4% 呢？
5. 若市场报价 $i_{1\times4} = 10\%$，某投资人认为此价格偏低，于是按此价买入 10 万元的 1×4 FRA，则当基准日确定的市场实际 3 个月期利率范围为多少时，投资人可获利？若实际利率 $i_r = 12\%$，则投资人可获利多少？若实际利率 $i_r = 8\%$ 呢？
6. 若此时银行的贷款利率 $i_6 = 5.5\%$，$i_{12} = 6.5\%$，同时市场报价 $i_{6\times12} = 8.0\%$，则是

否存在无风险套利机会？若有，又该如何操作？

7. 某投资者有一笔 10 万元的闲置资金可用来投资 1 年，假定此时 6 个月的利率为 4.8%，1 年的利率为 5.2%，市场报价 $i_{6\times 12}=6\%$，则该投资者应如何进行投资？

■ 练习答案

1. 远期利率协议的实质是一种固定利率的远期贷款或远期借款，由于没有本金的支付，因此也可以看作一种表外的金融工具，一种以远期贷款或远期借款为基础工具的金融衍生交易。

2. 交易日：19970901（周一）；即期日：19970903（周三）；基准日：19971001（周三）；交割日：19971003（周五）；到期日：19980103（周六），顺延到 19980105（周一）。

3. 在交割日 19971003 时，该客户收到交易额为

$$\frac{(i_r-i_c)A\frac{\text{DAYS}}{\text{BASIS}}}{1+i_r\frac{\text{DAYS}}{\text{BASIS}}}=\frac{(0.06-0.05)\times 1\,000\,000\times\frac{94}{360}}{1+0.06\times\frac{94}{360}}$$

$$=2\,570.83(元)$$

到期日 19980105 收回交割额的本息和为

$$(0.06-0.05)\times 1\,000\,000\times\frac{94}{360}=2\,611.11(元)$$

到期日 19980105 偿还 100 万元的本息和为

$$1\,000\,000\times\left(1+0.06\times\frac{94}{360}\right)=1\,015\,666.67(元)$$

到期日实际为 100 万元借款支付本息和为

$$1\,015\,666.67-2\,611.11=1\,013\,055.56(元)$$

为 100 万元借款实际支付的利率为

$$\frac{1\,013\,055.56-1\,000\,000}{1\,000\,000\times\frac{94}{360}}=5\%=i_c$$

即在交割日该客户收到 2 570.83 元交易额，同时此时借款实际利率为 5%，与协议利率相同。

4. 参考利率为 5% 时，这笔交易给公司在交割日带来了

$$\frac{(i_r-i_c)A\frac{\text{DAYS}}{\text{BASIS}}}{1+i_r\frac{\text{DAYS}}{\text{BASIS}}}=\frac{(5\%-4.5\%)\times 10\,000\times\frac{3}{12}}{1+5\%\times\frac{3}{12}}=12.346(万美元)$$

参考利率为 4% 时，这笔交易给公司在交割日带来了

$$\frac{(i_r-i_c)A\dfrac{\text{DAYS}}{\text{BASIS}}}{1+i_r\dfrac{\text{DAYS}}{\text{BASIS}}}=\frac{(4\%-4.5\%)\times 10\,000\times\dfrac{3}{12}}{1+4\%\times\dfrac{3}{12}}=-12.376(万美元)$$

即参考利率为 5% 时,这笔交易给公司在交割日带来了 12.346 万美元收益;参考利率为 4% 时,这笔交易给公司在交割日带来了 12.376 万美元的损失。

5. 当基准日确定的市场实际 3 个月期利率范围 $i_r>10\%$ 时,投资人可获利。其中,若实际利率 $i_r=12\%$,则投资人交割日收到交易额为

$$\frac{(i_r-i_c)A\dfrac{\text{DAYS}}{\text{BASIS}}}{1+i_r\dfrac{\text{DAYS}}{\text{BASIS}}}=\frac{(12\%-10\%)\times 100\,000\times\dfrac{3}{12}}{1+12\%\times\dfrac{3}{12}}=485.437(元)$$

若实际利率 $i_r=8\%$,则投资人在交割日收到交易额为

$$\frac{(i_r-i_c)A\dfrac{\text{DAYS}}{\text{BASIS}}}{1+i_r\dfrac{\text{DAYS}}{\text{BASIS}}}=\frac{(8\%-10\%)\times 100\,000\times\dfrac{3}{12}}{1+8\%\times\dfrac{3}{12}}=-490.196(元)$$

也就是说,此投机行为在确定市场 3 个月实际利率大于 10% 时会盈利。例如,当实际利率为 12% 时,此行为将使投资者获得 485.437 元回报;当实际利率为 8% 时,此行为将使投资者损失 490.196 元。

6. 我们知道 FRA 的价格 i_c 应是同期的均衡远期利率 i_{F_0}:

$$i_{F_0}=\frac{\dfrac{1+6.5\%}{1+5.5\%\times 0.5}-1}{0.5}=7.3\%$$

因为 $i_{6\times 12}=8.0\%>i_{F_0}=7.3\%$,所以我们可以采取以下步骤:

(1) 借入 L 个货币,期限 1 年,利率为市场报价 6.5%,1 年后应偿还本息和 $L(1+6.5\%\times 1)$。

(2) 将 L 个货币贷出,期限 0.5 年,利率为市场报价 5.5%,半年后应收回本息和 $L(1+5.5\%\times 0.5)$。

(3) 按市场报价 8% 卖出一份 FRA,本金为 $L(1+5.5\%\times 0.5)$。到期收回本息和

$$L(1+5.5\%\times 0.5)\times(1+8\%\times 0.5)=1.068\,6\,L$$

而 1 年后需要还 1.065L 本息,因此以上操作使投资者可以无风险套利 0.003 6L 个货币。

7. 第一种方式:直接将资金投资 1 年将会获取 5.2% 的利息,到期本息和共有 105 200 元。第二种方式:先将资金投资半年获取半年期 4.8% 利息,与此同时卖出一份 6×12 的远期利率协议,半年到期本息和共有 102 400 元,再过半年也就是远期利率协议合约到期时,将会获得本息和 102 400×(1+6%×0.5)=105 472(元),大于第一种方式所获得的收益。因此,该投资者应将 10 万元投资半年同时卖出一份 6×12 远期利率协议。

第4章

综合远期外汇协议

4.1 汇差与利差

我们一起来回顾一下汇差与利差之间的关系。我们在第 2 章推导了远期汇率的均衡定价：

$$F_0 = S_0 \frac{1+i_q t}{1+i_b t} \tag{4-1}$$

以美元和人民币为例，美元为外币，人民币为本币。式中，S_0 为即期汇率，表示 1 美元等于 S_0 元；F_0 为远期汇率，表示 1 美元等于 F_0 元；t 为即期与远期汇率对应的到期日之间的期限，如为 3 个月远期汇率，则 $t=0.25$ 年；i_q 为从即期开始的 t 时段内的报价货币利率，即人民币利率；i_b 为从即期开始的 t 时段内的基准货币利率，即美元利率。

远期汇差（Forward Margin）为远期汇率与即期汇率的差，也称为换汇汇率（Swap Point）。

$$W_0 = F_0 - S_0 = S_0 \frac{1+i_q t}{1+i_b t} - S_0 = S_0 \frac{(i_q - i_b)t}{1+i_b t} \tag{4-2}$$

我们称式中 $i_q - i_b$ 为货币利差，W_0 为远期汇差。假设 $i_q > i_b$，则 $W_0 > 0$。显然，在其他条件不变的情况下，两种货币的利差（$i_q - i_b$）扩大将导致远期汇差 W_0 的上升。

4.2 综合远期外汇协议（SAFE）产生的原因

若某交易员预测货币利差将很快扩大并导致远期汇差上升，则他可以建立即期对远期的初始互换头寸来进行投机（见图 4-1）。

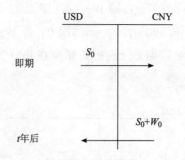

图 4-1 即期对远期互换（初始互换）

即期以即期汇率 S_0 卖出美元，并约定 t 年后以 S_0+W_0（即远期汇率 F_0）买进美元。若他的预测正确，在建立初始互换头寸后，货币利差和远期汇差就扩大了，则该交易员可以建立一个对冲头寸结束交易并获取收益（见图 4-2）。

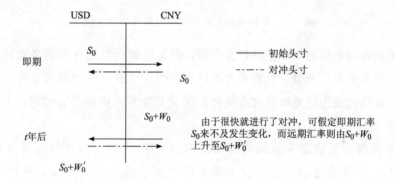

图 4-2 即期对远期互换头寸的对冲（几分钟后对冲）

我们将初始互换和对冲交易的损益特征通过图 4-3 展示。从图 4-3 可以看出，只要即期汇率 S_0 不发生明显上升，交易员的投机都是可以成功的。

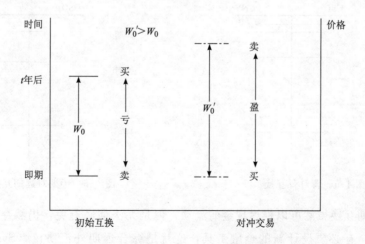

图 4-3 初始互换和对冲交易的损益特征

比如，$S_0=6.8000$，$F_0=6.8679$，即 $W_0=0.0679$ 或 679 个基点（基点是价格的最小变动单位）。几分钟后，$S_0=6.8000$，$F_0=6.8700$，即 $W_0=0.0700$ 或 700 个基点。远期汇差扩大，则期初建立的先卖后买美元的初始互换在几分钟后对冲即可获利。本例的示意图如图 4-4 所示。

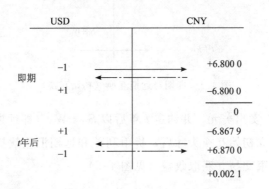

图 4-4　即期对远期初始互换与对冲交易举例

这样的策略可以利用远期汇差的扩大获利，但交易时会出现即期的交割和真实的现金流动，这是不受欢迎的。于是，投资者考虑建立如图 4-5 所示的背对背互换。图中实线代表初始互换，虚线代表为避免即期现金流进行的背对背互换，即金额相同、方向相反、期限不同的互换。

背对背互换很容易演变为远期对远期互换（见图 4-6），两者的区别仅在于背对背互换虽然不存在即期现金流，但是仍有即期的交割手续。远期对远期互换可以约定在 1 个月后卖出美元，12 个月后买进美元，若 1 个月后 11 个月期的汇差如预料的那样扩大了，则做一笔 11 个月期的反向互换以对冲即可获利。这种交易等同于传统互换推迟了 1 个月。

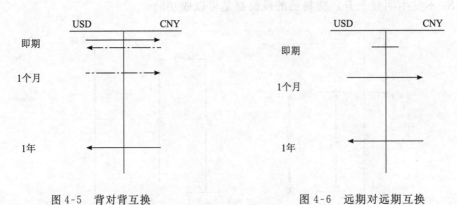

图 4-5　背对背互换　　　　　　　图 4-6　远期对远期互换

远期对远期互换虽然可以推迟现金的流动，但是无法彻底避免，仍然存在占用资本金的缺陷。为此，有必要设计新的金融工具，这就是综合远期外汇协议（Synthetic Agreement for Forward Exchange，SAFE）。

4.3 SAFE 的相关术语

SAFE 是交易双方为了规避货币利差或远期汇差的波动风险,或者为了在货币利差或远期汇差的波动上进行投机而约定的协议。协议的买方承诺执行名义上的先买后卖初级货币(Primary Currency)的远期对远期互换,卖方承诺执行名义上的先卖后买初级货币的远期对远期互换。协议明确约定买卖初级货币的金额、汇率和交易日期。出于方便考虑,协议一般规定两次交易的初级货币的金额相等,而以次级货币(Secondary Currency)结算。对于中国学生而言,以美元与人民币为例,我们通常可以将初级货币理解为基础货币(即外汇),次级货币理解为报价货币(即本币)。

FRA 是资产负债表外的远期对远期资金拆借,SAFE 是资产负债表外的远期对远期外汇互换,二者都是场外交易品种,有许多相似之处。比如,SAFE 与 FRA 一样,在约定的日期交易双方不会真的交换货币本金,而是通过一方向另一方支付一个交割额来结束交易。和 FRA 一样,SAFE 也存在很多重要的时点。我们通过图 4-7 来展示 SAFE 的相关时点。为了便于初学者理解,我们同时给出了一个简化版本(见图 4-8)。

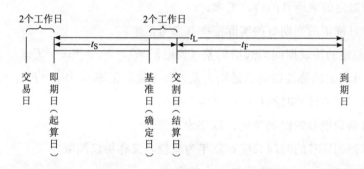

图 4-7 SAFE 的相关时点示意图

图 4-8 SAFE 的相关时点示意图(简化版)

以 2021 年 4 月 12 日交易的 1×4 SAFE 为例,说明各日期之间的关系:

交易日:2021 年 4 月 12 日(周一)——→即期日:2021 年 4 月 14 日(周三)——→基准日:2021 年 5 月 12 日(周三)——→交割日:2021 年 5 月 14 日(周五)——→到期日:2021 年 8 月 16 日(周一)[2021 年 8 月 14 日(周六)]。

以 SAFE 买方为例，即期日约定在交割日买初级货币（即基础货币或者外币），到期日卖初级货币（即报价货币或本币）。

交易日：SAFE 交易的执行日，签订协议，确定 F_{SC}、F_{MC}、A_S、A_M 和换汇日期。

即期日：计算时间长度的起始日，交易日之后 2 个工作日。

基准日：确定 F_{SR}、F_{MR}，交割日之前 2 个工作日。

交割日：完成交割额的转手，第一次名义上换汇的执行日。

到期日：第二次名义上换汇的执行日。

所有的 F 都是直接汇率，W 为汇差，也称为换汇汇率。F 后的第一个下标是指该汇率是交割日（S）（Settling Day；Settlement Day）或是到期日（M）（Maturity Date）的汇率。F 后的第二个下标是指该汇率在交易日协议所约定的（C）（Contract）或者是在基准日决定的参考汇率（R）（Reference）。

A_S：交割日名义上交换的初级货币的金额。

A_M：到期日名义上交换的初级货币的金额，一般约定 $A_S = A_M$。

F_{SC}：合约敲定的交割日的协议汇率。

F_{SR}：基准日确定的交割日的实际汇率（参考汇率）。

F_{MC}：合约敲定的到期日的协议汇率。

F_{MR}：基准日确定的到期日的实际汇率（参考汇率）。

W_C：合约敲定的协议期间的远期汇差（换汇汇率），$W_C = F_{MC} - F_{SC}$。

W_R：基准日确定的协议期间的远期汇差（参考换汇汇率），$W_R = F_{MR} - F_{SR}$。

t_S：即期日到交割日的时间长度，以年为单位。

t_L：即期日到到期日的时间长度，以年为单位。

t_F：交割日到到期日的时间长度，以年为单位，又称协议期限。

i_{S1}，i_{S2}：初级货币、次级货币在 t_S 上的利率。

i_{L1}，i_{L2}：初级货币、次级货币在 t_L 上的利率。

i_{F1}，i_{F2}：初级货币、次级货币在 t_F 上的远期利率。

i_1：基准日确定的初级货币在协议期间的即期利率。

i_2：基准日确定的次级货币在协议期间的即期利率。

【问题】

如何区分直接汇率—换汇汇率、协议汇率—实际汇率（参考汇率）、即期汇率—远期汇率这三对概念？

前面我们介绍了 SAFE 的重要时点及重要术语，下面我们通过图 4-9 来展示交易者买入一份 SAFE 和卖出一份 SAFE 意味着什么。通过图 4-9 可知，交易者买入一份 SAFE 意味着同意在交割日以 F_{SC} 买入初级货币，在到期日以 F_{MC} 卖出初级货币。卖出一份 SAFE 则刚好相反。

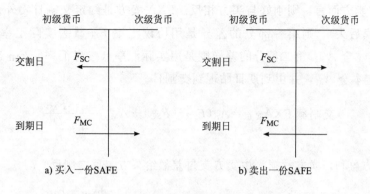

图 4-9 买卖 SAFE 对应的约定内容

4.4 SAFE 的交割

SAFE 这个词实际上包含综合外汇协议的一个"家庭",其中较普遍的两个成员是:
1) FXA(也被称为远期外汇协议):约定未来两次换汇的直接汇率。
2) ERA(也被称为汇率协议):仅对协议期限上的远期对远期汇差做约定。

同远期利率协议一样,在每种情况下,由于在原先约定的协议汇率与交割日的市场实际汇率之间存在差异,协议一方就根据这个差异向另一方支付交割额。交割额的计算公式具体阐述如下。

4.4.1 FXA 交割[⊖]

对于买方来说,即期约定按协议远期汇率先在交割日买初级货币即外币,再在到期日卖初级货币。当时间流逝来到交割日时,交割日的实际汇率与协议汇率会有差异。交割就是对这部分差异进行清算。该差异分成两部分:第一部分为交割日的实际汇率(参考汇率)F_{SR} 和协议汇率 F_{SC} 的差异;第二部分为到期日的实际汇率(参考汇率)F_{MR} 和合约协议汇率 F_{MC} 的差异。

由于 FXA 买方是约定交割日买外币,而到期日卖外币(即先买后卖),则第一部分的差异是用实际汇率(参考汇率)F_{SR} 减去协议汇率 F_{SC} 再乘以约定本金 A_S;第二部分的差异则是用协议汇率 F_{MC} 减去实际汇率(参考汇率)F_{MR} 再乘以约定本金 A_M,并由到期日贴现到交割日。

⊖ 该部分正文中黑体字表示确定汇率的时间,即期日确定的是协议汇率,交割日确定的是实际汇率。斜体字表示约定交易的时间。FXA 约定有两个交易时间:一是交割日;二是到期日。对于 FXA 买方来说,约定交割日买外币,到期日卖外币。

对于 FXA 卖方而言，则刚好与买方相反。FXA 卖方是约定交割日卖外币，而到期日买外币（即先卖后买），则第一部分的差异是用协议汇率 F_{SC} 减去实际汇率（参考汇率）F_{SR} 再乘以约定本金 A_S；第二部分的差异则是用实际汇率（参考汇率）F_{MR} 减去协议汇率 F_{MC} 再乘以约定本金 A_M，并由到期日贴现到交割日。

$$\text{交割额 FXA}_{买方} = A_S(F_{SR} - F_{SC}) + A_M \frac{F_{MC} - F_{MR}}{1 + i_2 \frac{D}{B}} \qquad (4\text{-}3)$$

大于零表示买方盈利，卖方亏损。由卖方支付差额给买方。反之则反。

$$\text{交割额 FXA}_{卖方} = A_S(F_{SC} - F_{SR}) + A_M \frac{F_{MR} - F_{MC}}{1 + i_2 \frac{D}{B}} \qquad (4\text{-}4)$$

大于零表示卖方盈利，买方亏损。由买方支付差额给卖方。反之则反。

4.4.2 ERA 交割

ERA 属于 SAFE 家庭，同样，对于 ERA 买方，即期约定先在交割日买初级货币即外币，再在到期日卖初级货币。与 FXA 约定两个远期汇率（F_{SC}，F_{MC}）不同的是，ERA 只约定交割日交易和到期日交易的汇差，即协议远期汇差（W_C）。当时间流逝来到交割日时，交割日的实际换汇汇率（参考换汇汇率）（W_R）与协议远期汇差会有差异。交割就是对这部分差异进行清算。按约定，远期汇差为 W_C，即买方应该获利 W_C。但到了交割日，实际的远期汇差为 W_R，即实际获利 W_R，当 W_R 小于 W_C 时，差额应该由卖方补足。所以，ERA 买方的交割额公式如下：

$$\text{交割额 ERA}_{买方} = A_M \frac{W_C - W_R}{1 + i_2 \frac{D}{B}} \qquad (4\text{-}5)$$

大于零时买方盈利，表明实际获利 W_R 小于约定获利 W_C，不足部分由卖方补足，卖方支付差额给买方。

相应地，ERA 卖方的交割额公式如下：

$$\text{交割额 ERA}_{卖方} = A_M \frac{W_R - W_C}{1 + i_2 \frac{D}{B}} \qquad (4\text{-}6)$$

大于零时卖方盈利，表明实际获利 W_R 小于约定获利 W_C，不足部分由买方补足，买方支付差额给卖方。

4.5 SAFE 的定价

SAFE 的定价指的是如何确定协议中必须约定的几个价格，即 F_{SC}、F_{MC}、W_C。交易双方只可能在合理或均衡的远期汇率水平上达成协议,因此,协议价格应由当时的相关市场价格决定或为暗含的均衡远期汇率。

$$F_{SC} = S \frac{1+i_{S2}t_S}{1+i_{S1}t_S} \tag{4-7}$$

$$F_{MC} = S \frac{1+i_{L2}t_L}{1+i_{L1}t_L} \tag{4-8}$$

$$W_C = F_{MC} - F_{SC} = S\left(\frac{1+i_{L2}t_L}{1+i_{L1}t_L} - \frac{1+i_{S2}t_S}{1+i_{S1}t_S}\right) \tag{4-9}$$

4.6 SAFE 的报价

SAFE 以与其他金融产品同样的方式进行报价,在要求提供报价时,做市商通常既报出买价,又报出卖价。当为 1×4 美元/人民币 ERA 报价时,通常的答复类似于"156/162"。在这个报价中,做市商愿意以 156 个基点卖一份 1×4 ERA,或者愿意以 162 个基点买入。看起来,这种情形与通常的"低买高卖"相反,但实践中真的是这样。

SAFE 这种反常报价习惯,其实也有利于我们判断 SAFE 交易方向。按照正常金融工具报价规则,当预测到未来换汇汇率(即 ERA 价格)将会上升,此时我们应该买入,然后等待价格上涨,如果价格真的上涨了,那么我们便可获利。但对于 SAFE 而言,当交易者预测到未来换汇汇率将会上升时,则应该卖出,然后等待换汇汇率上升。如果换汇汇率真的上涨了,则交易者就能从中获利。

对于这点的理解,可以参考"4.4.2 ERA 交割"内容。在该节中,我们提到,当实际换汇汇率(参考换汇汇率)小于协议换汇汇率时,买方会获利。也就是说,当 ERA 价格下跌时,ERA 买方获利。反过来,当 ERA 价格上升时,ERA 卖方获利。当我们对"4.4.2 ERA 交割"内容真正理解后,对于 SAFE 报价的习惯和交易方向才能真正掌握。

4.7 实例

本节我们通过一个实例对综合远期外汇协议的相关内容进行阐述。假设美元利率、人民币利率、美元对人民币汇率的即期做市商报价见表 4-1。为了方便大家理解,表中即期汇率只给出中间价,没有给出买价和卖价。表 4-1 中第 5 列第 1 行是做市商卖出/买进 1×4 SAFE 的报价。做市商卖出 1×4 SAFE 的远期汇差(换汇汇率)为 6.821 2－6.805 6＝156 个基点,买进 1×4 SAFE 的远期汇差(换汇汇率)为 6.821 5－6.805 3＝162 个基点。假设 1 个月后,美元利率、人民币利率、美元对人民币汇率的做市商报价见表 4-2。

表 4-1 即期做市商报价

	即期汇率	1个月远期汇率	4个月远期汇率	1×4 SAFE
USD/CNY 汇率	6.800 0	53/56	212/215	156/162
		1个月零息利率	4个月零息利率	1×4远期利率
i_{USD}		6%	6.25%	6.30%
i_{CNY}		9.625%	9.875%	9.88%

表 4-2 1个月后做市商报价（情况1）

	即期汇率	3个月远期汇率
USD/CNY 汇率	6.800 0	176/179
		3个月零息利率
i_{USD}		6%
i_{CNY}		10%

1×4的初始利差为 9.88% − 6.30% = 3.58%，1个月后的利差为 10% − 6% = 4%。表 4-1和表 4-2中远期汇率的报价都同时给出了买入价和卖出价。做市商通常是在中间价的基础上上浮 2个基点报卖出价，下浮 1个基点报买进价。如果以中间价来度量，则根据表 4-1和表 4-2可知，期初，1×4的远期汇差为 213−54=159，1个月后，远期汇差变为 177。远期汇差扩大（即ERA价格上升），根据4.6节"SAFE的报价"可知，SAFE的报价与我们通常看到的大部分金融工具的报价方向相反，即对于期初卖出SAFE的投资者，SAFE价格上涨获利。期初买入SAFE的投资者，SAFE价格下跌获利。因此，就本实例而言，由于SAFE价格上升，因此投资者要想获利，必须在期初卖出SAFE。

假定投资者即期观察到1×4美元与人民币远期利率之差为 3.58%，并且预测到这个利差还会进一步扩大，投资者因此可以考虑采取下面的交易策略，以求获利：

1）在1×4远期对远期互换中买入远期美元。

2）卖出 1×4 FXA。

3）卖出 1×4 ERA。

由于FXA和ERA实质上起源于远期对远期互换，因此我们以投资者在1×4远期对远期互换中买入远期美元为例，阐述FXA和ERA的交割额计算。在远期对远期互换中买入远期美元，意味着"先卖后买"美元，对应着卖出FXA和ERA。若美元与人民币的远期利差会扩大，则美元与人民币的远期汇差（即换汇汇率）也会扩大，投资者将以更高的远期汇差，即以更高的价格售出这些远期美元。如上述例子，投资者在即期以远期汇差 162（=215−53）个基点购买了远期美元。1个月后（即交割日），货币利差真的扩大到 4%，远期汇差扩大到 176个基点，因此，投资者以净升水 176个基点售卖远期美元，获利 14个基点。

为了阐述得更清楚，假设 $A_S = A_M = 1\,000\,000$ 美元，1个月后按市场价平仓，其收益情况如图 4-10 所示。

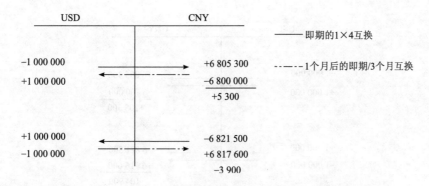

图 4-10 在 1×4 远期对远期互换中买入远期美元损益图（情况 1）

盈利：$5\,300-3\,900/(1+10\%\times3/12)=1\,495$（元）。

再来看看还有什么因素能影响 SAFE 的交割额。为了便于理解，假设交割日交易本金（A_S）和到期日交易本金（A_M）相同（该假设通常成立）。

$$\text{交割额}_{\text{卖FXA}}=A\left[\frac{F_{MR}-F_{MC}}{1+i_2 t_F}+(F_{SC}-F_{SR})\right]$$

$$=A\left[\frac{F_{SR}\dfrac{1+i_2 t_F}{1+i_1 t_F}-F_{MC}}{1+i_2 t_F}+(F_{SC}-F_{SR})\right]$$

$$=A\left(-F_{SR}\frac{i_1 t_F}{1+i_1 t_F}-\frac{F_{MC}}{1+i_2 t_F}+F_{SC}\right) \quad (4-10)$$

F_{SR} 的上升对 FXA 的卖方不利。

$$\text{交割额}_{\text{卖ERA}}=A\frac{W_R-W_C}{1+i_2 t_F}$$

$$=\frac{A}{1+i_2 t_F}\left(F_{SR}\frac{(i_2-i_1)t_F}{1+i_1 t_F}-W_C\right) \quad (4-11)$$

当 $i_2>i_1$ 时，F_{SR} 的上升对 ERA 的卖方有利。

比如，其他条件均不变，1 个月后的即期汇率跌至 6.700 0，则市场报价见表 4-3。我们计算客户卖出一份 1×4 FXA 的盈利，并与情况 1 下的盈利情况进行对比。与情况 1 相类似，由于客户卖出一份 1×4 FXA 与客户在 1×4 远期对远期互换中买入远期美元近似等价，因此，我们同样按照在 1×4 远期对远期互换中买入远期美元进行计算。具体如图 4-11 所示。

表 4-3 1 个月后做市商报价（情况 2）

	即期汇率	3 个月远期汇率
USD/CNY 汇率	6.700 0	166/169
		3 个月零息利率
i_{USD}		6%
i_{CNY}		10%

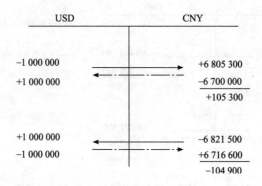

图 4-11 在 1×4 远期对远期互换中买入远期美元损益图（情况 2）

盈利：105 300−104 900/(1+10%×3/12)＝2 959（元）＞1495（元）

再来看即期卖出一份 1×4 ERA 的盈利变化。

	第一种情况	第二种情况
F_{SC}	6.805 3	6.805 3
F_{MC}	6.821 5	6.821 5
W_C	0.016 2	0.016 2
F_{SR}	6.800 0	6.700 0
F_{MR}	6.817 6	6.716 6
W_R	0.017 6	0.016 6
卖出 ERA 的盈利	1 366 元	390 元

F_{SR} 对 SAFE 交割额的影响得到验证。

4.8 为 SAFE 避险

从上一节的分析已经知道，建立一个投机的 SAFE 头寸是会暴露在 F_{SR} 波动的风险中的（其实还会面临不同货币利率或货币利差波动的风险），就犹如建立一个投机的 FRA 头寸将暴露在交割日的实际利率（也称参考利率 i_r）波动的风险中一样。下面以卖出一份 1×4 FXA 为例，分析如何规避这种风险。卖出一份 1×4 FXA 意味着未来的现金流如图 4-12 所示。

把 4 个月后的现金流贴现到 1 个月后，就可以看到从现金流来看卖出一份 1×4 FXA 相当于在 1 个月后净卖出初级货币。因此，避险交易应是在 1 个月后买进初级货币，具体操作为：在即期借入 BS_0 个次级货币，期限为 t_S，同时将其兑换成 B 个初级货币再贷出，期限同样为 t_S。

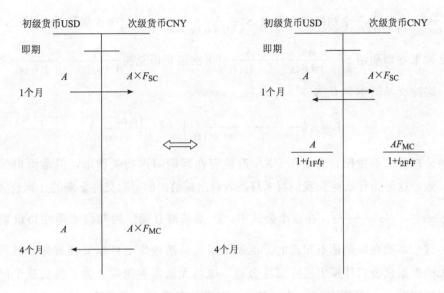

图 4-12 卖出一份 1×4 FXA 的现金流示意图

避险交易的方向和具体操作确定之后,下一个问题就是如何确定避险交易的金额。只有合理地确定避险交易的金额,才能实现完全覆盖、头寸无裸露,成功避险。所谓成功避险,就是要达成这样一种效果:引起风险的变量(例如 F_{SR})将同时影响原始头寸和避险头寸的价值,但是影响的方向相反,一个上升,一个下降,影响的大小相等,盈亏相抵。这样,风险变量将对原始头寸与避险头寸形成的组合不再有影响,完成避险。如此,我们可以按以下分析来确定避险交易的金额 B。为了方便阅读,我们将式(4-10)重写如下:

$$R_{卖 FXA} = A\left(-F_{SR}\frac{i_1 t_F}{1+i_1 t_F} - \frac{F_{MC}}{1+i_2 t_F} + F_{SC}\right)$$

$$R_S = B(1+i_{S1}t_S)F_{SR} - BS_0(1+i_{S2}t_S) \tag{4-12}$$

式中,R_S 为避险交易的盈利。

令 $\dfrac{\partial R_S}{\partial F_{SR}} = -\dfrac{\partial R_{卖 FXA}}{\partial F_{SR}}$,可得

$$B = A\frac{i_1 t_F}{(1+i_1 t_F)(1+i_{S1}t_S)} \tag{4-13}$$

把该结论代入 R_S 的计算公式(4-12),验证一下避险效果。

$$R_S + R_{卖 FXA} = A\left(-\frac{F_{MC}}{1+i_2 t_F} + F_{SC}\right) - A\frac{i_1 t_F}{(1+i_1 t_F)\times(1+i_{S1}t_S)}S_0(1+i_{S2}t_S)$$

与 F_{SR} 无关,完成避险。

用上一节实例中的数据也可以验证组合收益将不随 F_{SR} 变化,但是组合收益仍然会受到 i_1、i_2 的影响,并不会出现无风险收益。对于买进 FXA 的避险,只需将避险交易的方向反过来即可,本金 B 的计算公式和式(4-13)是一样的。

为 SAFE 避险的另外一种分析方法是这样的:卖出一份 1×4 FXA 在即期的净现金流

是用 $\dfrac{A}{1+i_{S1}t_S} - \dfrac{A}{1+i_{L1}t_L}$ 个初级货币兑换 $S\left(\dfrac{A}{1+i_{S1}t_S} - \dfrac{A}{1+i_{L1}t_L}\right)$ 个次级货币,因此,避险交易只需反过来在即期用 $S\left(\dfrac{A}{1+i_{S1}t_S} - \dfrac{A}{1+i_{L1}t_L}\right)$ 个次级货币兑换 $\dfrac{A}{1+i_{S1}t_S} - \dfrac{A}{1+i_{L1}t_L}$ 个初级货币即可。避险交易的本金 B 为

$$B = A\left(\dfrac{1}{1+i_{S1}t_S} - \dfrac{1}{1+i_{L1}t_L}\right) = A\dfrac{i_{F1}t_F}{1+i_{L1}t_L} \tag{4-14}$$

两种分析方法都指出,为卖出 FXA 避险应在即期买进初级货币,但是给出的交易金额却不一致,这是为什么呢?我们再来仔细看看之前给出的避险交易金额的计算公式(4-13) $B = A\dfrac{i_1 t_F}{(1+i_1 t_F)(1+i_{S1}t_S)}$,在这个公式中,$i_1$ 是基准日确定的初级货币在协议期间的实际利率,这个参数在即期是不知道的。也就是说,虽然理论上可以完美避险,但其实我们在即期无法根据该公式计算出避险交易金额,也就无法实施避险。为了解决这个问题,我们只好用即期对 i_1 的预期——i_{F1} 来代替 i_1,计算交易金额完成避险。

这样,$B = A\dfrac{i_{F1}t_F}{(1+i_{F1}t_F)(1+i_{S1}t_S)} = A\dfrac{i_{F1}t_F}{1+i_{L1}t_L}$,两种分析的结论是一致的。当然,这时组合收益将不会与 F_{SR} 完全无关,不能完美避险,但这已经是我们所能达到的最好效果了。

ERA 的避险可做类似分析。

4.9 FRA 和 SAFE 的好处

对于想避免利率波动的投资者来说,远期利率协议是一种有效的工具。对于那些仅关注不同货币利差和汇差的投资者而言,SAFE 则是一种有效的工具。作为衍生金融工具,FRA 和 SAFE 都极大地减轻了相应的信贷风险,同时也减少了对资本充足的要求,从而节省费用。节省的费用传递到银行的客户中去,从而使每一个人都受益。FRA 和 SAFE 相比于远期交易的差异见表 4-4。表 4-5 就 6×12 资金借入的各类避险方案进行了简单比较。

表 4-4 FRA 和 SAFE 相比于远期交易的差异

FRA 和 SAFE	资本金占用少,管理成本低	信用风险仅涉及交割额	信用风险仅持续到交割日
远期交易	有本金交换,资本金占用大	信用风险涉及全部本金	信用风险一直持续到到期日

表 4-5 6×12 资金借入的各类避险方案比较

现金交易	借入 12 个月同时贷出 6 个月	交易环节多,成本高,有本金交换,风险大,风险暴露时间长,占用资本金
远期交易	约定 6 个月后以 i_C 借入资金,为期 6 个月	有本金交换,风险大,风险暴露时间长,占用资本金

		（续）
场外交易	SAFE	风险仅涉及交割额，风险暴露时间短，占用资本金少，比期货灵活，分散交易
期货交易	利率期货	交易成本远低于场外交易，流动性强，逐日结清，标准化合约，集中交易

■ 本章小结

SAFE 是交易双方对利差、外汇互换价差避险或投机而签订的一种协议。SAFE 包含两个子协议：FXA 和 ERA。

SAFE 的定价指的是确定协议中的 F_{SC}、F_{MC}、W_C。协议价格应由当时的相关市场价格决定或为暗含的均衡远期汇率。

一般我们习惯用衍生品来为现金交易避险，而现金交易也可以为衍生品避险。其实，避险只是寻找一个负相关的头寸来互相覆盖、互相对冲风险罢了，并不存在哪个头寸主动、哪个头寸被动的规定。只是由于我们更多是在现金交易中被迫承担风险，因此我们求助于衍生品来为已经面临风险的现金交易避险的情况也就更常见了。

FRA 和 SAFE 这样的场外交易品种的优势在于风险仅涉及交割额、风险暴露时间短、占用资本金少。

■ 本章重点

① SAFE 交易的流程及术语。
② 交割额的计算。
③ SAFE 的定价。
④ 用现金交易为衍生交易避险。
⑤ 场外交易的特点。

■ 练　习

1. 简述远期外汇综合协议与远期利率协议的区别与联系。
2. 在其他条件不变的情况下，两种货币的利差（$i_q - i_b$）的变化将导致汇差 W 怎样变化？
3. SAFE 是什么？它与 FRA 的相同之处是什么？
4. 若某交易员预测到货币利差和远期汇差将扩大，则该交易员应如何进行操作来获取收益？
5. 已知两种货币的当前汇率为 $S = 6.900\,0$（1 美元 = 6.900 0 元人民币），1 年后的汇率为 $F = 6.957\,0$，我们可以算出汇差 $W = 0.057\,0$ 或 570 个基点，若此时交易员预测汇差将会进一步扩大，交易员会如何操作？若操作完几分钟后汇率 $S=6.9000$，1年后的汇率为 $F=6.9585$，则该交易员又应如何操作？可获利多少？

6. 2018年某日，初始市场报价见表4-6。

表4-6 初始市场报价

	即期汇率	1个月	4个月
CNY/USD	6.7000	50/53	202/205
i_{USD}		7%	$7\frac{1}{4}$%
i_{CNY}		$10\frac{5}{8}$%	$10\frac{7}{8}$%

求银行卖出和买进 1×4 SAFE 的汇差报价及相对应的远期利率。

7. 上题中，1个月后的市场报价见表4-7。

表4-7 1个月后的市场报价

	即期汇率	3个月
CNY/USD	6.7000	186/189
i_{USD}		7%
i_{CNY}		11%

若客户A在即期卖出一份 1×4 FXA，$A_S=A_M=1\,000\,000$ 美元，1个月后按市场价平仓，其收益情况如何？

8. 在上题其他条件都不变的情况下，1个月后的现汇升为 6.7500，客户即期卖出 1×4 FXA 的盈利变为多少？若1个月后的现汇降为 6.6500，盈利又变为多少？

■ 练习答案

1. 远期外汇综合协议与远期利率协议的最大区别在于：前者的保值或投机目标是两种货币间的利率差及由此决定的远期差价，后者的目标则是一国利率的绝对水平。但两者也有很多相似之处：标价方式都是 $m\times n$，其中，m 表示合同签订日到结算日的时间，n 表示合同签订日至到期日的时间，以及名义本金均不交换等。

2. 在其他条件不变时，两种货币的利差（i_q-i_b）的增大将导致汇率 W 的扩大；两种货币的利差（i_q-i_b）的减小将导致汇率 W 的减小。

3. SAFE 是交易双方为了规避利差或外汇互换价差的波动风险，或者为了在二者的波动上进行投机而约定的协议。协议的买方承诺执行名义上的先买后卖初级货币的远期对远期互换，卖方承诺执行名义上的先卖后买初级货币的远期对远期互换。SAFE 与 FRA 一样，在约定的日期交易双方不会真的交换货币本金，而是通过一方向另一方支付一个交割额来结束交易。

4. 若某交易员预测到货币利差和远期汇差即将扩大，则他可以在即期以汇率 S_0 卖出相应数量的美元，同时与交易对手约定在未来 t 时刻以 S_0+W_0 汇率买入同数量的美元。若预测是正确的，货币利差和远期汇差瞬间扩大（假设即期汇率不变），则该交易员可以建立一个对冲头寸（即以即期汇率 S_0 买入相应数量的美元，并与交易对手约定在 t 时刻以 $S_0+W_0^*$ 汇率卖出同数量的美元），结束交易并获取收益。

5. 交易员若预测汇差将扩大，则此时该交易员应以即期汇率 6.900 0 卖出特定数量的美元（以下结果均基于假设卖出数量为 1 单位），同时与交易对手约定在未来 1 年后以 6.957 0 卖出这一数量。若操作完几分钟后汇率 $S=6.900\,0$，1 年后的汇率为 $F=6.958\,5$，汇差确实变大，交易员应立马对冲，将会获得 0.008 5 单位的人民币。

6. 作为 SAFE 的卖方的银行，希望在到期日买入美元的报价越来越小，于是卖出 1×4 SAFE 的汇差为 6.720 2－6.705 3＝149 个基点，买进 1×4 SAFE 的汇差为 6.720 5－6.705 0＝155 个基点。同时，运用公式可算出美元和人民币的远期利率，例如美元远期利率

$$i_{\text{USD}1\times4}=\frac{\dfrac{1+7\dfrac{1}{4}\%\times\dfrac{4}{12}}{1+7\%\times\dfrac{1}{12}}-1}{\dfrac{3}{12}}=7.29\%$$

同理，可算出人民币的远期利率 $i_{\text{CNY}1\times4}=10.86\%$。

7. 初始利差为 10.86%－7.29%＝3.57%，1 个月后的利差为 11%－7%＝4%，利差上涨；同样，初始汇差为 203－51＝152 个基点，1 个月后的汇差为 187 个基点，同样上涨，因此在期初卖出 SAFE 可获利。

我们在期初卖出了一份 1×4 FXA，1 个月后平仓的现金流示意图如图 4-13 所示。

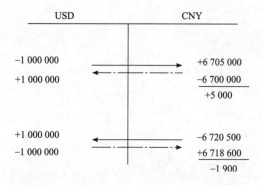

图 4-13　1 个月后平仓的现金流示意图

盈利为 5 000－1 900/(1＋11%×3/12)＝3 151（元）。

8. 若 1 个月后的现汇升为 6.750 0，客户即期卖出 1×4 FXA，使得盈利变为

(6 705 000−6 750 000)+(6 769 100−6 720 500)/(1+11‰×3/12)=2299(元)

若 1 个月后的现汇降为 6.650 0，则盈利变为

(6 705 000−6 650 000)+(6 668 100−6 720 500)/(1+11‰×3/12)=4002(元)

第5章 期货基础

5.1 期货的起源和发展历史

期货,通常指的是期货合约,是由期货交易所统一制定的、在将来某一特定时间和地点交割一定数量标的物的标准化合约。这个标的物,又叫基础资产,是期货合约所对应的现货,可以是某种商品,如铜或原油,也可以是某个金融工具,如外汇、债券,还可以是某个金融指标,如3个月同业拆借利率或股票指数。期货交易是市场经济发展到一定阶段的必然产物。

5.1.1 期货的起源

期货交易是商品生产者为规避风险,在现货交易的基础上,以远期合同交易为雏形而发展起来的一种高级交易方式。在远期合同交易中,交易者集中到商品交易场所交流市场行情,寻找交易伙伴,通过拍卖或双方协商的方式来签订远期合同,等合同到期,交易双方以实物交割来了结义务。交易者在频繁的远期合同交易中发现:由于价格、利率或汇率波动,合同本身就具有价差或利益差,因此完全可以通过买卖合同来获利,而不必等到实物交割时再获利。为适应这种业务的发展,期货交易就产生了。

5.1.2 期货的发展历史

期货市场最早萌芽于欧洲。早在古希腊和古罗马时就出现了在中心交易场所进行大宗易货交易和带有期货贸易性质的交易活动。当时的罗马议会大厦广场、雅典的大交易市场就是这样的中心交易场所。12世纪，这种交易方式在英、法等国的发展规模不断扩大。

1251年，英国大宪章正式允许外国商人到英国参加季节性交易会。后来，在贸易中出现了对在途货物提前签署文件，列明商品品种、数量、价格，预交保证金购买，进而买卖文件合同的现象。1571年，英国创建了世界上第一家集中的商品市场——伦敦皇家交易所，在其原址上后来成立了伦敦国际金融期货期权交易所。不久之后，荷兰的阿姆斯特丹建立了第一家谷物交易所。17世纪前后，荷兰阿姆斯特丹交易中心形成了交易郁金香的期权市场。18世纪前后，巴黎诞生了第一家商品交易所。现代真正意义上的期货交易所产生于19世纪的美国中西部地区，1848年，82位美国商人在芝加哥发起组建了芝加哥贸易理事会，后来逐渐发展成了芝加哥期货交易所。20世纪70年代，第二次世界大战建立起来的布雷顿森林体系彻底崩溃，在这一历史背景下，为了适应保值和投机的需要，金融期货就产生了，期货市场开始涌入许多金融性质的"商品"。自20世纪80年代以后，金融期货迅速从美国向其他国家发展。目前，在许多重要的期货市场，期货交易量远远超过了其基础资产的交易量。

5.2 期货合约

5.2.1 概念

期货合约是交易双方约定在未来某一特定时间，以某一特定价格买卖某一特定数量和质量的金融资产或实物商品的标准化合约。根据期货交易品种即期货合约的标的资产的不同，期货合约可以划分为商品期货和金融期货。商品期货是以实物商品，如玉米、小麦、铜、铝等为标的物的期货合约。金融期货是以金融产品，如汇率、利率、股票指数等为标的物的期货合约。表5-1和表5-2分别给出一种商品期货合约和一种金融期货合约的具体内容。

表5-1 强麦期货合约

交易品种	优质强筋小麦（简称强麦）
交易单位	20吨/手
报价单位	元/吨
最小变动价位	1元/吨
每日价格最大波动限制	上一个交易日结算价±4%及《郑州商品交易所期货交易风险控制管理办法》相关规定
最低交易保证金	合约价值的5%
合约交割月份	1、3、5、7、9、11月
交易时间	每周一至周五（北京时间，法定节假日除外）上午9：00—11：30，下午1：30—3：00
最后交易日	合约交割月份的第10个交易日

(续)

最后交割日	合约交割月份的次月 20 日
交易品级	符合《小麦》(GB 1351—2008)的三等及以上小麦,且容重、稳定时间、湿面筋等指标符合《郑州商品交易所期货交割细则》规定要求
交割地点	交易所指定交割地点
交割方式	实物交割
交易代码	WH
上市交易所	郑州商品交易所

表 5-2 沪深 300 股指期货合约

合约标的物	沪深 300 指数
合约乘数	每点 300 元
报价单位	指数点
最小变动价位	0.2 点
合约月份	当月、下月及随后 2 个季月
交易时间	上午 9:30—11:30,下午 1:00—3:00
每日价格最大波动限制	上一个交易日结算价的±10%
最低交易保证金	合约价值的 8%
最后交易日	合约到期月份的第 3 个周五,遇国家法定假日顺延
交割日期	同最后交易日
交割方式	现金交割
交易代码	IF
上市交易所	中国金融期货交易所

5.2.2 期货合约的主要条款

期货合约的主要条款包括合约标的物、报价单位、交易单位、最小变动价位、合约交割月份、最后交易日、最低交易保证金、每日价格最大波动限制、交割方式、交易代码等。

合约标的物是指期货合约在履约时需要交割的"货物"。它是以合约符号来体现的,如黄金的符号是 AU。

报价单位是指在公开竞价过程中对期货合约报价所使用的单位,即计量单位的货币价格,如国内大豆期货合约的报价单位以元/吨表示。

交易单位指的是在期货交易所交易的每一份合约所规定的交易的标的物的数量。交易单位反映了合约标的物的市场规模、交易者的资金规模、交易所的交易习惯等。在期货交易中,由于每份合约交易的数量固定,交易者只能买进或卖出标准数量的整数倍,即买进或卖出多少份期货合约。

最小变动价位即每单位价格报价的最小变动值，通常也可称作一个刻度，是指在期货交易中每一次价格变动的最小幅度。上海期货交易所锌期货合约的最小变动价位是5元/吨，那么其合约的最小变动值是5元/吨×5吨（交易单位）=25元。最小变动价位的确定，简化了期货的交易与结算，保证了市场适度的流动性。但是，较大的最小变动价位会影响交易者的交易量和市场活跃度，不利于交易者进行交易。

合约交割月份是指期货合约到期交割的月份。期货合约并非每个月都有交割，通常会有间隔。交割时间的灵活安排对期货合约的卖方有利。

期货合约的交易时间是固定的，由期货交易所统一规定。一般每周营业5天，周六、周日及国家法定节假日休息。一般每个交易日分为两盘，即上午盘和下午盘。我国正规交易所的交易时间一般为周一至周五上午9：00—11：30，下午1：00—3：30。当然，各个期货交易所的交易时间会有所不同，投资者应以具体交易所的规定为准。

每日价格最大波动限制规定了期货合约在一个交易日中的交易价格波动不得高于或低于规定的涨跌幅度。在期货交易中，如果某种期货供不应求，价格上涨至规定的上限而造成交易的停止的这种状态，可称为涨停板；同理，价格下跌至下限而造成交易停止的状态可称为跌停板。每日价格最大波动限制了投资者因价格上升而获得的利益，也限制了投资者因价格下降而造成的损失。

最后交易日是指某种期货合约在合约交割月份中进行交易的最后一个交易日，过了这个期限的未平仓期货合约必须进行实物交割。在期货交易中，绝大部分的合约都是通过对冲交易来实现的，很少有持有到期的交易。如果在最后交易日前还未进行交易，则交易者需要通过实物交收或现金结算来清算。

5.2.3 期货合约与远期合约的区别

期货合约与远期合约之间存在较大的差异，主要体现在标准化程度、交易场所、违约风险、价格确定方式、履约方式、合约双方关系及结算方式等方面，具体见表5-3。

表5-3 期货合约与远期合约的区别

区别	远期合约	期货合约
标准化程度不同	遵循"契约自由"原则，具有很大的灵活性；但流动性较差，二级市场不发达	标准化合约，流动性强
交易场所不同	没有固定的场所，是一个效率较低的无组织分散市场	在交易所内交易，一般不允许场外交易。期货市场是一个有组织的、有序的、统一的市场
违约风险不同	合约的履行仅以签约双方的信誉为担保，违约风险很高	合约的履行由交易所或清算公司提供担保，违约风险几乎为零
价格确定方式不同	交易双方直接谈判并私下确定，存在信息不对称，定价效率很低	在交易所内通过公开竞价确定，信息较为充分、对称，定价效率较高
履约方式不同	绝大多数只能通过到期实物交割来履行	绝大多数都是通过平仓来了结

(续)

区别	远期合约	期货合约
合约双方关系不同	必须对对方的信誉和实力等进行充分了解	可以对对方完全不了解
结算方式不同	到期才进行交割结算，期间均不进行结算	每天结算，浮动盈利或浮动亏损通过保证金账户体现

5.3 期货交易

期货市场是一个组织化程度较高、管理较严格的市场，在这个市场中进行交易时需要遵循相应的程序。对于一个普通的期货投资者来说，进行一笔期货交易的流程如下：开户、下单、竞价、结算、交割（由于对冲交易的存在，交割环节非必需）。

5.3.1 期货交易主要当事人

由于期货合约的市场结构和交易程序没有较大的差异，因此期货交易所涉及的主要当事人也相同，分别是期货交易所、交易所会员、场内经纪人、场外交易商及清算机构。

1. 期货交易所

期货交易所是进行标准化期货合约买卖的交易场所。期货交易所每天都会收到来自世界各地的买卖期货合约的交易指令，并根据指令进行集中交易。中国内地的期货交易所包括郑州商品交易所、上海期货交易所、大连商品交易所、中国金融期货交易所、广州期货交易所和上海国际能源交易中心。

2. 交易所会员

期货交易所是一个有组织的交易市场，其组织形式为会员制，即若要在交易所进行商品交易，必须先成为交易所的会员，才能有资格在交易所内进行交易。正是由于这一特殊性，客户要想在金融市场上进行期货交易，一般都会委托具有交易所会员身份的经纪人公司或者期货佣金商进行交易。

3. 场内经纪人和场外交易商

场内经纪人和场外交易商都是交易所会员。前者受客户的委托进行期货交易，后者除了接受客户委托进行期货交易外，还可以以自己的账户进行交易，又称"自营商"。场内经纪人和场外交易商的存在，增加了期货买进或卖出的交易量，提高了市场的流动性。

4. 清算机构

清算机构即各交易所专门设立的负责期货交易清算事宜或交割手续的机构。清算机构是期货交易所的一个重要优势，主要对期货交易进行撮合、处理、登记、确认、结算、协调和提供担保、收取初始保证金、跟踪未平仓的交易、在期货合约的到期日安排和处理交割有关的事务等。

5.3.2 期货交易流程

1. 开户与下单

由于期货交易所会员制的限制,投资者在进入期货交易市场之前,首先应该选择一个合适的具有合法代理资格的、规范合理的期货公司开立账户。投资者向期货公司提出委托申请,开立账户,成为该公司的客户。个人客户需要本人携带身份证原件亲自去办理,在阅读"期货交易风险说明书"后签字确认,并签署"期货经纪合同书",申请交易编码并确认资金账号。

【例5-1】某客户在中金所0012号会员处开户,假设其交易编码为001201005688,前4位为会员号,后8位为客户号。若该客户又在中金所0123号会员处开户,则其新的交易编码为012301005688,即同一交易所不同交易编码客户号不发生改变。

开立账户后,客户按规定缴纳足额的开户保证金,即可下达交易指令,进行期货交易。交易指令的下达、传递、执行、反馈,其实就是期货交易的全过程,交易指令应包括期货合约的标的物、标的数量、标的价格、交易时间等。按价格划分的交易指令介绍如下:

(1)市价指令

市价指令是指指令到达交易池后,按照当时最好的市场价格执行交易的指令。市价指令是期货市场中最常用的指令之一,成交速度快,适合想尽快进入或退出市场的投资者。

(2)限价指令

限价指令是指按照客户规定的限定价格或者更有利的价格执行交易。限价指令的下达,是由于客户不愿意承受比制定的价格更糟的价格,为此使用限价指令。限价指令可分为买入和卖出两种,限价的价格很难把握,若与市价相差不大,则客户难以获得明显收益;若相差太大,则无法成交。

(3)触价指令

触价指令是指市场价格只要触及客户所规定的价格水平时就生效的指令。一旦市场价格到达了客户事先设定的价格,这份指令就成为市价指令,这时经纪人可以争取以最佳的价格为客户达成交易。

【例5-2】指令是"在100美元的时候卖出一份国债合约",则只有当市场价格达到100美元时,指令才生效。所以在触价指令中,价格不一定会比设定的价格好。而在限价指令中,价格一定优于设定的价格。

（4）停止指令

停止指令是指要求在市场价格高于某一个设定价格时买入或者在市场价格低于某一设定价格时卖出的指令。这种指令的下达，是利用市场的惯性运动谋利或者用以止损。一般是交易者预期市场会出现疲软，为了防止更大的损失而发出停止指令。

（5）停止限价指令

停止限价指令是一种按客户指定成交价格水平成交的指令。它一般用于进入交易市场，而不是退出交易市场。

2. 竞价与成交

（1）竞价

目前，我国各期货交易所均采用了电子化指令驱动系统（我们称为计算机撮合成交系统），开盘采用集合竞价方式，盘中采用连续竞价方式。计算机交易系统一般将买卖申报单按价格优先、时间优先的原则进行排序。集合竞价采用最大成交量原则，即以此价格成交能够得到最大成交量。高于集合竞价产生的价格的买入申报全部成交；低于集合竞价产生的价格的卖出申报全部成交；等于集合竞价产生的价格的买入或卖出申报，根据买入申报量和卖出申报量的多少，按少的一方的申报量成交。

（2）成交

当计算机显示指令成交后，客户可以在期货公司的下单系统获得成交回报。对于书面下单和电话下单的客户，期货公司应按约定方式即时予以回报。若客户对结果有异议，应当在下一交易日开市前向期货公司提出书面异议；若无异议，则视为确认交易结算单。

3. 结算与交割

（1）结算

结算是指根据期货交易所公布的结算价格对交易双方的交易结果进行资金清算和划转的整个过程。我国的期货交易所实行会员分级结算制度，按是否由交易所直接结算可分为结算会员和非结算会员。交易所只对结算会员结算，收取和追加保证金，由结算会员对非结算会员收取和追加保证金。

1）交易所对会员的结算。

① 每一交易日交易结束后，交易所会对每一会员的盈亏、交易手续费、交易保证金等款项进行结算。

② 会员每天应及时获取交易所停供的结算数据，做好核对工作，并将之妥善保存。

③ 会员如对结算结果有异议，应在下一交易日开市前30分钟以书面形式通知交易所。

④ 交易所在交易结算完成后，将会员资金的划转数据传递给有关结算银行，结算银行应及时将划转结果反馈给交易所。

⑤ 会员资金按当日盈亏进行划转，当日盈利划入会员结算准备金，当日亏损从会员结算准备金中扣划。

⑥ 每日结算完毕后，会员的结算准备金低于最低余额时，该结算结果即视为交易所向会员发出的追加保证金通知。会员必须在下一交易日开市前补足至交易所规定的结算准备金最低余额。

2) 期货公司对客户的结算。

① 期货公司每一交易日交易结束后，对每一客户的盈亏、交易手续费、交易保证金等款项进行结算。其中，期货公司会员向客户收取的交易保证金不得低于交易所向会员收取的交易保证金。

② 期货公司将其客户的结算单及时传送给中国期货市场监控中心，期货投资者可以到中国期货市场监控中心查询有关的期货交易结算信息。

③ 当每日结算后客户保证金低于期货公司规定的交易保证金水平时，期货公司按照期货经纪合同约定的方式通知客户追加保证金。

（2）结算公式

1) 当日结算准备金余额公式。

当日结算准备金余额＝上一交易日结算准备金余额＋
上一交易日交易保证金－当日交易保证金＋当日盈亏＋
当日入金－当日出金－手续费等

2) 当日盈亏计算公式。

当日盈亏＝∑［（卖出成交价－当日结算价）×卖出量］＋
∑［(当日结算价－买入成交价)×买入量］＋(上一交易日结算价－当日结算价)×
（上一交易日卖出持仓量－上一交易日买入持仓交易量）

3) 当日交易保证金计算公式。

当日交易保证金＝当日结算价×当日交易结束后的持仓总量×保证金比例

【例5-3】 某会员于4月1日开仓买进大豆期货合约40份（每份10吨），成交价格4 000元/吨，同一天卖出20手大豆合约平仓，成交价格为4 030元/吨，当日结算价4 040元/吨，交易保证金比例为5%。该会员上一交易日结算准备金余额为1 100 000元，且未持有任何期货合约。则客户的当日盈亏（不含手续费、税金等费用）情况为

当日盈亏＝(4 030－4 040)×20×10＋(4 040－4 000)×40×10＝14 000(元)

当日结算准备金余额＝1 100 000－4 040×20×10×5%＋14 000＝1 073 600(元)

（3）交割

交割是指期货合约到期时，按照期货交易所的规则和程序，交易双方通过该合约所载标的物所有权的转移，或者按照结算价进行现金差价结算，了结到期未平仓合约的过程。

交割是联系期货与现货的纽带，现货交割是促使期货价格和现货价格趋向一致的制度保证。当市场过分投机，发生期货价格严重偏离现货价格时，交易者就会在期货、现货两

个市场之间进行套利交易。通过交割，期货、现货两个市场得以实现相互联动，期货价格最终与现货价格趋于一致，使期货市场真正发挥价格"晴雨表"的作用。

实物交割流程如下：
1) 交易所对交割月份持仓合约进行交割配对。
2) 买卖双方通过交易所进行标准仓单与货款交换。
3) 增值税发票流转。

5.4 期货市场及其职能与风险

5.4.1 期货市场

在 1848 年至 20 世纪 70 年代，期货市场的交易品种主要是商品期货，主要包括三大类型，分别是以小麦、玉米、大豆为代表的农产品期货，以铜、铝、锡、银等为代表的金属期货，以及以原油、汽油、丙烷为代表的能源期货。20 世纪 70 年代后，外汇、利率、股票指数等金融期货得到迅速发展。因此，期货市场的交易品种主要分为商品期货和金融期货，商品期货又分为工业品［可细分为金属商品（贵金属与非贵金属商品）、能源商品］、农产品、其他商品等。金融期货主要分为利率期货、外汇期货、股指期货等。

1. 商品期货

商品期货主要包括三类：一是农产品期货，如大豆、豆油、豆粕、籼稻、小麦、玉米、棉花、白糖、咖啡、猪腩、菜籽油、棕榈油；二是金属期货，如铜、铝、锡、铅、锌、镍、黄金、白银、螺纹钢、线材；三是能源期货，如原油［塑料、精对苯二甲酸（PTA）、聚氯乙烯（PVC）］、汽油（甲醇）、燃料油。除此之外，还有一些新兴的期货品种，如气温、二氧化碳排放配额、天然橡胶等。

2. 金融期货

金融期货主要包括四大类：一是股指期货，如英国 FTSE 指数、德国 DAX 指数、东京日经平均指数、恒生指数、沪深 300 指数。二是利率期货。利率期货是指以债券类证券为标的物的期货合约，它可以避免利率波动所引起的证券价格变动的风险。利率期货一般可分为短期利率期货和长期利率期货，前者大多以银行同业拆借 3 个月期利率为标的物，后者大多以 5 年期以上长期债券为标的物。三是外汇期货（又称货币期货）。它是一种在最终交易日按照当时的汇率将一种货币兑换成另外一种货币的期货合约，是指以汇率为标的物的期货合约，用来回避汇率风险。它是金融期货中最早出现的品种。四是贵金属期货。它主要是以黄金、白银为标的物的期货。

中国内地目前有 6 个期货交易所，分别为上海期货交易所、上海国际能源交易中心（简称上期能源）、大连商品交易所、郑州商品交易所、中国金融期货交易所和广州期货交易所。中国内地期货交易所官网及上市期货品种（截至2022年6月16日）见表5-4。

表5-4　中国内地期货交易所官网及上市期货品种（截至2022年6月16日）

交易所	官网	上市品种
上海期货交易所	http://www.shfe.com.cn/	阴极铜、铝、锌、铅、镍、锡、黄金、白银、螺纹钢、线材、热轧卷板、不锈钢、天然橡胶、燃料油、石油沥青、漂白硫酸盐针叶木浆
上海国际能源交易中心	http://www.ine.com.cn/	中质含硫原油、低硫燃料油、20号胶、阴极铜
大连商品交易所	http://www.dce.com.cn/	玉米、玉米淀粉、黄大豆1号、黄大豆2号、豆粕、豆油、棕榈油、纤维板、胶合板、鸡蛋、粳米、生猪、聚乙烯、聚氯乙烯、聚丙烯、焦炭、焦煤、铁矿石、乙二醇、苯乙烯、液化石油气
郑州商品交易所	http://www.czce.com.cn/	强麦、普麦、棉花、白糖、菜籽油、早籼稻、油菜籽、菜籽粕、粳稻、晚籼稻、棉纱、苹果、红枣、花生、PTA、甲醇、玻璃、动力煤、硅铁、锰硅、尿素、纯碱、短纤
中国金融期货交易所	http://www.cffex.com.cn/	沪深300股指期货、中证500股指期货、上证50股指期货、2年期国债期货、5年期国债期货、10期国债期货
广州期货交易所	http://www.gfex.com.cn/gfex/index.shtml	2021年4月19日挂牌成立，2021年5月，广州期货交易所两年期品种计划获中国证监会批准，明确将16个期货品种交由广期所研发上市，包括碳排放权、电力等事关国民经济基础领域和能源价格改革的重大战略品种，中证商品指数、能源化工、饲料养殖、钢厂利润等商品指数类创新型品种，工业硅、多晶硅、锂、稀土、铂、钯等与绿色低碳发展密切相关的产业特色品种，咖啡、高粱、籼米等具有粤港澳大湾区与"一带一路"特点的区域特色品种，以及国际市场产品互挂类品种

5.4.2　期货市场的职能

1. 规避价格风险

生产者为了达到预期的利润，或锁定其生产的成本，会在期货市场中进行套期保值业务来规避其现货交易中价格波动所带来的风险。因此，期货市场为生产者提供了回避价格风险的手段，弥补了现货市场的不足。

【例5-4】 某投资者持有100万元的国债，收益率为8%，该投资者预期3个月后利率会上升，于是在期货市场卖出100万元的90天国债期货，收益率为7.5%，价值为98.125 [$=100\times(1-7.5\%\times1/4)$] 万元。3月后，利率上升到9%，现货市场损失利息2 500 [$=1\,000\,000\times(9\%-8\%)\times1/4$] 元。期货市场90天国债期货收益率上升到8.3%，投资者买入期货合约，结清合约头寸。付出97.925 [$=100\times(1-8.3\%\times1/4)$] 万元，期货市场盈利2 000元，可以部分对冲现货市场的损失。

2. 价格发现

在市场经济中,价格主要是根据市场的供求关系形成的,期货市场上的交易反映了未来一段时间商品的供求信息,期货价格较为真实地反映了供求的状况,又为现货市场提供了参考价格,起到了价格发现的功能。

3. 节约交易成本

期货市场为交易者提供了一个安全、准确、迅速成交的交易市场,金融市场的自由交易提高了交易的效率,节约了交易的成本,有助于市场经济的不断完善与发展。

4. 杠杆功能

在期货市场中,期货交易是一种保证金交易,具有很强的杠杆性。投资者仅需要支付较少的保证金就可以控制几倍于保证金的资本。期货价格的微小变动会引起较大的损失或盈利,这就是期货交易的杠杆性。

5.4.3 期货市场的风险

期货市场的风险是指期货市场参与者(期货交易所、期货经纪公司、结算所、期货交易者、政府)在期货市场运作过程中直接或间接遭受损失的可能性。期货市场的风险主要包括市场环境方面的风险、市场交易主体方面的风险和市场监管方面的风险。在实际操作中,可根据交易目的和动机将期货交易分为两类——套期保值交易和投机交易,与之对应的套期保值者和投机者需承担相应的风险。由于所持有现货与期货很难保持一致,套期保值者一般会面临基差风险。同时,由于期货市场每日盯市,套期保值者同样面临着市场波动的风险,从而导致无法及时追加保证金的风险,即流动性风险。投机者主要面临的是市场风险,如果对市场预测错误,则面临巨大亏损的可能。

期货市场的价格波动一般比别的市场更为明显,若要减少其给社会经济带来的冲击,适应世界经济自由化和国际化发展,必须要进行适当的风险防范。作为期货市场的参与者,在进行期货交易的过程中需要注意:

1) 严格遵守期货交易所和期货经纪公司的一切风险防范制度。
2) 在确定投资资金与规模时,必须坚持适度投资,规模正当,切勿盲目下单,使得交易规模超越自身财力。
3) 培养自己良好的心理素质,积极面对投资的结果,切勿有赌徒心理。
4) 关注实时的信息和形势,熟悉交易的每一个环节与风险。
5) 根据自身的条件,形成良好的投资战略。

5.5 期货交易制度

为了维持期货交易市场的稳定发展,规范市场体系,对期货市场进行有效的风险管理，期货市场制定了相应的制度和规则。

5.5.1 保证金制度

保证金制度又称押金制度，是指在期货交易中买方或卖方按照清算所的规定缴纳一定的履约保证金的制度，保证金的比例一般是其所买卖合约价值的一定比例（一般是5%～10%）。保证金是履行期货合约的担保。缴纳保证金以后方可进行期货交易，并根据期货合约的价格变化决定是否追加资金。

5.5.2 保证金

保证金分为以下几类：

1) 开户保证金。它是指客户在开设账户时必须缴纳的最低存款金额。

2) 交易保证金（又称初始保证金）。它是指交易所规定客户进行买卖时账户内必须拥有的保证金。

3) 维持保证金。它是指客户在持有合约的过程中，为了维持持有合约最少应该持有的保证金。如果低于此数额，交易所便为向客户发出追加保证金的通知。在第二天开盘前，如果客户不能及时追加保证金至初始保证金水平，系统就会自动对其平仓。

我国期货交易所的保证金制度除了国际上的通行做法，还有一些适合我国国情的规定，如期货合约上市运行的不同阶段，保证金比例不同；随着合约持仓量的加大，交易保证金的比例也逐渐提高；出现连续涨停板或交易出现异常时，交易保证金的比例会适当调整。

5.5.3 当日无负债结算制度

当日无负债结算制度又称逐日盯市制度，是指在每日交易结束后，交易所按当日结算价结算所有合约的盈亏、保证金、手续费、税金等费用，对应收应付的款项进行划转。若交易发生亏损，账户资金不足时，需要通知客户追加保证金，做到当日无负债。若客户无法按时追加保证金，则可能会被强行平仓。

【例5-5】2020年11月8日上午10点，某客户卖出一份交割月份为12月的黄金期货合约，合约规模为100盎司，成交价每盎司385美元，初始保证金2 000美元，维持保证金1 500美元。若期货价格下跌，则交易者盈余；若价格上涨，则交易者亏损。

假定成交当天收盘价为388.40美元，则每盎司上涨3.40美元，交易者的保证金账户余额就减少了340美元。11月9日，黄金期货价格再次上涨，又导致了240美元的损失，交易者的保证金账户余额下降至1 420美元，于是，11月9日收盘后，期货交易所会向客户发出追加保证金的通知，要求客户在规定时间内（几天或几小时）存入580美元以使保证金恢复到初始保证金2 000美元的水平。若无法按时追加保证金，经纪人或交易所会采取强制平仓。这个过程一直持续下去，一直到11月24日买入一份12月的黄金期货合约，对冲平仓。具体损益表见表5-5。

表5-5 期货交易损益表 （单位：美元）

日期	期货价格	当日盈亏	累计盈亏	保证金余额	追加保证金通知
11月8日	385.00			2 000	
11月8日	388.40	−340	−340	1 660	
11月9日	390.80	−240	−580	1 420	580
11月10日	389.00	+180	−400	2 180	
11月13日	388.60	+40	−360	2 220	
11月14日	392.70	−410	−770	1 810	
11月15日	394.90	−220	−990	1 590	
11月16日	392.80	+210	−780	1 800	
11月17日	392.70	+10	−770	1 810	
11月20日	395.80	−310	−1 080	1 500	500
11月21日	399.30	−350	−1 430	1 650	
11月23日	404.40	−510	−1 940	1 140	860
11月24日	406.30	−180	−2 120	1 820	

5.5.4 涨跌停板制度

涨跌停板制度又称每日价格最大波动限制，是指期货合约在一个交易日中的交易价格波动不得高于或者低于规定的涨跌幅度，超过该涨跌停幅度的报价将被视为无效，不能成交。涨跌停板一般是以合约上一交易日的结算价为基准确定的。

涨跌停板制度能够有效地减缓，抑制一些期货由于突发性事件而暴涨暴跌对投资者造成无法挽回的损失。

我国的期货市场中，每日价格最大波动一般是合约上一交易日结算价的一定百分比。根据《中国金融期货交易所风险管理办法》规定，股指期货合约的涨跌停板幅度为上一交易日结算价的−10%～10%。季月合约上市首日涨跌停板幅度为挂牌基准价的−20%～20%。上市首日有成交的，于下一交易日恢复到合约规定的涨跌停板幅度；上市首日无成交的,下一交易日继续前一交易日的涨跌停板制度。

5.5.5 持仓限额和大户报告制度

持仓限额制度是指交易所规定会员或客户可以持有的,按单边计算的某一合约投机头寸的最大数额。实行持仓限额制度的目的在于防范操纵市场价格的行为和防止期货市场风险过于集中于少数投资者。

大户报告制度是指交易所会员或者客户持有某品种某合约达到交易所规定的持仓报告标准时,需要向交易所报告,防范少数人操纵市场的风险。

我国的大连商品交易所、郑州商品交易所和上海期货交易所,对持仓限额和大户报告的标准有以下几点规定:

1) 期货交易所可根据不同品种不同时间的期货设定与之相对应的标准。
2) 当客户或会员持有的合约的投机头寸达到交易所规定的投机头寸的80%以上,会员应当向交易所报告其资金情况和头寸情况。
3) 市场总持仓量不同,适用的持仓限额和持仓报告标准不同。
4) 各合约的不同时期,限仓数额不同。
5) 期货公司会员、非期货公司会员、一般客户适用不同的持仓限额和持仓报告标准。

5.5.6 强行平仓制度

强行平仓制度是指当会员、投资者违规时,交易所对有关持仓实行平仓的一种强制措施。强行平仓制度也是交易所控制风险的手段之一,可以避免损失的进一步扩大,从而有力地阻止风险的扩散。

强行平仓制度一般适用于以下两种情况:一种是因为账户内的保证金不足而实行强行平仓,这是最常见的一种情形。所以,客户在进行投资前需要根据自身的资金选择合适的期货合约,尽量避免此种情况。另一种是由于客户违反了持仓限额制度而被强行平仓,此时客户需自行减仓或被强行平仓。

5.5.7 信息披露制度

信息披露制度是指期货交易所按有关规定定期公布期货交易有关信息的制度。根据我国《期货交易管理条例》规定,期货交易所公布的信息主要包括在交易所期货交易活动中产生的所有上市品种的期货交易行情、各种期货交易数据统计资料、交易所发布的各种公告信息及中国证监会规定披露的其他相关信息,并保证这些信息的真实准确。特别需要提出的是,期货交易所不得发布有关期货价格预测的信息。

■ 本章小结

期货交易是商品生产者为规避风险，在现货交易的基础上，以远期合同交易为雏形而发展起来的一种高级交易方式。现代真正意义上的期货交易所产生于19世纪的美国中西部地区，1848年3月13日，82位美国商人在芝加哥发起组建了芝加哥贸易理事会，后来逐渐发展成了芝加哥期货交易所。20世纪70年代，第二次世界大战建立起来的布雷顿森林体系彻底崩溃，在这一历史背景下，为了适应保值和投机的需要，金融期货就产生了，期货市场开始涌入许多金融性质的"商品"。自20世纪80年代以后，金融期货迅速从美国向其他国家发展。

期货合约是交易双方约定在未来某一特定时间，以某一特定价格买卖某一特定数量和质量的金融资产或实物商品的标准化合约。期货合约的主要条款包括合约标的物、报价单位、交易单位、最小变动价位、合约交割月份、最后交易日、最低交易保证金、每日价格最大波动限制、交割方式、交易代码等。期货合约与远期合约之间存在较大的差异，主要体现在标准化程度、交易场所、违约风险、价格确定方式、履约方式、合约双方关系及结算方式等方面。

交割是指期货合约到期时，按照期货交易所的规则和程序，交易双方通过该合约所载标的物所有权的转移，或者按照结算价进行现金差价结算，了结到期未平仓合约的过程。交割是联系期货与现货的纽带，现货交割是促使期货价格和现货价格趋向一致的制度保证。当市场过分投机，发生期货价格严重偏离现货价格时，交易者就会在期货、现货两个市场之间进行套利交易。通过交割，期货、现货两个市场得以实现相互联动，期货价格最终与现货价格趋于一致，使期货市场真正发挥价格"晴雨表"的作用。

生产者为了达到预期的利润，或锁定其生产的成本，会在期货市场中进行套期保值业务来规避其现货交易中价格波动所带来的风险。因此，期货市场为生产者提供了回避价格风险的手段，弥补了现货市场的不足。期货市场上的交易反映了未来一段时间商品的供求信息，期货价格较为真实地反映了供求的状况，又为现货市场提供了参考价格，起到了价格发现的功能。期货市场为交易者提供了一个安全、准确、迅速成交的交易市场，金融市场的自由交易提高了交易的效率，节约了交易的成本，有助于市场经济的不断完善与发展。

由于所持有现货与期货很难保持一致，套期保值者一般会面临基差风险。同时，由于期货市场每日盯市，套期保值者同样面临着市场波动的风险，从而导致无法及时追加保证金的风险，即流动性风险。投机者主要面临的是市场风险，如果对市场预测错误，则面临巨大亏损的可能。

保证金制度又称押金制度，是指在期货交易中买方或卖方按照清算所的规定缴纳一定的履约保证金的制度，保证金的比例一般是其所买卖合约价值的一定比例（一般是5%～10%）。保证金是履行期货合约的担保。缴纳保证金以后方可进行期货交易，并根据期货合约的价格变化决定是否追加资金。

当日无负债结算制度又称逐日盯市制度，是指在每日交易结束后，交易所按当日结算价结算所有合约的盈亏、保证金、手续费、税金等费用，对应收应付的款项进行划转。若交易发生亏损，账户资金不足时，需要通知客户追加保证金，做到当日无负债。若客户无法按时追加保证金，则可能会被强行平仓。

■ 本章重点

① 期货的起源和发展历史。
② 期货合约的内容。
③ 期货交易的具体流程。
④ 期货市场的职能和面临的风险。
⑤ 期货的交易制度。

■ 练　习

一、单项选择题

1. 期货合约是指由（　　）统一制定的、规定在将来某一特定的时间和地点交割一定数量和质量标的物的标准化合约。
   A. 期货交易所　　B. 期货公司　　C. 中国证券会　　D. 中国期货业协会

2. 关于我国期货持仓限额制度的说法，正确的是（　　）。
   A. 同一客户在不同交易所的持仓限额应保持一致
   B. 同一会员在不同交易所的持仓限额应保持一致
   C. 同一交易所的期货品种的持仓限额应保持一致
   D. 交易所可以根据不同期货品种的具体情况，分别确定每一品种的持仓限额

3. 在期货交易中，买卖双方需要缴纳的保证金的比例为期货合约价值的（　　）。
   A. 10%　　　　B. 15%　　　　C. 10%～15%　　　　D. 5%～10%

4. 当日无负债结算制度，每日要对交易头寸所占用的（　　）进行逐日结算。
   A. 交易资金　　B. 保证金　　C. 总资金量　　D. 担保资金

5. 下列关于大户报告制度的说法正确的是（　　）。
   A. 交易所会员或客户所有合约持仓达到交易所规定的持仓标准时，会员或客户应向交易所报告
   B. 交易所会员或客户某品种某合约持仓达到交易所规定的持仓标准时，会员或客户应向中国证监会报告
   C. 交易所会员或客户某品种某合约持仓达到交易所规定的持仓标准时，会员或客户应向交易所报告
   D. 交易所会员或客户所有品种持仓达到交易所规定的持仓标准时，会员或客户应向交易所报告

6. 下列关于我国期货交易所会员强行平仓的执行程序，说法正确的是（   ）。

A. 首先由有关客户自己执行，若规定时间内客户未执行完毕，则由有关会员强制执行

B. 由有关会员自己执行，若规定时间内会员未执行完毕，交易所将处以罚款

C. 首先由交易所执行，若规定时间内交易所未执行完毕，则由有关会员强制执行

D. 首先由有关会员自己执行，若规定时间内会员未执行完毕，则由交易所强制执行

7. 期货交易报价时，超过期货交易所规定的涨跌幅度的报价（   ）。

A. 有效，但交易价格应调整至涨跌幅度之内

B. 无效，不能成交

C. 无效，但可申请转移至下一个交易日

D. 有效，但可自动转移至下一个交易日

二、多项选择题

1. 某种商品期货合约交割月份的确定，一般受该合约标的商品的（   ）等方面的特点影响。

   A. 生产　　　　　B. 使用　　　　　C. 储藏　　　　　D. 流通

2. 商品期货合约单位的大小的确定，主要考虑（   ）。

   A. 合约标的物的市场规模　　　　　B. 交易者的资金规模

   C. 期货交易所的会员结构　　　　　D. 商品现货交易习惯

3. 当日无负债结算制度的实施特点包括（   ）。

   A. 对所有账户的交易及头寸按不同品种、不同月份的合约分别进行结算

   B. 对平仓头寸与未平仓合约的盈亏均进行结算

   C. 对交易头寸所占用的保证金进行逐日结算

   D. 通过期货交易分级结算体系实施

4. 关于期货交易的正确表述是（   ）。

   A. 期货交易实行当日无负债结算制度

   B. 期货交易以公开竞价的方式集中进行

   C. 期货交易的对象均为实物商品

   D. 期货交易的目的在于买卖现货商品

5. 下列关于期货交易所对持仓限额制度的说法，正确的是（   ）。

   A. 套期保值头寸实行审批制，其持仓不受限制

   B. 当会员或客户的某品种持仓合约的投机头寸达到交易所对其规定的投机头寸持仓限额 75％以上（含本数）时，会员或客户应向交易所报告

   C. 同一客户在不同期货公司会员处的某一合约持仓合计不得超出该客户的持仓限额

   D. 持仓限额制度往往和大户报告制度配合使用

6. 为保证期货交易的顺利进行，交易所制定了相关风险控制制度，其中包括（   ）。

   A. 大户报告制度

B. 保证金制度

C. 当日无负债结算制度

D. 持仓限额制度

7. 在国际期货市场上，保证金制度实施的特点有（   ）。

A. 对交易者的保证金要求与其面临的风险相对应

B. 交易所根据合约特点设定最低保证金标准，并可根据市场风险状况等调节保证金水平

C. 保证金的收取是分级进行的

D. 对期货合约上市运行的不同阶段规定不同的交易保证金比率

8. 当日无负债制度的特点有（   ）。

A. 所有账户的交易及头寸按不同品种、不同月份的合约分别进行结算，在此基础上汇总，使每一交易账户的盈亏都能得到及时、具体、真实的反映

B. 在对交易盈亏进行结算时，不仅对平仓头寸的盈亏进行结算，对未平仓合约产生的浮动盈亏也进行结算

C. 对交易头寸所占用的保证金进行逐日结算

D. 当日无负债结算制度通过期货交易分级结算体系实施

9. 在出现涨跌停板情形时，交易所采取的控制风险的措施包括（   ）。

A. 某期货合约以涨跌停板价格成交时，成交撮合实行平仓优先和时间优先的原则，但平仓当日新开仓位不适用平仓优先的原则

B. 暂停所有合约的交易

C. 在某合约连续出现涨（跌）停板单边无连续报价时，实行强制减仓

D. 迅速提高保证金比例，减缓交易

10. 强行平仓可分为（   ）。

A. 交易所对会员持仓实行的强行平仓

B. 期货公司对客户持仓实行的强行平仓

C. 客户自己的平仓行为

D. 期货公司自己的平仓行为

三、判断题

1. 在进行期货交易时，交易双方无须对标的物的质量等级进行协商，发生实物交割时按交易所期货合约规定的质量等级进行交割。（   ）

2. 期货交易的合约是非标准化合约，需要交易者自行商议定价。（   ）

3. 期货合约的交割地点是由交易双方协商确定的。（   ）

4. 设计商品期货合约月份时，不需要考虑其生产与消费特点。（   ）

5. 当某合约连续出现涨（跌）停板单边无连续报价时，实行强制减仓。（   ）

6. "当日无负债"指的是当客户当天交易发生亏损导致保证金账户资金不足时，要求

其必须在当天收市前向账户中追加保证金，否则，其合约将会在收市前被强行平仓，以做到"当日无负债"。（　　）

四、问答题

1. 假定你进入了 1 份纽约商品交易所的 7 月白银期货合约的空头，在合约中你能够以每盎司 17.2 美元的价格卖出白银，期货规模为 5 000 盎司白银。最初保证金为 4 000 美元，维持保证金为 3 000 美元。期货价格如何变动才会导致保证金的催付通知？如果你不满足保证金催付通知的要求，那么会有什么后果？

2. 某投资者进入了 2 份 7 月冰冻橙汁合约的多头。每份合约的规模为 15 000 磅橙汁。当前期货价格为每磅 160 美分。最初保证金为每份合约 6 000 美元，维持保证金为每份合约 4 500 美元。什么样的价格变化会导致对保证金的催收？在什么情况下可以从保证金账户中提取 2 000 美元？

3. 一位饲养牲畜的农场主将在 3 个月后卖出 120 000 磅活牛。在 CME 3 个月期限的活牛期货合约规模为 40 000 磅活牛。农场主如何使用期货合约来对冲风险？从这一农场主的角度来看，对冲的好处和坏处分别是什么？

4. 假设现在是 2014 年 7 月。一个矿业公司刚刚发现了一处小型金矿，建矿需要 6 个月时间，然后在 1 年内以大致连续规模的形式将黄金开采出来。从 2014 年 8 月到 2015 年 12 月，每两个月有一个期货交割月，每一个合约规模为 100 盎司黄金。讨论矿业公司将如何采用期货产品来对冲风险。

5. 某天末，清算中心某会员持有 100 份合约的多头，结算价格为每份合约 50 000 美元，最初保证金为每份合约 2 000 美元。第二天，这一会员需要负责再对 20 份合约多头进行结算，进入合约时每份合约为 51 000 美元。第二天末的结算价格为 50 200 美元。这位会员要向清算中心注入多少追加保证金？

五、计算与分析题

1. 交易员 A 进入 3 个月后以 130 万美元兑换 100 万欧元的期货多头；交易员 B 进入相应远期的多头。假设汇率（美元/欧元）在前两个月急剧下跌，然后在第 3 个月回升到 1.330 0 美元/欧元。忽略每日结算，每个交易员的总盈利是多少？如果考虑每日结算的影响，哪个交易员的盈利更大？

2. 一家公司进入了 1 份期货合约的空头方，在合约中以每蒲式耳 750 美分的价格卖出 5 000 蒲式耳小麦。初始保证金为 3 000 美元，维持保证金为 2 000 美元，价格如何变化会导致保证金的催收？在什么情况下公司可以从保证金账户中提取 1 500 美元？

3. 1 份橙汁期货合约是关于 15 000 磅冰冻浓缩橙汁的交易。假定 2014 年 9 月，一家公司卖出 1 份 2016 年 3 月橙汁的期货，价格为每磅 120 美分；2014 年 12 月，期货价格为 140 美分；2015 年 12 月，期货价格为 110 美分；在 2016 年 2 月交易被平仓，这时价格为 125 美分。该公司以 12 月为财政年末，这个合约给公司带来的盈亏是多少？盈亏是如何实现的？如果公司被划分为对冲者或投机者，其会计和税务方面该如何处理？

■ 练习答案

一、单项选择题

1. A   2. D   3. D   4. B   5. C   6. D   7. B

二、多项选择题

1. ABCD 2. ABCD 3. ABCD 4. AB 5. ACD 6. ABCD 7. ABC 8. ABCD
9. AC   10. AB

三、判断题

1. √   2. ×   3. ×   4. ×   5. √   6. ×

四、问答题

1. 当保证金账户中损失了1 000美元时会导致保证金催付。这种情况会在白银价格上升1 000/5 000＝0.2美元时出现。因此，只有当白银价格上升至每盎司17.4美元时才会导致保证金催付。如果不缴足保证金，你的经纪人会将你的头寸强行平仓。

2. 当合约损失1 500美元时，投资者会收到保证金催付通知。因为期货合约规模为15 000磅，所以价格变动应为1 500/15 000＝0.1美元/磅，即期货价格低于150美分/磅时，投资者会收到保证金催付通知。要从保证金中提取2 000美元，必须使得每份期货合约价格上升1 000美元，所以价格变动应为1 000/15 000＝0.066 7美元/磅，即期货价格上升到166.67美分/磅时，投资者可以从保证金账户中提取2 000美元。

3. 农场主可以做空3份3个月到期的活牛期货合约。如果活牛价格下降，期货合约的盈利将会弥补活牛现货市场上销售的损失。如果活牛价格上升，现货市场上的盈利将会弥补期货合约上的损失。

对冲的好处是：在没有成本的前提下即可极大地减少不确定性风险。

对冲的坏处是：农场主失去了从活牛价格朝有利方向（价格上涨）变化中的获利可能性。

4. 矿业公司可以按月估计其产量，在此基础上，可以通过做空期货合约来锁定将要得到的黄金的价格。比如，如果公司预计2015年9月和10月的黄金产量为3 000盎司，那么公司可以做空30份2015年10月到期的黄金期货合约，从而对这两个月的黄金价格变动风险进行对冲。

5. 首先，该会员需要缴纳第二天新合约的初始保证金为20×2 000＝40 000（美元）。

其次，第一天持有的合约获得了收益，为（50 200－50 000）×100＝20 000（美元）。

最后，第二天订立的新合约有损失，为（51 000－50 200）×20＝16 000（美元）。

因此，该会员需要补交的保证金为40 000－20 000＋16 000＝36 000（美元）。

五、计算与分析题

1. 如果忽略每日结算，则期货合约和远期合约的收益为（1.33－1.30）×100＝3（万美元）。如果考虑每日结算，则由于期货合约采用保证金交易，汇率在前两个月急剧下跌时，期货合约需要补充保证金，否则该期货合约有被强制平仓的风险。交易员 B 的盈利在 3 个月后实现；交易员 A 的盈利是在 3 个月期间逐日实现的，即在前两个月有大量亏损，在最后一个月实现盈利。此时交易员 A 在前两个月必须补充保证金，所以交易员 B 盈利更大。

2. 如果期货合约损失超过 1 000 美元，就会收到保证金催收通知。如果小麦期货价格上涨 1 000×100/5 000＝20 美分，即从 750 美分/蒲式耳上涨到 770 美分/蒲式耳，就会导致保证金的催收。如果小麦期货价格下降 1 500×100/5 000＝30 美分，即下降到 720 美分/蒲式耳，就可以从保证金账户中提取 1 500 美元。

3. （1）如果该公司是投机者，则相应的会计处理原则是期货合约市场价格变化的（财务）确认时间应与其发生时间保持一致。根据这一会计原则，该公司的盈亏如下：

2014 年 12 月确认期货损失为 $(1.20-1.40)\times 15\,000=-3\,000$（美元）；

2015 年 12 月确认期货收益为 $(1.40-1.10)\times 15\,000=4\,500$（美元）；

2016 年 12 月确认期货损失为 $(1.10-1.25)\times 15\,000=-2\,250$（美元）。

（2）如果该公司是对冲者，则相应的会计原则为合约盈亏确认时间可以等同于被对冲产品盈亏发生的时间，即对冲会计法则。根据这一会计法则，该公司期货金融资产带来的盈亏需在 2016 年 12 月确认：

2016 年 12 月确认期货损失为 $(1.20-1.25)\times 15\,000=-750$（美元）。

（3）对于企业纳税人来说，处理期货合约的头寸时，可以将其看作在税收年度的最后一天平仓。

第6章

短期利率期货

上一章介绍了期货的基础知识,本章将具体介绍一种期货合约——短期利率期货。短期利率期货是交易最为频繁的一种期货合约,几乎所有提供金融期货交易的交易所都交易该合约,有的还交易多种货币的短期利率期货。

6.1 基础知识

6.1.1 什么是短期利率期货

短期利率期货是一份为将来发生的短期资金借贷约定金额、利率、期限和交割日的合约。期货的买方承诺名义上贷出资金,卖方承诺名义上借入资金。

3个月期的利率期货(名义资金借贷期限为3个月的合约)是一种典型的短期利率期货,本章涉及的短期利率期货如无特别说明均指此种合约。具体的产品主要有伦敦国际金融期货期权交易所(London International Financial Futures and Options Exchange,LIFFE)⊖交易的3个月英镑利率期货和芝加哥商品交易所(CME)交易的3个月欧洲美元期货。

6.1.2 关于报价的安排

短期利率期货没有直接用利率而是用100-不带百分号的利率来报价,这是因为合约规定买方承诺名义上贷出资金而卖方承诺名义上借入资金。如果直接以利率作为期货的报

⊖ 2022年1月,LIFFE被欧洲交易所合并,合并后名称为Euronext.Liffe。

价，则合约会在高买低卖时获利，这与习惯不符，在瞬息万变的期货市场上交易员很容易受习惯的误导而出错。因此，设计一种指数价格100－不带百分号的利率作为合约价格，使得交易员仍在低买高卖时获利，解决了这个问题。

例如：直接以利率作为期货的报价，当报价为4%时，投资者买入期货；当报价为3%时，投资者卖出期货。按照合约规定，这意味着该投资者以4%贷出资金，随后以3%借入资金，投资者获利，即4%买3%卖时获利，显然高买低卖时获利。这不符合习惯。

如果以"100－不带百分号的利率"作为报价，则上述例子中，投资者以96（＝100－4）买入，以97（＝100－3）卖出，投资者获利，符合低买（96买）高卖（97卖）的获利习惯。

6.1.3 短期利率期货可以锁定利率

投资者以90的价格购买了3个月利率期货，如果一直持有至最后交易日并选择交割，则可以锁定在未来将资金贷出3个月的利率为10%。这是为什么呢？

利率期货只能现金交割，交割时的结算价不是最后交易价，而是最后交易日的现货价，即最后交易日的3个月期的即期贷款利率。由此，我们假设在最后交易日，3个月期的即期贷款利率为6%，则利率期货交割的结算价为94（＝100－6）。投资者在期货上获利4%（＝94%－90%），加上市场上的即期贷款利率6%，实际收益为10%。当然，如果3个月期的即期贷款利率为12%，则利率期货交割的结算价为88（＝100－12）。投资者在期货上获利－2%（＝88%－90%），加上市场上的即期贷款利率12%，实际收益仍然为10%。由此可知，无论未来的实际利率如何，以90的价格购买3个月利率期货可以锁定未来将资金贷出所获得的利率为10%。

6.1.4 关于几个重要日期

要想更好地理解短期利率期货，必须要了解短期利率期货所涉及的几个重要日期。我们以2021年3月29日（周一）交易的当年9月到期的3个月利率期货合约为例，结合图6-1来说明各日期之间的关系。

T_0：交易日，2021年3月29日（周一），期货的交易日。

T_{SPOT}：即期日，2021年3月31日（周三），计算时间长度的起始日，交易日之后两个工作日。

T_D：最后交易日（合约到期日），2021年9月15日（周三），交割月的第三个星期三，结算价格的确定日。

交割日：2021年9月16日（周四），最后交易日之后的第一个营业日，完成最后一次交割额，即最后交易日产生的交割额的转手。

T_S：2021年9月17日（周五），期货约定的名义资金借贷的开始日，T_D之后两个工作日。

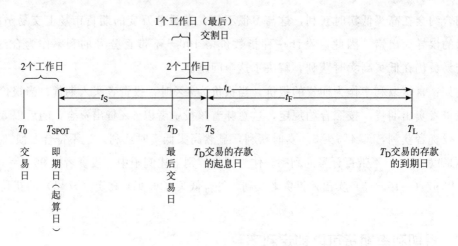

图 6-1 短期利率期货的关键日期

T_L：2021 年 12 月 17 日（周五），期货约定的名义资金借贷的到期日，T_S 之后 3 个月。

2021 年 3 月 29 日以 90 的价格买入一份当年 9 月到期的 3 个月利率期货合约，意味着承诺在 2021 年 9 月 17 日至 2021 年 12 月 17 日期间以 10% 的利率名义上贷出一笔资金。

6.1.5 欧洲美元期货

美国市场最流行的利率期货是 CME 交易的 3 个月期欧洲美元期货。欧洲美元是存放于美国本土之外的美国银行或非美国银行的美元。欧洲美元利率是银行之间存放欧洲美元的利率，这一利率与伦敦银行同业拆借利率（LIBOR）基本上是一样的。

3 个月期欧洲美元期货是对于 3 个月（90 天）欧洲美元利率而设定的期货产品，这些合约可使得投资者锁定在今后某 3 个月内对应于借入（或贷出）100 万美元面值的利率，这使得交易员可以对未来 3 个月的利率进行投机或者对冲未来利率的风险。这些合约的交割月份为 3 月、6 月、9 月及 12 月，期货的期限可长达 10 年。这意味着在 2022 年某投资者可采用欧洲美元期货来锁定远至 2032 年之前某 3 个月的利率。

为了理解欧洲美元期货的运作方式，我们考虑 2022 年 9 月的合约。这一合约的到期日为交割月份的第三个星期三，即 2022 年 9 月的第三个星期三（9 月 21 日）。在 2022 年 9 月 21 日之前，该合约按通常的方式每天以市值定价。在 2022 年 9 月 21 日这一天，合约成交价格为 $100-i_{REF}$（不带百分号的百分数），其中 i_{REF} 为这一天的 3 个月的欧洲美元实际利率，这一利率按每季度复利（天数计算惯例为"实际天数/360"）。因此，如果在 2022 年 9 月 21 日，3 个月期限的欧洲美元利率为 1.55%，期货最终的成交价格将为 98.45。一旦最终结算完成，交易就被宣布平仓。

由于短期利率期货的报价是 $100-i$（不带百分号的百分数），因此欧洲美元期货的价格变化 0.01，意味着未来的 3 个月欧洲美元利率变化 1 个基点（0.01%）。因此，可以推算出，欧洲美元期货价格变化 0.01，意味着 100 万美元在 3 个月的利息变化：

$$1\,000\,000 \times 0.000\,1 \times 0.25 = 25$$

即 25 美元。所以，通常有"每个基点 25 美元"的说法。不过，这种算法存在 3 个问题：

1）按月算不精确，不同交割月的合约所含的实际天数不同。
2）最小价值变动实际上是在 T_L 才发生的，应贴现到当期。
3）期货是每日结算。

为了讲解更加方便直观，这些因素都被忽略，但投机者和避险者在实际交易中，这些因素不应该被忽略。

6.2 套利定价机制

人们需要期货是因为期货有投机和避险的功能，要实现这些功能必须保证随着到期日的临近，期货价会逐渐向现货价收敛并最终重合。如果期货价完全脱离了与现货价的关联，就会像断了线的风筝一样无所依据。这样的期货市场将成为一个赌场，但这并不是我们所需要的。

如果有实物交割，则结算价直接取期货的最后交易价即可。在套利机制的作用下，期货最后交易价一定会等于当日现货价。若不能实物交割，则必须人为规定以现货价为结算价，而最后交易价也会在套利机制的作用下与现货价相等。总之，必须保证结算价等于最后交易日的现货价。事实上，结算价、最后交易日的现货价、最后交易价将是同一个价格。由于利率期货实行现金交割，并无实际的借贷发生，因此必须人为规定，合约的最终结算价格不是期货市场的最后交易价，而是参考最后交易日现金市场利率而确定的价格，即

$$P_{EDSP} = 100 - i_{REF}$$

式中，P_{EDSP} 为期货交割结算价（EDSP：Exchange Delivery Settlement Price，交易所交割结算价）；i_{REF} 为到期日的现金市场参考利率（不带百分号的百分数）。

任一交易日合理的期货价 P 应满足下述关系：

$$P = 100 - i_F (\text{不带百分号的百分数})$$

$$1 + t_L i_L = (1 + t_S i_S)(1 + i_F t_F)$$

式中，i_F 为图 6-1 中 T_S 至 T_L 区间的均衡远期利率；i_L 为图 6-1 中 T_{SPOT} 至 T_L 区间的即期利率；i_S 为图 6-1 中 T_{SPOT} 至 T_S 区间的即期利率；t_L 为图 6-1 中 T_{SPOT} 至 T_L 区间的时间长度，按天算，以年为单位；t_S 为图 6-1 中 T_{SPOT} 至 T_S 区间的时间长度，按天算，以年为单位；t_F 为图 6-1 中 T_S 至 T_L 区间的时间长度，按天算，以年为单位。

例如：假设今天（交易日 T_0）为 2011 年 2 月 8 日（周二），则 T_{SPOT} 为 2011 年 2 月 10 日（周四），当年 3 月到期的英镑短期利率期货的到期日 T_D 为 2011 年 3 月 16 日（周三），T_S 为 2011 年 3 月 18 日（周五），T_L 为 2011 年 6 月 20 日（周一），因为 2011 年

6月18日为周六,所以 T_L 顺延至 2011 年 6 月 20 日。D_S＝36 天,D_L＝130 天,D_F＝94 天。

D_L：T_{SPOT} 至 T_L 的天数。

D_S：T_{SPOT} 至 T_S 的天数。

D_F：T_S 至 T_L 的天数。

再假设交易日 1 个月期、2 个月期、3 个月期、6 个月期的即期利率分别为 $7\frac{1}{2}\%$、$7\frac{11}{16}\%$、$7\frac{3}{4}\%$、$7\frac{7}{8}\%$。在交易日 2011 年 2 月 8 日,1 个月、2 个月、3 个月、6 个月分别为 28 天、60 天、89 天、181 天。用插值法推算出交易日 36 天、130 天的即期利率分别为 7.55%、7.81%,这就是交易日的 i_S 和 i_L,由远期利率的定价公式可计算出 i_F＝7.85%,从而交易日的期货价应为 $P=100-i_F$(不带百分号的百分数)＝92.15。

如果该合约未能报出均衡价 92.15,比如实际期货价为 90,则可在交易日 2011 年 2 月 8 日按 7.81% 的利率借入 130 天期资金,同时按 7.55% 的利率马上把这笔资金拆出,为期 36 天,同时买进 3 月到期的短期利率期货,将 2011 年 3 月 18 日至 2011 年 6 月 20 日远期对远期资金拆出的利率锁定为 10%。由于对应期限上的均衡远期利率为 7.85%,低于实际锁定的远期拆出利率,因此上述交易策略可获得无风险收益。大量的套利交易将推高期货价格,最终使 $P=100-i_F$ 的关系重新成立。如果实际期货价偏高可做类似分析。所以,从长期看,$P=100-i_F$(不带百分号的百分数)一直是成立的,这也就是无套利分析给出的短期利率期货定价公式。

6.3 基差与对冲

基差是指被对冲资产的现货价格与用于对冲的期货合约的价格之差,即基差＝现货价－期货价。由于期货价格和现货价格都是波动的,在期货合同的有效期内,基差也是波动的。基差的不确定性被称为基差风险。

假设公司 A 在 2022 年 6 月 18 日知道 2022 年 9 月公司将有一笔资金要贷出 3 个月,为了防止未来利率的下降,公司 A 利用短期利率期货进行对冲：购买短期利率期货。

假设 F_1 为公司 A 于 6 月 18 日建立对冲头寸时短期利率期货的价格;F_2 为公司 A 在 9 月将资金贷出(即清仓对冲头寸)时短期利率期货的价格;S_2 为公司 A 在 9 月将资金贷出时的现货价格;b_2 为公司 A 在 9 月将资金贷出时的基差($b_2=S_2-F_2$)。

由表 6-1 可知,期货对冲的效果受基差影响。

表 6-1 基差与对冲

9月资金贷出时的利率(%)	$100-S_2$
期货收益	F_2-F_1
净利率(%)	$100-S_2+(F_2-F_1)=100-F_1-(S_2-F_2)=100-F_1-b_2$

6.4 期货价格与现货价格的收敛

随着最后交易日的临近，期货价与现货价会逐渐靠拢，这种现象被称为收敛。

例如：对于一份 2019 年 3 月到期的合约而言，最后交易日为 2019 年 3 月 20 日（周三）。而该种合约所涉及的标的三个月期存款，自 3 月 22 日开始，至 6 月 24 日到期（2019 年 6 月 22 日为周六，所以顺延至 6 月 24 日周一），这一区间是固定不变的。

图 6-2a）展示了 2018 年 12 月 19 日交易的 3 个月期存款，该存款起息日为 12 月 21 日，并于 2019 年 3 月 21 日到期。在现金市场存款所跨期间与期货合约所涉及期间之间不存在任何重合期。由于即期利率和期货利率所牵涉的是两个不同的时间阶段，因此这两种利率有可能差别很大。

大约 4 个星期以后，2019 年 1 月 18 日的 3 个月期存款的即期利率的相关期间为 1 月 22 日至 4 月 22 日。此时，在 3 个月期的现金市场存款所跨期间与期货合约所涉及远期期间之间存在 1 个月的重合期。1 个月以后，在 2 月 20 日，3 个月期的现金市场存款所跨期间为 2 月 22 日至 5 月 22 日，与期货合约所涉及远期期间相比，出现了 2 个月的重合期。可以推测，随着重合期的增加，两种利率水平的差异会逐渐变小。

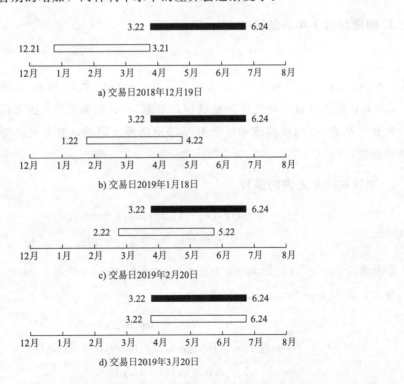

图 6-2 现金存款与期货合约所跨期间的对比

在期货合约的最后交易日（3 月 20 日），现金市场存款所跨期间与期货合约所涉及期间成为同一个时期，该天的现金价格和期货价格完全一样，出现完全收敛。

图 6-2 提供了收敛的一个实际例子,我们可以看到基差如何逐渐变小,直至在期货合约的最后交易日成为零,出现完全收敛。这里要强调的是,基差的收敛并不是严格的,在收敛的长期趋势中也会有短暂的扩大。如果说期货价是在空中飘荡的风筝,那么风筝线就是现货价,随着时间的推移,风筝线趋于收紧,期货价慢慢向现货价回归(当然,市场不总是理性的,回归需要制度保障,该制度就是:交割时的结算价不是最后交易价,而是最后交易日的现货价)。图 6-3 给出了基差收敛的一种示例。

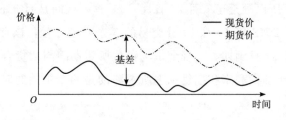

图 6-3 基差收敛示例

6.5 关于收益率曲线与基差(仅讨论 $t_S = t_F$ 的期货合约)

1. 期限超过 1 年的品种

$$(1+i_S)^n(1+i_F)^n = (1+i_L)^{2n}$$

式中,$n = t_S = t_F$。i_L 是 i_S 与 i_F 的几何平均数,一定位于 i_S 与 i_F 之间。若收益率曲线上升,$i_L > i_S$,则 $i_S < i_F$,现货价>期货价,基差>0。由基差>0 也可以推出收益率曲线上升,因此,基差>0 与收益率曲线上升是等价命题。同理,基差<0 与收益率曲线下降也是等价命题。

2. 期限在 1 年之内的品种

$$1 + t_L i_L = (1 + i_S t_S)(1 + i_F t_F)$$

$$t_L i_L = i_S t_S + i_F t_F + i_S t_S i_F t_F$$

若基差>0,$i_S < i_F$,则 $t_L i_L > i_S t_S + i_S t_F + i_S t_S i_S t_F$,$i_L > i_S + i_S^2 t_S t_F / t_L$。

反之,若 $i_L > i_S + i_S^2 t_S t_F / t_L$,则

$$t_L i_L > i_S t_S + i_S t_F + i_S t_S i_S t_F$$

$$i_S t_S + i_F t_F + i_S t_S i_F t_F > i_S t_S + i_S t_F + i_S t_S i_S t_F$$

$$(i_F - i_S)(1 + i_S t_S) > 0$$

$$i_F > i_S$$

$$基差 > 0$$

因此,基差>0 与 $i_L > i_S + i_S^2 t_S t_F / t_L$ 是等价命题。同理,基差<0 与 $i_L < i_S + i_S^2 t_S t_F / t_L$ 是等

价命题。此时不仅要求收益率曲线上升，而且必须上升得足够快才会有基差>0。

6.6 期货价格与市场利率

本部分我们讨论当市场利率发生变化时，期货价格会如何受到影响。

$$P=100-i_F(不带百分号的百分数)=100-100\times\frac{i_L t_L - i_S t_S}{(1+i_S t_S)t_F}$$

$$\frac{\partial P}{\partial i_S}\approx 100\times\frac{t_S}{t_F},\ \frac{\partial P}{\partial i_L}\approx -100\times\frac{t_L}{t_F},\ \frac{\partial P}{\partial i_{ALL}}\approx -100$$

若 P、i_L、i_S 均以各自的基点为单位，则

$$\frac{\partial P}{\partial i_S}\approx\frac{t_S}{t_F},\ \frac{\partial P}{\partial i_L}\approx -\frac{t_L}{t_F},\ \frac{\partial P}{\partial i_{ALL}}\approx -1$$

由以上求导数所得公式，我们可以得出以下结论：①利率与期货价格之间呈负相关关系。当利率普遍上升时，利率期货价格普遍下降。②如果仅仅是长期利率发生变动，则该利率变动与期货价格之间也存在负相关关系。③如果长期利率不变，仅仅短期利率发生变动，那么短期利率的上升会导致期货价格上升，二者存在正相关关系。

6.7 短期利率期货与 FRA 的对比

短期利率期货与 FRA 之间的差异见表 6-2。

表 6-2 短期利率期货与 FRA 之间的差异

序号	短期利率期货	FRA
1	逐日结清，不贴现，有利息效应	交割日一次结清，贴现，无利息效应
2	交割额按月算	交割额按天算
3	买方承诺贷出	买方承诺借入
4	涉及的是固定期间，有收敛	涉及的是移动期间，无收敛

6.8 套期组合头寸

同时买进卖出两份交割月不同的合约形成的头寸称为套期组合头寸。买进较近交割月的合约、卖出较远交割月的合约形成的头寸叫多头套期组合头寸——短多长空；卖出较近交割月的合约、买进较远交割月的合约形成的头寸叫空头套期组合头寸——短空长多。

对于 3 个月后到期的 3 个月期合约，$t_L=6M$，$t_S=3M$，$t_F=3M$。$\frac{\partial P}{\partial i_S}\approx 1$，$\frac{\partial P}{\partial i_L}\approx -2$，

则由于利率变化所导致的期货合约价格变动见表 6-3。

表 6-3　期货合约价格变动（3 个月后到期的 3 个月期合约）（最小变动价位）

3 月期即期利率上涨 1 个基点	6 月期即期利率上涨 1 个基点
+1	−2

对于 6 个月后到期的 3 个月期合约，$t_L=9M$，$t_S=6M$，$t_F=3M$。$\frac{\partial P}{\partial i_S} \approx 2$，$\frac{\partial P}{\partial i_L} \approx -3$，则由于利率变化所导致的期货合约价格变动见表 6-4。

表 6-4　期货合约价格变动（6 个月后到期的 3 个月期合约）（最小变动价位）

6 月期即期利率上涨 1 个基点	9 月期即期利率上涨 1 个基点
+2	−3

使用以上两种期货合约构造的多头套期组合头寸（买入较近交割月的合约，卖出较远交割月的合约）的价格变动见表 6-5。

表 6-5　多头套期组合头寸价格变动（最小变动价位）

	3 月期即期利率上涨 1 个基点	6 月期即期利率上涨 1 个基点	9 月期即期利率上涨 1 个基点
买入	+1	−2	
卖出		+2	−3
合计	+1	+4	−3

■ 本章小结

短期利率期货没有直接用利率而是用 100− 不带百分号的利率来报价，这是因为合约规定买方承诺名义上贷出资金而卖方承诺名义上借入资金。如果直接以利率作为期货的报价，则合约会在高买低卖时获利，这与习惯不符，在瞬息万变的期货市场上交易员很容易受习惯的误导而出错。因此，设计一种指数价格 100− 不带百分号的利率作为合约价格，使得交易员仍在低买高卖时获利，解决了这个问题。

人们需要期货是因为期货有投机和避险的功能，要实现这些功能必须保证随着到期日的临近，期货价会逐渐向现货价收敛并最终重合。如果期货价完全脱离了与现货价的关联，就会像断了线的风筝一样无所依据。这样的期货市场将成为一个赌场，但这并不是我们所需要的。

如果有实物交割，则结算价直接取期货的最后交易价即可。在套利机制的作用下，期货最后交易价一定会等于当日现货价。若不能实物交割，则必须人为规定以现货价为结算价，而最后交易价也会在套利机制的作用下与现货价相等。总之，必须保证结算价等于最后交易日的现货价。事实上，结算价、最后交易日的现货价、最后交易价将是同一个价格。由于利率期货实行现金交割，并无实际的借贷发生，因此必须人为规定，合约的最终结算价格不是期货市场的最后交易价，而是参考最后交易日现金市场利率而确定的价格。

基差为期货价与同一时刻其基础商品的现货价之差，即基差＝现货价－期货价。随着最后交易日的临近，期货价与现货价会逐渐靠拢，这种现象被称为收敛。但这里要强调的是，基差的收敛并不是严格的，在收敛的长期趋势中也会有短暂的扩大。如果说期货价是在空中飘荡的风筝，那么风筝线就是现货价，随着时间的推移，风筝线趋于收紧，期货价慢慢向现货价回归（当然，市场不总是理性的，回归需要制度保障，该制度就是期货交割制度及无风险套利机制）。

同时买进卖出两份交割月不同的合约形成的头寸称为套期组合头寸。买进较近交割月的合约、卖出较远交割月的合约形成的头寸叫多头套期组合头寸——短多长空；卖出较近交割月的合约、买进较远交割月的合约形成的头寸叫空头套期组合头寸——短空长多。

■ 本章重点

① 交易的重要日期和交易流程。
② 用最小价值变动计算盈亏。
③ 套利定价。
④ 标准化合约给避险带来的麻烦。
⑤ 短期利率期货与 FRA 的差异。

■ 练 习

1. 什么是短期利率期货？短期利率期货与 FRA 的对比是什么？

2. 假设今天（交易日 T_0）为 2021 年 5 月 5 日（周三），以今年 6 月到期的短期利率期货合约为例说明各日期的关系。

3. 再假设在交易日，1 个月期、2 个月期、3 个月期、6 个月期的即期利率分别为 $8\frac{1}{2}\%$，$8\frac{11}{16}\%$，$8\frac{3}{4}\%$，$8\frac{7}{8}\%$。在交易日 2021 年 5 月 5 日，1 个月期、2 个月期、3 个月期、6 个月期的即期利率实际上是指 5 月 7 日开始的 1 个月期、2 个月期、3 个月期、6 个月期的即期利率，分别为 31 天、61 天、92 天、184 天。用插值法推算出 42 天、136 天的即期利率为多少？同时，合理的期货价应为多少？

4. 在上例中，假设实际期货价格为 90，与我们计算的合理期货价格不一致，我们该如何操作？若实际期货价格为 95 呢？

5. 考虑一份多头套期组合——一份 3 个月到期的合约多头及一份 6 个月到期的合约空头。求组合价值变动并解释其中的含义。

6. 在第 5 题的基础上，考虑收益曲线平行移动会对该套期头寸怎样影响？

7. 在第 5 题的基础上，考虑收益率曲线上升的情况，定义 d_i 为利率的上扬程度。同时，假设 6 个月期利率的上扬程度大于 3 个月期利率的上扬程度，9 个月期利率的上扬程度大于 6 个月上扬程度。这会怎样影响套期组合头寸的价值变动?

■ 练习答案

1. 短期利率期货是一份为将来发生的资金借贷约定金额、利率、期限和交割日的合约。关于短期利率期货与 FRA 的对比见本章 6.6 节。

2. T_0：交易日，2021 年 5 月 5 日（周三），期货交易的执行日。

T_{SPOT}：即期日，2021 年 5 月 7 日（周五），为交易日之后 2 个工作日。

T_D：最后交易日，合约到期日，2021 年 6 月 16 日（周三），为交割月的第三个星期三。

交割日：2021 年 6 月 17 日（周四），最后交易日之后的第一个营业日，完成最后一次交割额。

T_S：2021 年 6 月 18 日（周五），期货约定的名义资金借贷的开始日，也就是 T_D 之后 2 个工作日。

T_L：2021 年 9 月 20 日（周一），期货约定的名义资金借贷的到期日，T_S 之后 3 个月。

3. 利用插值法计算 42 天的即期利率为 $\left(8\frac{1}{2} + \left(8\frac{11}{16} - 8\frac{1}{2}\right) \times \frac{41-31}{61-31}\right)\% = 8.57\%$。

同理，可计算出 136 天的即期利率为 $\left(8\frac{3}{4} + \left(8\frac{7}{8} - 8\frac{3}{4}\right) \times \frac{133-92}{184-92}\right)\% = 8.81\%$。

以上计算的就是 i_S 和 i_L，分别为 8.57% 和 8.81%，我们可以由此计算出期货交易日关于 T_S 至 T_L 的均衡远期利率，为

$$i_F = \left[\frac{1 + 8.81\% \times \frac{136}{360}}{1 + 8.57\% \times \frac{42}{360}} - 1\right] \times \frac{360}{94}$$

即 $i_F = 8.83\%$，从而合理的期货价格应为 91.17。

4. 我们计算的合理期货价格为 91.17，而实际期货价格为 90，比我们计算的结果低，这时我们可以采取以下操作：

在交易日 2021 年 5 月 5 日，按 8.81% 的利率借入 136 天期资金，同时按 8.57% 的利率马上把这笔资金拆出，为期 42 天，同时买进 6 月到期的 3 个月期的短期利率期货，将 2021 年 6 月 18 日至 2021 年 9 月 20 日远期对远期资金拆出的利率锁定为 10%。

我们会发现采取以上操作将获得无风险套利收益。

当实际期货价格为 95 时，我们可以在交易日 2021 年 5 月 5 日按 8.57% 的利率借入一笔为期 42 天的资金，同时卖出 6 月到期的 3 个月期的短期利率期货，并按 8.81% 的利率贷出 136 天此资金，据此也可获得无风险套利收益。

5. 对于 3 个月后到期的 3 个月期合约，$t_L = 6M$，$t_S = 3M$，$t_F = 3M$。$\partial P / \partial i_S \approx 1$，$\partial P / \partial i_L \approx -2$，则由于利率变化所导致的期货合约价格变动参见表 6-3。

对于 6 个月后到期的 3 个月期合约，$t_L=9M$，$t_S=6M$，$t_F=3M$。$\partial P/\partial i_S \approx 2$，$\partial P/\partial i_L \approx -3$，则由于利率变化所导致的期货合约价格变动参见表 6-4。

使用以上两种期货合约构造的多头套期组合头寸（买入较近交割月的合约，卖出较远交割月的合约）的价格变动参见表 6-5。

其含义为：3 个月利率上升 1 个基点，套期组合头寸将上扬 1 个最小变动价位。

6 个月利率上升 1 个基点，套期组合头寸将下跌 4 个最小变动价位。

3 个月利率上升 1 个基点，套期组合头寸将上扬 3 个最小变动价位。

6. 平行移动有

$$(+1)\times(+1)+(-4)\times(+1)+(+3)\times(+1)=0$$

即收益曲线平行移动对于套期头寸没有影响。

7. 由题意知，$d_9 > d_6 > d_3$，且 $d_9 - d_6 > d_6 - d_3$。

套期组合头寸价值变化为

$$(+1)\times d_3+(-4)\times d_6+(+3)\times d_9 = 3(d_9-d_6)-(d_6-d_3)$$

因为 $d_9 - d_6 > d_6 - d_3$，所以 $3(d_9-d_6)-(d_6-d_3)>0$，即如果收益率曲线为正，且斜率上升，那么多头套期组合一定获利。

第7章

债券和股票指数期货

尽管以对应资产交易量衡量,短期利率期货是排名第一的金融期货种类,但若以合约每日的交易量衡量,具体而言,债券期货——芝加哥期货交易所的美国国债合约则是交易最频繁的金融期货。大多数主要的期货交易所都至少提供一种此类合约。有些交易所,如芝加哥期货交易所,沿着整个收益率曲线提供各种期限的合约。而另一些交易所,如伦敦国际金融期货交易所,则提供以各种主要货币计价的国债合约。股指期货是一种与债券期货有着类似定价方法的期货合约。

7.1 债券期货的几个重要概念

由于债券期货和大多数商品期货一样,是以未来某一日期对一种有形资产——某种特定债券的交割为基础的,因此债券期货的定义很容易从一般期货的定义中推出:买卖双方约定在未来某日以确定价格交易一定数量的某种特定债券的合约。

中国金融期货交易所的2年期国债期货合约相关内容见表7-1。

表7-1 2年期国债期货合约

合约标的物	面值为200万元、票面利率为3%的名义中短期国债
可交割国债	发行期限不高于5年、合约到期月份首日剩余期限为1.5~2.25年的记账式附息国债
报价方式	百元净价报价
最小变动价位	0.005元
合约月份	最近的3个季月(3月、6月、9月、12月中的最近3个月循环)
交易时间	9:30—11:30,13:00—15:15
最后交易日交易时间	9:30—11:30

(续)

每日价格最大波动限制	上一交易日结算价的±0.5%
最低交易保证金	合约价值的0.5%
最后交易日	合约到期月份的第二个星期五
最后交割日	最后交易日后的第三个交易日
交割方式	实物交割
交易代码	TS
上市交易所	中国金融期货交易所

中国金融期货交易所交易的 2 年期国债期货合约的标的物是票面利率为 3% 的名义 2 年期国债，可用于交割的债券为发行期限不高于 5 年、合约到期月份首日剩余期限为1.5～2.25 年的记账式附息国债。如果交割的债券只能是票面利率为 3% 的 2 年期国债，那么可能会出现没有可供交割的债券或可供交割的债券发行量较小而出现价格操纵的问题。因此，债券期货合约都规定了可以用任何一种期限满足交割要求的债券完成交割，但交割时必须在以标准券（票面利率为 3% 的 2 年期国债）价格报出的交割价的基础上加以调整，以反映实际交割券与标准券在息票率上的差异。这种调整是靠转换因子（Conversion Factor）完成的。

$$转换因子 = \frac{交割日交割券净价}{交割日标准券净价}$$

$$债券净价 = 全价 - 应计利息$$

债券的市场报价（Quoted Price）一般不包括自上一次息票支付日至报价日期间的应计利息（Accrued Interest），所以也被称为净价（Clean Price）。而债券购买者购买债券所支付的价格被称为现金价格（Cash Price），包括市场报价和应计利息，所以也被称为全价（Dirty Price）。

卖出一份期货的交易商如果选择实物交割，并且是标准券，则交割日支付 20 000 张标准券后收到现金（FP+ACC）×20 000 元人民币，买方则收取 20 000 张标准券并支付现金（FP+ACC）×20 000 元人民币。其中，FP 为期货价，即一张标准券的净价；ACC 为标准券在交割日的应计利息。

以 FP 交易一份债券期货意味着约定以 FP 的净价交易一张标准券，实物交割时要想取得一张标准券还需另外支付当天的应计利息，即必须支付标准券的全价。

一张债券面值 100 元人民币，中国金融期货交易所一份 2 年期国债期货约定的是 20 000 张债券的交易，所以计算实物交割的金额时要乘以 20 000。

如果选择非标准券 i 完成实物交割，则买方支付（FP×CF_i+ACC_i）×20 000 元人民币才能取得 20 000 张交割券 i。其中，CF_i 为交割券 i 的转换因子；ACC_i 为交割券 i 在交割日的应计利息。

债券期货约定的是标准券的净价，要以非标准券完成实物交割就必须用该交割券的转

换因子 CF_i 来调整以反映该交割券与标准券在息票率上的差异，再加上该交割券在交割日的应计利息得出实物交割时一张该交割券的全价。

标准券的 CF 等于 1，其他条件不变的情况下，息票率越高，CF 值越大。

CF 由交易所计算确定并公布，交易商据此确定各交割券的发票金额（Invoice Amount）。

$$\text{INVAMT} = \text{FP} \times \text{CF} + \text{ACC}$$

发票金额：在交割日为取得一张交割券所需支付的金额。

7.2 债券期货的现金-持有定价法

债券期货定价仍然采用无套利分析。考虑某交易商在交割月之前某时实施以下交易策略：①以自有资金垫支，买入 100 000 美元面值的某种可交割债券；②通过回购协议融入资金收回自有资金；③卖出一份债券期货；④持有现货、期货两个头寸直至交割日；⑤对期货进行实物交割，取得资金偿还回购的融资。图 7-1 展示了该交易策略的现金流量。

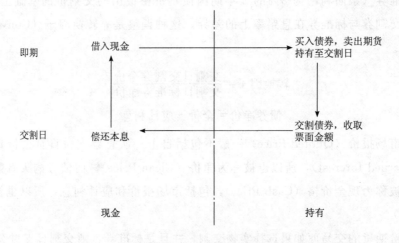

图 7-1 交易策略现金流量

该组交易没有承担风险（借款利率、债券购买价格、债券卖出价格全部确定），没有投入本金，所以不应该有收益。即期的净现金流为 0，交割日（Delivery Date）的现金流出为

$$(P + \text{ACC}_0)(1 + rt)$$

现金流入为

$$\text{FP} \times \text{CF} + \text{ACC}_D + \sum_{i=1}^{N} \text{CPN}_i (1 + rt_{i,D})$$

两者应该相等，由此推出债券期货的定价公式

$$\text{FP} = \frac{(P + \text{ACC}_0)(1 + rt) - \text{ACC}_D - \sum_{i=1}^{N} \text{CPN}_i (1 + rt_{i,D})}{\text{CF}}$$

式中，P 为实施策略时的现货价（净价）；CF 为转换因子；ACC_0 为现券买进时的累计利息；ACC_D 为交割日的累计利息；r 为回购利率；CPN_i 为持有期内债券第 i 次支付的利息，即支付第 i 次息票（Coupon）；t 为持有头寸的时间长度（年）；$t_{i,D}$ 为第 i 次付息到交割日的时间长度（年）；FP 为实施策略时的期货价。

如果上述交易能够盈利，则一定会被大量复制，市场价格也会被改变。交易盈利意味着

$$FP \times CF + ACC_D + \sum_{i=1}^{N} CPN_i(1+rt_{i,D}) > (P+ACC_0)(1+rt)$$

大量的套利交易会使 r 上升，P 上升，FP 下降，其他参数不变，现金的流入流出逐渐平衡，最终套利空间消失，等式恢复。如果上述交易出现亏损，则反向设计套利交易即可。可见，满足定价公式的价格才是均衡的、稳定的。

7.3 运用债券期货进行套期保值的基本策略

若持有一种债券，为避免价格下跌带来损失，可卖出期货合约以避险。但卖出多少合约是合适的呢？设持有的债券面值为 AP，即 AP/100 张，若现券价格每张下跌 ΔP，则现券损失 $AP/100 \times \Delta P$。现券价格下跌，卖出期货将获利，如果盈亏正好相抵，则保值成功。假设卖出的期货面值为 AF，即 AF/100 张，则期货获利为 $AF/100 \times \Delta FP$，应使 $AP/100 \times \Delta P = AF/100 \times \Delta FP$，即

$$AF = AP \times \Delta P / \Delta FP$$

$$FP = \frac{(P+ACC_0)(1+rt) - ACC_D - \sum_{i=1}^{N} CPN_i(1+rt_{i,D})}{CF}$$

在持有头寸时间很短的情况下，r、$\sum_{i=1}^{N} CPN_i(1+rt_{i,D})$、$ACC_0$、$t$ 不会有大的变化，可忽略，CF、ACC_D 则不会有变化，因此，$\Delta FP \approx \Delta P \times (1+rt)/CF \approx \Delta P/CF$。所以，$AF \approx AP \times CF$。

7.4 股票指数

在介绍股指期货之前，我们应对股票指数的概念和计算有所了解。股票指数是由证券交易所或金融服务机构编制的，表明股票市场行情的一种供参考的指示数字。人们常常从股票市场中选择若干种富有代表性的样本股票，并计算这些样本股票的价格平均数，并将其转化为指数，用以表示整个市场的股票价格总趋势及涨跌幅度。下面我们介绍股票算术平均价格指数和股票加权平均价格指数的计算。

1. 股票算术平均价格指数

首先选定某个日期作为基期,计算基期样本股票价格 $P_{0,i}$ 的算术平均值 $\overline{P_0}$。同时,令基期的股票指数 I_0 为某个固定值,一般设定为 100 或 1 000 等。然后再针对计算期,计算出样本股票价格 $P_{1,i}$ 的算术平均值 $\overline{P_1}$。最后将计算期样本股票的算术平均值 $\overline{P_1}$ 转换成计算期的股票指数 I_0。具体计算如下:

基期 $\quad \overline{P_0} = \dfrac{P_{0,1}+P_{0,2}+\cdots+P_{0,i}+\cdots+P_{0,n}}{n}$, $I_0 = 100$

计算期 $\quad \overline{P_1} = \dfrac{P_{1,1}+P_{1,2}+\cdots+P_{1,i}+\cdots+P_{1,n}}{n}$, $I_1 = I_0 \dfrac{\overline{P_1}}{\overline{P_0}}$

2. 股票加权平均价格指数

股票加权平均价格指数的计算过程与股票算术平均价格指数完全一样。具体计算如下:

基期 $\quad \overline{P_0} = \dfrac{G_1 P_{01}+G_2 P_{02}+\cdots+G_n P_{0n}}{\sum_{i=1}^{n} G_i}$, $I_0 = 100$

计算期 $\quad \overline{P_1} = \dfrac{G_1 P_{11}+G_2 P_{12}+\cdots+G_n P_{1n}}{\sum_{i=1}^{n} G_i}$, $I_1 = I_0 \dfrac{\overline{P_1}}{\overline{P_0}}$

式中,G_i 为权重。

7.5 股指期货合约的定义

按照期货的一般定义,股指期货是一份约定按一定条件在未来买卖股指的协议。但是这就存在两个问题了,一是并不存在股指的实物可供交易;二是股指是一种相对价格,而非绝对金额。第一个问题使得股指期货只能进行现金交割,而第二个问题要求我们为指数约定一个单价以使指数转变为具体的绝对金额,这个单价就是股指期货中的乘数。例如,沪深 300 股指期货约定的乘数为每点 300 元,如果以 3 000 点的价格买进一份期指,到期的交割价为 3 100 点,则盈利 3 万元。因此,股指期货是指买卖相应股指面值的合约,股指面值是指指数乘以乘数所得的金额。中国金融期货交易所交易的中证 500 股指期货合约相关内容见表 7-2。

表 7-2 中证 500 股指期货合约

合约标的物	中证 500 指数
合约乘数	每点 200 元
报价单位	指数点

(续)

最小变动价位	0.2 点
合约月份	当月、下月及随后两个季月
交易时间	9:30—11:30, 13:00—15:00
每日价格最大波动限制	上一个交易日结算价的 ±10%
最低交易保证金	合约价值的 8%
最后交易日	合约到期月份的第三个周五，遇国家法定假日顺延
交割日期	同最后交易日
交割方式	现金交割
交易代码	IC
上市交易所	中国金融期货交易所

7.6 股指期货的现金-持有定价法

和债券期货一样，股指期货也是用现金-持有法定价的。在介绍股指期货的现金-持有定价法之前，先介绍复制指数的技术。复制指数指的是建立一个股票组合头寸，使其价值随时与股指的面值保持一致。持有这个组合头寸就犹如持有一份指数一样。

要达到这样的效果，我们必须按以下要求进行操作：

首先，只选择指数的成分股进入组合并且应包括全部成分股。

其次，总投资额等于构建头寸时的指数面值。

再次，购买的总股数等于总投资额除以构建头寸时的综合价格。

最后，各成分股买入的股数应等于总股数乘以其在股指中的权重。

假设标的指数有 3 种成分股 A、B、C，计算指数时的权重分别为 k_1、k_2、k_3，$k_1+k_2+k_3=1$，指数的乘数为 M。

基期 t_0
$$\overline{P_0}=k_1 P_{A0}+k_2 P_{B0}+k_3 P_{C0}$$

t_1
$$\overline{P_1}=k_1 P_{A1}+k_2 P_{B1}+k_3 P_{C1}, \quad I_1=I_0\frac{\overline{P_1}}{\overline{P_0}}$$

此时构建复制指数的头寸，分别买进 A、B、C 3 种股票各 $k_1 l$、$k_2 l$、$k_3 l$ 股，总投资 $I_1 M$ 元，即

$$k_1 l P_{A1}+k_2 l P_{B1}+k_3 l P_{C1}=I_1 M, \quad l\overline{P_1}=I_1 M$$

t_2
$$\overline{P_2}=k_1 P_{A2}+k_2 P_{B2}+k_3 P_{C2}, \quad I_2=I_0\frac{\overline{P_2}}{\overline{P_0}}, \quad \frac{I_2}{I_1}=\frac{\overline{P_2}}{\overline{P_1}}$$

此时头寸价值为

$$k_1 l P_{A2} + k_2 l P_{B2} + k_3 l P_{C2} = l \overline{P_2} = l \overline{P_1} \frac{I_2}{I_1} = I_1 M \frac{I_2}{I_1} = I_2 M$$

组合头寸的价值随时与股指的面值保持一致。下面我们介绍股指期货的现金-持有定价法。考虑以下在交割日前实施的交易策略：①以自有资金垫支，建立一个复制指数的组合头寸；②通过抵押融资融入资金，收回自有资金；③卖出一份股指期货；④持有现货、期货两个头寸直至交割日；⑤对期货进行现金交割，卖出股票篮子，偿还抵押融资。该交易策略仅在期货的交割环节与债券期货存在差异。这样的交易无风险、无本金，不应有盈亏。即期的净现金流为 0，交割日的现金流入为

$$(FP - I_1)A + I_1 A + \sum_{i=1}^{n} \text{DIV}_i \times (1 + rt_{i,D})$$

现金流出为

$$I_0 A (1 + rt)$$

因此，有

$$(FP - I_1)A + I_1 A + \sum_{i=1}^{n} \text{DIV}_i \times (1 + rt_{i,D}) = I_0 A (1 + rt)$$

$$FP = I_0 \times (1 + rt) - \frac{1}{A} \sum_{i=1}^{n} \text{DIV}_i \times (1 + rt_{i,D})$$

式中，FP 为实施交易策略时的期货价格；r 为拆借利率；I_0 为实施交易策略时的指数；t 为持有头寸的期限（年）；I_1 为交割日指数；$t_{i,D}$ 为从第 i 次派息到交割日的时间（年）；A 为乘数；DIV_i 为第 i 次派息的金额。

如果上述交易能够盈利，则一定会被大量复制，市场价格也会被改变。交易盈利意味着

$$(FP - I_1)A + I_1 A + \sum_{i=1}^{n} \text{DIV}_i (1 + rt_{i,D}) > I_0 A (1 + rt)$$

大量的套利交易会使 r 上升，I_0 上升，FP 下降，其他参数不变，现金的流入流出逐渐平衡，最终套利空间消失，等式恢复。如果上述交易出现亏损，则反向设计套利交易即可。可见，满足定价公式的价格才是均衡的、稳定的。

■ 本章小结

债券期货和股指期货的定价仍是依靠无套利分析法。两者的不同之处在于股指期货只能现金交割，而债券期货可以实物交割。另外，股票的现金红利事先并不确定，因此股指期货的定价并不严格。有效市场中，承担相同的风险应获得相同的收益。

■ 本章重点

① 转换因子的作用。
② 净价的含义。
③ 现金-持有定价法的步骤和原理。
④ 复制指数的方法。
⑤ 股票转化为现金和现金转化为股票的原理。

■ 练 习

1. 理解转换因子的作用和等式。
2. 一张标准债券面值 100 元，若一份期货约定的是 1 000 张债券的交易，假定此时最新的期货成交价格为 85-00 元，交割债券的转换因子为 1.340 0，同时在交割时面值为 100 元的债券累计利息为 5 元，问买方需要支付多少金额才能取得这 1 000 张标准交割券？
3. 假定某一国债可交换债券的券息率为 10%，转换因子为 1.400 0。假定已知期货交割日为 240 天，每半年支付一次券息。已知上次支付券息是在 30 天前，下一次券息支付在 150 天后，再下次支付券息是在 330 天后。年利率为 8%，同时假定债券当前报价为 110 元，求债券期货的价格。
4. 在上题中，若此时债券的期货报价为 80 元，则是否存在套利活动？如何进行套利？
5. 某客户持有一种 1 000 张债券，每张债券的面值为 110 元。在持有头寸时间很短的情况下，为避免价格下跌带来损失，我们可卖出相应数量的期货合约用于避险。转换因子为 1.500 0，求此时应该卖出的期货数量。
6. 某客户如果以 3 500 点的价格买进一份沪深 300 股指，到期的交割价为 3 700 点，问该客户盈利多少？如果到期交割价为 3 200 点，又会发生什么情况？
7. 通过部分抽样方法得到的股票组合来复制沪深 300 指数是怎样操作的？原则是什么？
8. 在 2007 年 9 月 5 日，投资者所持有的股票组合（贝塔系数为 1）总价值为 1 500 万元，当时沪深 300 指数为 5 000 点，投资者预计未来 3 个月股票市场将会下跌，但由于该投资者所持有的股票组合年底分红较强，因此投资者决定用本年底 12 月到期的沪深 300 指数期货来对其股票组合进行空头套期保值。假设当时 9 月 5 日的沪深 300 指数期货合约的价格为 5 500 点，问投资者需要卖出多少张沪深 300 指数期货合约？假设当时间到 12 月 15 日，沪深 300 指数降为 4 700 点，此时期货价值也降为 5 270 点，问该操作具体实施效果如何？

■ 练习答案

1. 债券期货合约规定了可以用任何一种期限足够长的债券完成交割,但交割时必须在以标准券(息票率为 8% 的国债)价格报出的交割价的基础上加以调整,以反映实际交割券与标准券在息票率上的差异。这种调整是靠转换因子完成的。

$$\text{转换因子} = \frac{\text{交割日交割券净价}}{\text{交割日标准券净价}}$$

2. 当期货空头交割债券时,对于每一张 100 元面值的标准债券,买方需要支付

$$FP \times CF_i + ACC_i = 85.00 \times 1.34 + 5 \text{ 元} = 118.90(\text{元})$$

又因为一份期货约定了 1 000 张债券的交易,因此卖方要支付 118 900 元才能取得这 1 000 张 100 元面值的标准交割券。

3. 债券券息为 $100 \times 10\%/2 = 5$,债券的现金价格等于其债券当前报价加上上次付息到今天的累计利息,因此 $P + ACC_0 = 110 + 5 \times 30/(30+150) = 110.833$(元);在 150 天后,债券将收到 5 元的券息,因此 $CPN_i = 5$;在交割日会有 90 天累计利息,为 $5 \times 90/180 = 2.5$(元),因此 $ACC_D = 2.5$(元);又因为 $CF = 1.400\ 0$。期货报价为

$$FP = \frac{110.833 \times \left(1 + 0.08 \times \frac{240}{360}\right) - 5 \times \left(1 + 0.08 \times \frac{90}{360}\right) - 2.5}{1.40} = 77.96(\text{元})$$

即债券期货的报价应为 77.96 元。

4. 上题中,我们计算的债券期货价格为 77.96 元,比实际期货报价 80 元低,因此债券期货价格被高估,可以采取以下操作进行无风险套利:

1) 以自有资金垫支,买入 1 000 张面值的这种可交割债券。
2) 通过回购协议融入资金收回自有资金。
3) 卖出一份该债券期货。
4) 持有现货、期货两个头寸直至交割日。
5) 对期货进行实物交割,取得资金偿还回购的融资。

此操作可获得收益为

$$(1.40 \times 80 - 1.4FP) \times 1\ 000 = 2\ 856(\text{元})$$

即可无风险套利 2 856 元。

5. 我们知道在持有头寸时间很短的情况下,卖出的期货面值可近似等于 $AP \times CF$。因此,此时应该卖出期货面值为 $110 \times 1\ 000 \times 1.5 = 165\ 000$,则应该卖出相应的期货数量为 1 650 张。

6. 若客户以 3 500 点价格买进股指,到期交割价为 3 700 点,因此该笔交易盈利为 200 点,又因为沪深 300 股指期货约定的乘数为每点 300 元,所以该客户收益为 60 000 元;同理,若到期交割价为 3 200 点,则该客户亏损为 90 000 元。

7. 部分抽样复制指数是选取成分股中的某一部分股票，根据不同的方式进行动态组合从而达到复制沪深 300 指数的目的。选取股票池的原则有两个：一是股票池的权重要尽可能大，流动性要尽可能好；二是投资组合的跟踪误差要尽可能小。

8. 投资者需要卖出

$$N=\frac{15\,000\,000}{5\,000\times 300}=10(张)$$

当时间到 12 月 15 日，沪深 300 指数降为 4 700 点，投资者股票组合损失了 $10\times(5\,000-4\,700)\times 300=900\,000$（元）。但是，此时沪深 300 指数期货也降为 5 270 点，因此该投资者可以在期货市场上赚（5 500－5 250）×300×11＝825 000（元），基本弥补在股票市场的亏损，实现套期保值。

第8章

互　换

互惠掉换（Swap），简称互换或掉换，有各种不同的形态，如不同期限之间的互换（可以称为掉期）、不同利率之间的互换（如固定利率与浮动利率之间的互换，称为利率互换，或者可以称为掉利）、不同币种之间的互换（称为货币互换，或者可以称为掉币）等。大量的互换衍生品都是短期工具（如前文讲述的远期对远期外汇互换、综合远期外汇协议等），而利率互换和货币互换则往往期限长于1年。因此，利率互换和货币互换的定价与金融市场对未来的预期紧密联系在一起。本章我们主要对利率互换和货币互换进行介绍。

8.1　标准互换

1. 标准的利率互换

1）双方之间的一种协议。

2）协议双方均同意按以下条件向对方定期支付利息，即按以下条件交换利息现金流：

① 支付是于事先确定的一系列未来日期进行的。

② 利息按某一名义本金额计算。

③ 双方所付款项为同一货币。

3）协议买方支付固定利率利息，收取浮动利率利息。固定利率在互换开始时已确定，固定利率也被称为互换利率（Swap Rate）。

4）协议卖方支付浮动利率利息，收取固定利率利息。浮动利率在互换协议期间参照某一特定市场利率确定。

5）没有本金的交换，只有一系列利息的现金流交换。

2. 标准的货币互换

除了以下几项外，其余定义与标准的利率互换相同：

1) 互换双方支付利息的货币不同。
2) 在协议到期时始终会有本金交换。
3) 在生效日可以有也可以没有本金的交换。
4) 双方的利息支付可以是以下任意一种情形：
① 均为固定利率。
② 均为浮动利率。
③ 一方为固定利率，一方为浮动利率。

8.2 以利率互换为例展示互换中各重要日期间的关系

利率互换是一种可以用来转变长期债务或债权的利率风险特性的衍生品。如果你借入（或贷出）一笔长期的浮动利率贷款，而又预感到市场利率将会上升（或下跌），那么，你可以购买（出售）一份利率互换合约，转变成可以支付（或收取）固定利率的利息。我们可以用图 8-1 和图 8-2 来描述利率互换合约买方和卖方的未来现金流和各重要日期之间的关系。

1) 固定利息支付方的现金流。

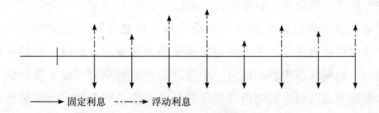

图 8-1 利率互换买方的现金流和重要日期

注：箭头向上代表流入，箭头向下代表流出。

2) 浮动利息支付方的现金流。

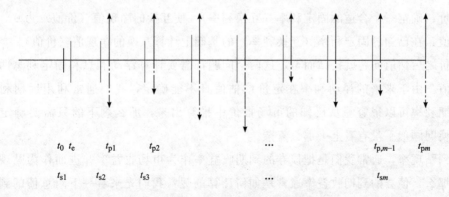

图 8-2 利率互换卖方的现金流和重要日期

t_0：交易日。互换协议签订之日，约定协议本金、固定利率、支付频率及日期计算项（算法）。

t_{s1}：第一个定息日。确定互换第一阶段的浮动利率，大部分互换采用 LIBOR 为浮动利率的参照市场利率。通常 $t_{s1} = t_0$。

t_e：生效日。开始计息的日子，通常在 t_0 和 t_{s1} 后两个工作日。

t_{p1}：第一个支付日。按照协议本金、在 t_{s1} 确定的浮动利率、在 t_0 确定的固定利率计算双方各应支付的浮动利息和固定利息，在 t_{p1} 支付净额。t_{p1} 也是第二个阶段的起息日。

t_{s2}：第二个定息日。确定互换第二阶段的浮动利率，在 t_{p1} 之前两个工作日。

t_{sm}：最后一个阶段的到期日，也是互换的到期日，进行最后一次利息净额的支付。

每个阶段的起息日是本阶段的开始日，也是上一阶段的结束日、支付日。每个阶段起息日的前两个工作日为该阶段的定息日，为计算该阶段的浮动利息确定浮动利率。

8.3 利率互换的定价——零息票互换定价法

利率互换的定价指的是确定一个恰当的固定利率（即互换利率），使之与协议期限内一系列的浮动利率相匹配。原则是，互换双方在各期产生的现金流的净现值应为 0，支付的利息与收取的利息现值应相等。直觉告诉我们，这样一个固定利率应是协议期限内一系列浮动利率的平均值，稍后我们将证明这一点。

要确定浮动利息的现值就需要知道浮动利率，但是在互换定价时，即在互换的交易日，互换各阶段的浮动利率——未来的即期利率是不知道的。此时，我们可以以对未来即期利率的预期——远期利率为基础确定一个合理的固定利率来完成互换的定价。由此达成的互换交易，预期的浮动利息的现值与固定利息的现值是相等的，互换的预期净现金流为 0，互换合约的价值为 0。

交易一完成，市场对未来即期利率的预期就可能发生变化，预期的浮动利息的现值与固定利息的现值就可能不相等了，互换合约的价值不再为 0，可能存在盈利或者亏损。这就出现了互换的估值问题——计算已有互换合约的价值。

定价：确定一个合适的固定利率（互换利率），使互换的净现值（价值）为 0。

估值：在已知的固定利率（互换利率）的基础上计算互换的净现值（价值）。

定价之后估值问题就接踵而至，这两个问题都需要计算浮动利息和固定利息两组现金流的现值。由于未来的浮动利率在定价或估值日不能确定，我们通常利用远期利率来替代。远期利率可以很容易从已知的市场报价中推算出来，那么剩下的只需要确定贴现率了。互换问题似乎没有看上去那么复杂。

说到贴现率，通常我们是把债券的到期收益率作为市场收益率并进而作为贴现率来使用的。那么，债券的到期收益率通常是如何计算的呢？我们先来看一下附息债的到期收益率是如何确定的。

如果一张债券的交易价格为 P，票面利率为 i，面值 100 元，剩余期限 n 年，按年付息，到期还本，则该债券的到期收益率 r 就是能使式(8-1)成立的贴现率：

$$P = \frac{100i}{1+r} + \frac{100i}{(1+r)^2} + \cdots + \frac{100i}{(1+r)^n} + \frac{100}{(1+r)^n} \tag{8-1}$$

式中，r 为一次支出 P 分 n 次收回投资所获得的收益率，反映了从一次支出 P 到后面 n 次收回投资整个过程的资产增值的速度。所以，式(8-1)所确定的收益率 r 其实是不能称为到期收益率的，到期收益率应是一次支出到后面一次收回投资整个过程所实现的收益率。式(8-1)所计算的到期收益率叫"名义到期收益率"也许更合适，未来一次性收回初始投资所实现的收益率可以称为"实际到期收益率"，这两者之间会有怎样的差异呢？名义到期收益率反映的是从一次支出到后面 n 次收回投资整个过程所实现的收益率。要计算附息债的实际到期收益率，就必须计算出各期利息在债券到期时的终值，而这取决于各期利息再投资所实现的收益率，这个收益率并不是确定的，这就使名义到期收益率与实际到期收益率很可能不一致。例如，一张 3 年期的附息债，息票利率为 10.466%，在下面两种利率环境中会有相同的名义到期收益率，但实际到期收益率却不会相同。两种情况下的现金流如图 8-3 所示。

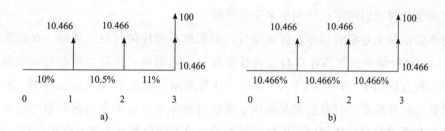

图 8-3 不同利率环境下 3 年期附息债的现金流

连续 3 年的 1 年期利率分别为 10%、10.5%、11%。
附息债的价格应为

$$P = \frac{10.466}{1+10\%} + \frac{10.466}{(1+10\%)(1+10.5\%)} + \frac{10.466+100}{(1+10\%)(1+10.5\%)(1+11\%)}$$
$$= 100$$

连续 3 年的 1 年期利率均为 10.466%。
附息债的价格应为

$$P = \frac{10.466}{1+10.466\%} + \frac{10.466}{(1+10.466\%)^2} + \frac{10.466+100}{(1+10.466\%)^3}$$
$$= 100$$

交易价格均为 100 元，各期利息均为 10.466 元，所以两种情况下的名义到期收益率均为 10.466%。那么两种情况下的实际到期收益率呢？我们先计算出未来各期现金流的终值，并将终值视为初始投资 100 元 3 年后的一次性回报，从而计算出实际到期收益率。具体计算过程如下：

终值＝10.466×(1+10.5%)×(1+11%)＋   终值＝10.466×(1+10.466%)²＋
　　　10.466×(1+11%)＋   10.466×(1+10.466%)＋
　　　10.466+100   10.466+100
　　　＝134.920 3（元）   ＝134.798 8（元）

令实际到期收益率为 r，则有

$100(1+r)^3 = 134.920\ 3$ $100(1+r)^3 = 134.798\ 8$
$r = 10.499\%$ $r = 10.466\%$

可见，名义到期收益率并不能反映投资债券到期后的真实收益情况。把"名义"二字去掉一般是暗含了一个假设条件的：各期利息均能以名义到期收益率完成再投资，就像第二种情况显示的那样。在实际当中，这样的条件是经常得不到满足的。

显然，如果我们需要确定 3 年期的贴现率，采用 3 年期附息债的名义到期收益率是不合适的，实际到期收益率才能反映 3 年期的市场利率水平，才能用于贴现。零息票利率在数值上与附息债的实际到期收益率相等，也能反映同期限的市场利率，但更容易计算，因此在给互换定价时我们用零息票利率来完成贴现。

零息票指的是无息票的债券，折价发行，到期前不做任何付息，到期一次性支付面值（见图 8-4）。这种债券由于不存在利息再投资收益率的影响，实际到期收益率与利率环境无关，而且可直接用 $P = 100/(1+r)^n$ 推出，计算简单，因此是确定市场利率、贴现率时的最佳选择。给互换定价时我们就是采用市场给出的零息票利率作为同期限的贴现率来计算固定利息和浮动利息的现值的，因此，互换的定价方法也被称为零息票定价法。

图 8-4　零息票示意图

8.4　贴现因子和贴现函数

利用一系列各种期限的零息票利率，我们可以得到一系列不同期限的贴现因子。

$$PV_K = V_K FV_K$$

式中，PV_K 为时点 K 上的现金流的现值；V_K 为时点 K 上的贴现因子；FV_K 为时点 K 上的现金流量。

$$V_K = \frac{1}{(1+Z_K)^{t_K}} \qquad t_K > 1 \qquad (8\text{-}2)$$

$$V_K = \frac{1}{1+Z_K t_K} \qquad t_K < 1 \qquad (8\text{-}3)$$

式中，Z_K 为即期至时点 K 期间的零息票利率；t_K 为即期至时点 K 的时间长度（年）。

市场只会提供 3 个月、6 个月等整月及整年的零息票利率，但互换的现金流则可能发生在任一时点上，因此必须借助插值法计算未来每个日期的贴现因子。贴现因子的全部集合称为贴现函数（时间 t 为自变量）。省略推导过程直接给出贴现函数。

$$V_K = V_1^{\frac{t_K}{t_1} \cdot \frac{t_2-t_K}{t_2-t_1}} V_2^{\frac{t_K}{t_2} \cdot \frac{t_K-t_1}{t_2-t_1}} \qquad (8\text{-}4)$$

式中，V_1 为期限为 t_1 的贴现因子；V_2 为期限为 t_2 的贴现因子；V_K 为期限为 t_K 的贴现因子。

如果时点 K 位于最早的贴现因子之前或最晚的贴现因子之后，则利用下面的公式：

$$V_K = V_n^{\frac{t_K}{t_n}} \qquad (8\text{-}5)$$

式中，V_n 为期限为 t_n 的贴现因子（或者说是已知的期限最短或最长的国库券的贴现因子）。

【例 8-1】假如现在是 2021 年 4 月 21 日，3 个月后是 7 月 21 日（91 天后），6 个月后是 10 月 21 日（183 天后）。3 个月期的零息票利率是 9.50%，6 个月期的零息票利率是 9.75%。计息的日期计算方法是"实际日期/360 天"。请问如何计算 8 月 23 日（124 天后）的贴现因子？

先计算 V_1 和 V_2：

$$V_1 = \frac{1}{1+0.0950 \times \frac{91}{360}} = 0.976\,549$$

$$V_2 = \frac{1}{1+0.0975 \times \frac{183}{360}} = 0.952\,778$$

再计算 V_K：

$$V_K = 0.976\,549^{\frac{124}{91} \times \frac{183-124}{183-91}} \times 0.952\,778^{\frac{124}{183} \times \frac{124-91}{183-91}} = 0.968\,028$$

8.5 互换利率的公式推导

利率互换的定价就是要寻找一个合适的互换利率（即互换合约中的固定利率），使得按该固定利率计算的固定利息现值等于按各远期利率计算的浮动利息现值。为了更容易理解，我们把利率互换不同时点的现金流、远期利率及贴现率通过图 8-5 展示出来。

参照图 8-5，先计算浮动利息的现值。

$$A\frac{f_0}{F}V_1 + A\frac{f_1}{F}V_2 + \cdots + A\frac{f_{K-1}}{F}V_K$$
$$= \frac{A}{F}\sum_{j=0}^{K-1} f_j V_{j+1}$$

式中，A 为协议本金；f_j 为第 j 个远期利率，时点 j 到时点 $j+1$ 期间的远期利率；f_0 为即期利率；V_j 为第 j 个贴现因子，从时点 j 贴现到即期的贴现因子；F 为支付频率，1 年支付 F 次；K 为交换利息的次数。

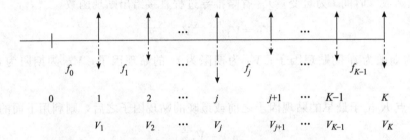

图 8-5 利率互换不同时点的现金流、远期利率及贴现率

$$V_K = \frac{1}{1+\frac{f_{K-1}}{F}} V_{K-1}$$

从时点 K 贴现到即期等价于先从 K 贴现到 $K-1$，再从 $K-1$ 贴现到即期。

$$\frac{1}{F}f_{K-1}V_K = V_{K-1} - V_K$$

$$\frac{1}{F}f_{K-2}V_{K-1} = V_{K-2} - V_{K-1}$$

$$\vdots$$

$$\frac{1}{F}f_0 V_1 = V_0 - V_1 = 1 - V_1 \qquad V_0 = 1$$

将上述等式连加后，等式两边同时乘以 A，则有

$$A\sum_{j=0}^{K-1} \frac{f_j}{F} V_{j+1} = A(1 - V_K)$$

$$A = A\sum_{j=0}^{K-1} \frac{f_j}{F} V_{j+1} + AV_K \tag{8-6}$$

假设固定利息现值等于浮动利息现值，同时令 i_K 为互换利率，则有

$$A\sum_{j=0}^{K-1} \frac{f_j}{F} V_{j+1} = A\sum_{j=0}^{K-1} \frac{i_K}{F} V_{j+1} \tag{8-7}$$

将式(8-7)代入式(8-6)可得

$$A = A\sum_{j=0}^{K-1} \frac{i_K}{F} V_{j+1} + AV_K \tag{8-8}$$

由此可推出互换利率的定价公式

$$i_K = \frac{1-V_K}{\sum_{i=1}^{K} V_i/F} \tag{8-9}$$

当 $A=100$ 时，式(8-8)成为一年付息 F 次的固定利率债券的定价公式，说明当该附息债的票面利率为 i_K 时，将按面值交易。也就是说，均衡的互换利率是市场上同结构（一年付息 F 次，共付息 K 次）的面额债券利率。因此，确定互换利率时可免去计算过程，直接取当时市场上的同结构的面额债券利率即可。另外，由式(8-6)得

$$A = A\sum_{j=0}^{K-1} \frac{f_j}{F} V_{j+1} + AV_K$$

可知，当 $A=100$ 时，式(8-6)可以理解为浮动利率债券的定价公式，这说明浮动利率债券以面值交易。

现在回顾一下互换定价的整个过程。首先根据市场提供的零息票利率和贴现函数可以获得未来任一时点的贴现因子，然后根据这些贴现因子推算出未来任意期间的远期利率。有了这些，我们就可以计算出浮动利息的现值，并确定一个合适的互换利率使得固定利息现值等于浮动利息现值，互换的定价就完成了。当然，如果市场上刚好有同结构的面额债券在交易，那么什么都不用做，直接将这种债券的票面利率作为互换利率就可以了。

还记得刚开始讨论互换利率的时候吗？我们曾有过一个直觉，既然支付的利息与收取的利息现值要相等，那么固定利率就应该是协议期限内一系列浮动利率的平均值。现在，我们来看看这个直觉是否准确。

由式(8-6)和式(8-8)，我们可以推导出式(8-10)：

$$i_K = \frac{1-V_K}{\sum_{j=0}^{K-1} V_{j+1}/F} = \frac{\sum_{j=0}^{K-1} f_j V_{j+1}/F}{\sum_{j=0}^{K-1} V_{j+1}/F} = \frac{\sum_{j=0}^{K-1} f_j V_{j+1}}{\sum_{j=0}^{K-1} V_{j+1}} \tag{8-10}$$

可见，互换利率 i_K 确实是互换期间各阶段浮动利率（远期利率）f_j 的加权平均数，权重为该阶段的贴现因子 V_{j+1}。

再来看看零息票利率与远期利率的关系。

$$V_K = \frac{1}{(1+Z_K)^{t_K}} \qquad t_K > 1$$

式中，Z_K 为从即期到 K 期区间的零息利率（即期发生一笔投资支出，直到 K 期投资结束才有投资收回，期间的收益率为零息利率）；t_K 为从即期到 K 期投资结束这段区间的长度。

$$1+Z_K = \sqrt[t_K]{\frac{1}{V_K}}$$

$$V_K = \frac{1}{1+\frac{f_{K-1}}{F}} V_{K-1}$$

从时点 K 贴现到即期等价于先从 K 贴现到 $K-1$ 再从 $K-1$ 贴现到即期。

$$V_{K-1} = \frac{1}{1+\frac{f_{K-2}}{F}} V_{K-2}$$

$$\begin{aligned}
V_K &= \frac{1}{1+\frac{f_{K-1}}{F}} V_{K-1} \\
&= \frac{1}{1+\frac{f_{K-1}}{F}} \frac{1}{1+\frac{f_{K-2}}{F}} V_{K-2} \qquad V_0 = 1 \\
&= \frac{1}{1+\frac{f_{K-1}}{F}} \frac{1}{1+\frac{f_{K-2}}{F}} \cdots \frac{1}{1+\frac{f_0}{F}} V_0 \\
&= \prod_{j=0}^{K-1} \frac{1}{1+\frac{f_j}{F}}
\end{aligned}$$

$$1 + Z_K = \sqrt[t_K]{\prod_{j=0}^{K-1}\left(1+\frac{f_j}{F}\right)}$$

若 $F=1$，则

$$1 + Z_K = \sqrt[t_K]{\prod_{j=0}^{K-1}(1+f_j)}$$

$1+Z_K$ 是各期 $1+f_j$ 的几何平均数。i_K 和 Z_K 都是 f_j 的平均数，必然非常接近。为使两者之间的关系更清楚，我们可以做一些技术处理。

与 Z_K 等价的连续复利

$$Z'_K = \ln(1+Z_K)$$

若一年交换 F 次

$$t_K F = K$$

与 f_j 等价的连续复利

$$f'_j = F \ln\left(1+\frac{f_j}{F}\right)$$

$$\begin{aligned}
Z'_K &= \frac{1}{t_K} \sum_{j=0}^{K-1} \ln\left(1+\frac{f_j}{F}\right) \\
&= \frac{1}{t_K} \sum_{j=0}^{K-1} \frac{f'_j}{F} \\
&= \frac{1}{t_K F} \sum_{j=0}^{K-1} f'_j \\
&= \frac{1}{K} \sum_{j=0}^{K-1} f'_j
\end{aligned}$$

当 Z_K、f_j 比较小时，Z_K 与 Z_K'、f_j 与 f_j' 是很接近的。因此，Z_K 近似于 f_j 的简单算术平均数，而互换利率 i_K 是 f_j 的加权平均数，权重为贴现因子 V_{j+1}。因此，对于一条上升的收益率曲线而言，f_j 总体上升，i_K 后期权重小，$i_K < Z_K$。反之则反。

我们还可以分析一下 FRA 和利率互换的关系。这两种工具均用于回避远期利率波动风险的安排，可将一份利率互换看作一组覆盖不同期间的 FRA。两者的区别在于：

1) FRA 系列中，每份 FRA 的 i_C 一般是不同的，而互换只约定一个固定利率。
2) FRA 的交割额在名义借贷发生之初支付，经过贴现，而互换的交割额在名义借贷发生之末支付，不需贴现。

如果要找一个合适的利率替代一系列 FRA 的 i_C，这个利率就是互换利率，所以互换利率应是一组 i_C（远期利率）的平均值。

8.6 利率互换的估值

前面利率互换的定价表明，利率互换合约签订时，固定利率支付和浮动利率接收的现金流现值会相等，因此，利率互换合约价值为 0。但互换利率一旦确定，也就是说，利率互换合约一旦签订，随着时间的流逝，对浮动利率的预期（即远期利率）会发生变化，利率互换合约便开始呈现出正的或负的价值。那么，如何对利率互换合约进行估值呢？我们可以将利率互换合约的现金流看作固定利率债券和浮动利率债券的现金流。下面通过一个实例来说明。

【例 8-2】 有位投资者之前购买了利率互换合约，合约规定他支付 3% 的固定利率，收取 6 个月的 LIBOR 浮动利率，名义本金为 1 亿美元，半年交换一次利息。该利率互换合约还有 1.25 年到期。3 个月、9 个月及 15 个月的 LIBOR 利率分别为 2.8%、3.2% 和 3.4%。上一次利息交换日确定的 6 个月 LIBOR 利率为 2.9%。假设计息的日期计算方法是 "30/360 天"。具体的时间点如图 8-6 所示。请问该利率互换合约的价值是多少？

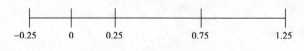

图 8-6 例 8-2 具体时间点示意图

0 时刻为即期，即估值日。

−0.25 时刻为上一次利息交换日，在该日除了进行利息交换，还会确定 −0.25 时刻至 0.25 时刻区间的浮动利率（2.9%）。

0.25 时刻为下一次利息交换日，在该日除了进行利息交换，还会确定 0.25 时刻至 0.75 时刻区间的浮动利率。

0.75 时刻为再下一次利息交换日，在该日除了进行利息交换，还会确定 0.75 时刻至

1.25 时刻区间的浮动利率。

1.25 时刻为最后一次利息交换日。利率互换合约到期。

从图 8-1 可知，利率互换合约买方的现金流包括固定利息利息支出现金流和浮动利率利息收入现金流。当我们在最后一次利息交换时，把 1 亿美元本金支出和 1 亿美元收入加上，所购成的新现金流并没有改变原有现金流（因为 1 亿美元支出和 1 亿美元收入是在同一个时间，相互抵销），但支出现金流就类似于发行 1 亿美元面值固定利率债券所导致的现金流，而收入现金流则类似于购买 1 亿美元面值浮动利率债券所导致的现金流。因此，对于买方来说，利率互换合约的价值就是浮动利率债券资产价值与固定利率债券负债价值之差。

固定利率债券的现金流是确定的，其价值估计没有问题。难点在浮动利率债券，浮动利率债券未来的利率不确定，现金流不确定。那么，这个问题怎样解决呢？我们前面已经证明了浮动利率债券是以面值交易的，因此当息票被支付后的那一刻，浮动利率债券价格是其面值。

假设债券面值是 L，下一个利息支付 k^* 发生在时间 t^*，在支付发生后的那一刻，浮动利率债券的价值为 L。而在支付发生前的那一刻，浮动利率债券的价值为 $L+k^*$。因此，浮动利率债券可以被视作仅在时间 t^* 提供现金流 $L+k^*$ 的一种金融工具。将 $L+k^*$ 贴现到即期，即得到浮动利率债券的估值。具体如图 8-7 所示。

具体到本例，L 为 1 亿美元，k^* 为 1.45 百万美元，t^* 为 0.25 年（即 3 个月）。3 个月、9 个月及 15 个月的贴现因子计算如下：

$$\frac{1}{1+0.028\times 0.25}=0.9930$$

$$\frac{1}{1+0.032\times 0.75}=0.9766$$

$$\frac{1}{(1+0.034)^{1.25}}=0.9591$$

具体计算列于表 8-1。由表 8-1 可知，对于该投资者而言，利率互换合约的价值为

100.742 3 − 100.303 1 = 0.439 2（百万美元）

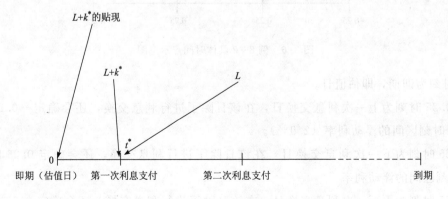

图 8-7 浮动利率债券估值

表 8-1 利率互换估值（债券法）

现金流支付时间点	固定利率债券现金流	浮动利率债券现金流	贴现因子	固定利率债券现值	浮动利率债券现值
0.25	1.5	101.450	0.993 0	1.489 5	100.742 3
0.75	1.5		0.976 6	1.464 9	
1.25	101.5		0.959 1	97.348 7	
总计				100.303 1	100.742 3

8.7 货币互换的定价与估值

针对美元和人民币，我们先看固定利率-固定利率货币互换。

对于美元，互换中存在如图 8-8 所示的现金流，该现金流净现值应该为 0。

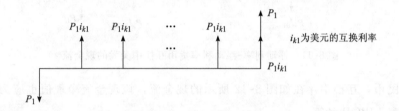

图 8-8 固定利率-固定利率货币互换中美元的现金流

对于人民币，互换中存在如图 8-9 所示的现金流，该现金流净现值也应为 0。

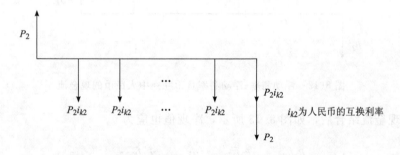

图 8-9 固定利率-固定利率货币互换中人民币的现金流

将两组现金流结合后如图 8-10 所示，净现值也应为 0。

当 P_1 按即期汇率计算与 P_2 等值时，即期的本金 P_1 和 P_2 可以抵销，此时的本金交换可有可无。

图 8-10 所示为固定利率-固定利率货币互换的现金流，互换的定价方法是两种货币的利率均为各自利率互换中的互换利率。

再来看浮动利率-浮动利率货币互换。

对于美元，互换中存在如图 8-11 所示的现金流，该现金流净现值应为 0。浮动利息按市场利率 LIBOR 计算。

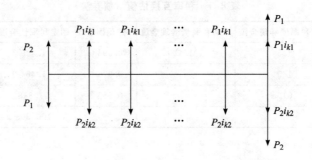

图 8-10　固定利率-固定利率货币互换的现金流

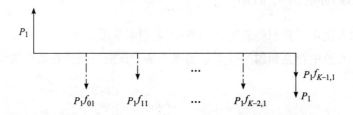

图 8-11　浮动利率-浮动利率货币互换中美元的现金流

对于人民币，互换中存在如图 8-12 所示的现金流，该现金流净现值也应为 0。浮动利息按市场利率 LIBOR 计算。

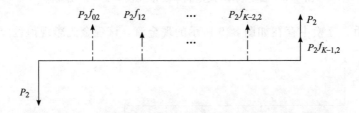

图 8-12　浮动利率-浮动利率货币互换中人民币的现金流

将两组现金流结合后，如图 8-13 所示，净现值也应为 0。

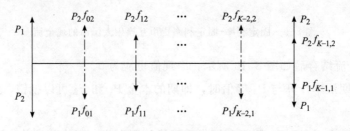

图 8-13　浮动利率-浮动利率货币互换的现金流

将两种货币的本金设计成等值，即 P_1 按即期汇率计算与 P_2 等值，则即期的本金 P_1 和 P_2 可以抵销，此时的本金交换可有可无。图 8-13 所示为浮动利率-浮动利率货币互换的现金流，互换的定价方法是两种货币的利率均为各自的 LIBOR 市场报价。

对于固定利率-浮动利率货币互换的定价,将固定利率定为该货币利率互换的互换利率,浮动利率定为该货币的 LIBOR 市场报价,本金设计为按即期汇率计算等值即可。

货币互换的估值与利率互换的原理是一样的。如果视作债券,则先分别计算收入现金流和支出现金流的现值,再按即期汇率换算成同一种货币,最后得出净现值即所持互换的价值。如果视作远期协议组合,则先分别计算远期价格,再算出每现金流交换时刻的净现流,最后贴现加总即可得出互换的价值。

8.8 货币互换与远期外汇交易组合

从货币互换的定义和现金流来看,货币互换与一系列远期外汇交易组合极为相似。为此,我们下面对货币互换与远期外汇交易的现金流是否一致进行验证。我们把货币互换与远期外汇交易的现金流列于图 8-14,并给定各参数如下:

1) GBP(Great Britain Pound)的互换利率为 i_{k1}。
2) USD 的互换利率为 i_{k2}。
3) GBP 的 n 年期零息票利率为 i_{1n}。
4) USD 的 n 年期零息票利率为 i_{2n}。
5) GBP 兑 USD 的现汇汇率为 S,$1\pounds = S\$$。
6) GBP 兑 USD 的 n 年期远期汇率为 F_n。
7) GBP 的名义本金为 A(£)。
8) USD 的名义本金为 AS($)。

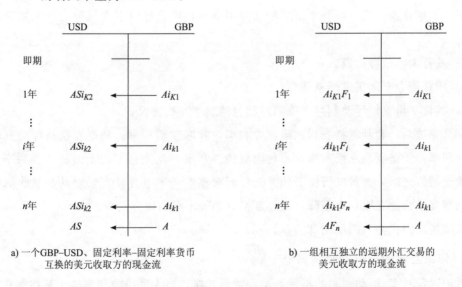

图 8-14 货币互换与远期外汇交易组合中美元收取方的现金流

在两种情况中,交易者支付同样的一组英镑现金流,得到两组不同的美元现金流。现在验证一下效果是否一样。货币互换中得到的现金流现值和为

$$S\left[Ai_{K2}\frac{1}{1+i_{21}}+Ai_{K2}\frac{1}{(1+i_{22})^2}+\cdots+Ai_{K2}\frac{1}{(1+i_{2n})^n}+A\frac{1}{(1+i_{2n})^n}\right]=SA$$

单位为 \$。

支付的现金流现值和为

$$Ai_{K1}\frac{1}{1+i_{11}}+Ai_{K1}\frac{1}{(1+i_{12})^2}+\cdots+Ai_{K1}\frac{1}{(1+i_{1n})^n}+A\frac{1}{(1+i_{1n})^n}=A$$

单位为 £。支付的现金流和收到的现金流现值和相等。

在一组独立的远期外汇交易中得到的现金流现值和为

$$Ai_{K1}F_1\frac{1}{1+i_{21}}+Ai_{K1}F_2\frac{1}{(1+i_{22})^2}+\cdots+Ai_{K1}F_n\frac{1}{(1+i_{2n})^n}+AF_n\frac{1}{(1+i_{2n})^n}$$
$$=Ai_{K1}S\frac{1}{1+i_{11}}+Ai_{K1}S\frac{1}{(1+i_{12})^2}+\cdots+Ai_{K1}S\frac{1}{(1+i_{1n})^n}+AS\frac{1}{(1+i_{1n})^n}=SA$$

单位为 \$。推导中用到 $F_n=S\frac{(1+i_{2n})^n}{(1+i_{1n})^n}$，所以，两种方法得到的现金流现值和是一致的。

8.9 互换的无风险套利策略

均衡的互换利率应等于面额债券利率，如果不等，将出现无风险套利机会。

1. 利率互换的无风险套利策略

对于利率互换，当互换利率＞面额债券利率时，可通过以下无风险套利策略获取套利收益：

1）发行面额债券筹资。
2）所获资金全部买进浮息债券。
3）签订一份支付浮动利息收取固定利息的利率互换协议。

交易完成后，套利者将支付面额债券利率，收取浮动利率。利率互换将浮动利率转换成互换利率，于是收取互换利率，支付面额债券利率。互换利率大于面额债券利率，完成无风险套利。之后，大量发行面额债券会使面额债券利率上升，支付浮动利息收取固定利息的利率互换会使互换利率下降，最终互换利率等于面额债券利率。

若市场反向失衡，则反向套利。

2. 货币互换的无风险套利策略

对于固定利率-浮动利率的英镑对美元货币互换，当人民币的利率高于其均衡互换利率即面额债券利率时，则有以下无风险套利策略：

1）发行英镑面额债券筹资。
2）所获英镑兑换成美元并买进美元浮息债券。

3) 签订一份收取英镑固定利息支付美元浮动利息的货币互换。

交易完成后，套利者将支付英镑面额债券利率，收取美元浮动利率。货币互换将美元浮动利率转换成英镑的货币互换利率，于是收取英镑的货币互换利率，支付英镑面额债券利率。英镑的货币互换利率大于英镑面额债券利率，完成无风险套利。之后，大量发行英镑面额债券会使英镑面额债券利率上升，收取英镑固定利息支付美元浮动利息的货币互换会使英镑的货币互换利率下降，最终英镑的货币互换利率等于英镑面额债券利率。

若市场反向失衡，则反向套利。

■ 本章小结

互换是较为复杂的一种衍生品。互换协议是为交换现金流而设计的。与 FRA、远期外汇交易不同的是，互换是为了规避未来多次面临的利率或汇率风险所做的安排，所以互换可以看作多个 FRA 或远期外汇交易的组合。互换的结构虽然复杂，但定价其实很简单。对于利率互换而言，互换利率就是同结构的面额债券利率，而货币互换中的固定利率为该货币利率互换中的互换利率，浮动利率为该货币的 LIBOR 市场报价。互换的定价同样由套利机制提供保障，报价偏离均衡价格时，市场出现套利机会，套利将推动价格恢复均衡。

■ 本章重点

① 什么是互换，为什么要互换。
② 互换的交易流程及利息净额的计算。
③ 名义到期收益率与实际到期收益率、贴现因子与贴现函数、定价与估值、零息票利率、面额债券利率、互换利率、远期利率。
④ 零息票利率、面额债券利率、互换利率、远期利率之间的关系。
⑤ 互换均衡价格的推导。

■ 练 习

1. 什么是互换？
2. 当前市场上有一张 3 年期的附息债，其中票面利率为 10.466%，连续 3 年的 1 年期利率分别为 10%、10.5%、11%，和一张 3 年期的零息债券，当前价格为 95 元，到期一次性支付 100 元。问 3 年期互换定价时，我们计算采用的贴现率为多少？
3. 简述互换利率与远期利率、零息票利率与远期利率的关系。
4. 假定已经确定了 6 个月和 12 个月的互换零息利率为 3% 和 3.5%，1.5 期的互换利率为 4%，每半年支付一次。求 1.5 年期的零息利率为多少？
5. 假定在此之前某金融机构同意在互换合约中收入 6 个月期的 LIBOR 利率并同时支付每年 5% 的固定利率，每半年支付一次，其中互换的本金为 1 000 万元。互换还有 0.75

年的剩余期限。对应于期限为 3 个月和 9 个月的 LIBOR 利率分别为 2.5% 和 3.6%，同时前一付款日所观察的 6 个月 LIBOR 利率为 3%。求该互换对金融机构的价值。

6. 假定人民币和美元的利率曲线为水平，其中，人民币利率为每年 5%，美元利率为每年 10%。假定在此之前某金融机构进行了一笔固定利息与固定利息的货币互换：在互换中收入 6% 的人民币利率同时支付 8% 的美元利率，互换每一年进行一次，互换合约期限为 3 年，其中两种货币的本金分别为 1 000 万美元与 7 000 万元，当前汇率为 1 美元＝6.2 元。求这笔互换对此金融机构的价值。

■ 练习答案

1. 互换是指两个公司之间达成的将来交换现金流的合约。在合约中，双方约定现金流的交换时间与现金流数量的计算方法。

2. 互换定价时，我们就是采用市场给出的零息票利率作为同期限的贴现率来计算固定利息和浮动利息的现值的，因此

$$P = 95 = \frac{100}{(1+r)^3}$$

$$r = 1.72\%$$

即对于 3 年期互换定价，我们计算采用的贴现率为 1.72%。

3. 互换利率 i_K 是互换期间各阶段浮动利率（远期利率）f_j 的加权平均数，权重为该阶段的贴现因子 V_{j+1}。

Z_K 为从即期到 K 期区间的零息票利率（即期发生一笔投资支出，直到 K 期投资结束才有投资收回，期间的收益率为零息票利率。从即期到 K 期投资结束这段区间的长度为 t_K），当 Z_K、f_j 比较小时，Z_K 近似于 f_j 的简单算术平均数，而互换利率 i_K 是 f_j 的加权平均数，权重为贴现因子 V_{j+1}。因此，对于一条上升的收益率曲线而言，f_j 总体上升，i_K 后期权重小，$i_K < Z_K$。反之则反。

4. 4% 的互换利率意味着本金为 100，券息为 4%，每半年支付一次的债券价格为平价，即 100。因此

$$100 = 2e^{-0.03 \times 0.5} + 2e^{-0.035 \times 1} + 102e^{-r \times 1.5}$$

$$r = 3.973\%$$

也就是说，1.5 年期的零息利率为 3.973%。

5. 我们先计算总现金流出的贴现值，其中每半年支付一次也就是 $1\,000 \times 5\% \times 0.5 = 25$（万元），总的现金流贴现值为 $\frac{25}{1+0.025 \times 0.25} + \frac{1\,025}{1+0.036 \times 0.75} = 1\,022.89$（万元）；再计算总的现金流入的贴现值，其中总的现金流入数为 $1\,000 + 0.5 \times 0.03 \times 1\,000 = 1\,015$（万元），其贴现值为 $\frac{1\,015}{1+0.025 \times 0.25} = 1\,008.70$（万元）。因此，对于金融机构来说，这笔互换的价

值为 -14.19（$=1\,008.70-1\,022.89$）万元。

6. 美元债券 3 年期每年现金流为 $1\,000\times 10\% = 100$（万美元），同时美元第一年现金流贴现值为 $\frac{100}{1+8\%}=92.59$（万美元），第二年现金流贴现值为 $\frac{100}{(1+8\%)^2}=85.73$（万美元），第三年现金流贴现值为 $\frac{100+1\,000}{(1+8\%)^3}=873.22$（万美元），总的美元收入现金流的现值为 $1\,051.54$ 万美元；类似可以得到人民币债券 3 年期每年现金流为 $7\,000\times 5\%=350$（万元），总的人民币收入现金流的现值为 $\frac{350}{1+6\%}+\frac{350}{(1+6\%)^2}+\frac{350+7\,000}{(1+6\%)^3}=6\,812.89$（万元）。因此，对于此金融机构来说，这笔互换的价值为 $\frac{6\,812.89}{6.2}-1\,051.54=47.31$（万美元）。

第9章

期权基础

期权（Option）是金融衍生工具中最为独特的一种。之前介绍的衍生工具，买卖双方的权利和义务是对等的，期权则不一样，其买卖双方的权利和义务是不对等的。期权买方（或者说期权持有者）只有权利，而无义务；期权卖方（或者说卖出期权者）则只有义务，没有权利。期权买方有权利而无义务的特性使得期权经常被用来避免坏的结果带来的损失，同时又能从好结果中获益。因此，期权在社会经济生活中得到广泛应用。从本章开始，一直到第13章，我们都介绍期权相关内容。特别要强调的是，本书之前的内容在考虑货币时间价值时，通常假设复利频数为一年复利一次。而期权在实践中，大部分情形下，都假设为连续复利，因此，自本章开始至后面的内容，除非特别说明，我们都假设连续复利。本章附录对连续复利的相关知识进行了介绍。

9.1　期权概述

我们来看一个假设的生活中的例子：有一天你去市场上买西瓜，西瓜卖10元一个，但是你没带那么多钱，只带了1元，老板答应，只要你先付了1元，3天之内过来的话，就还以10元一个的价格卖给你，这时一份期权就形成了：

你有权在3天内按约定价格10元买走一个西瓜。

如果3天后你发现西瓜便宜了，你完全可以放弃买这个西瓜的权利，而是买其他便宜的西瓜。当然，如果3天内西瓜涨价了，涨到13元一个，老板必须仍以10元一个的价格卖给你。

9.1.1 期权的概念与特点

期权是一种选择权，持有人可以在未来的一段时间内（或未来的某一时刻），以一定的价格向卖方购买（或出售）一定数量的标的物，但也可以根据情况放弃这一权利，并不是一种义务。从买方的角度来说，期权买方购买的是买进或卖出标的资产的权利，所以并没有买进或卖出的义务；从卖方的角度来说，卖方只有履行约定的义务，而没有不履行约定的权利。

期权的概念实际上是从持有人（或者说买方）角度来定义的，比如看涨期权、看跌期权，都是指持有人的"看涨"与"看跌"。

期权合约主要由以下几个元素构成：

1) 期权买方。期权买方是买入期权合约的一方，通过支付权利金而持有期权合约，也被称为期权的多头。买方拥有买进或卖出标的资产的权利，买方承担的风险仅仅为购入期权的权利金，但是他的收益潜力是很高的。

2) 期权卖方。期权卖方是卖出期权合约的一方，收取权利金，但必须根据期权买方的要求，履行按约定价格将标的资产卖出或买入的义务，也被称为期权的空头。卖方的收益为权利金，但在期权执行时，卖方必须按规定买入或卖出相应数量的标的资产，若期权未在规定期限内执行，那么这部分期权就会自动失效，此时的卖方不用履行任何义务。

3) 期权费。期权费也是期权的价格，是买方购买这一权利所需的费用，卖方出售权利所得到的报酬。期权价格由很多因素决定，往往比较复杂。

4) 执行价格（Exercise Price，Strike Price）。执行价格是买方可以以该价格买入或卖出标的资产的价格。

期权的主要元素除了以上几个，还包括期限、标的资产等。

简单来说，期权有以下几个特点：

1) 期权是一种权利的交易。

2) 期权的权利交易是有时间限制的，必须在到期日之前或履约日当天执行，否则该权利自动作废。

3) 期权买方要获得权利必须支付一笔费用，也就是期权的价格。

4) 买方的期权收益是卖方的损失，卖方的期权收益是买方的损失。

5) 买方和卖方的权利是不对等的。

9.1.2 期权的分类

期权的种类多种多样，根据不同方式划分，有不同种类的期权。

1. 看涨期权和看跌期权

按照期权的权利种类来划分，期权可以分为看涨期权（Call Option）和看跌期权

（Put Option）。

1）看涨期权。看涨期权是买方按照一定价格买入期权，在规定的期限内享有按规定价格向卖方购入标的资产的权利。一般投资者认为标的资产价格在未来会发生上涨时买入。

2）看跌期权。看跌期权是买方按照一定价格买入期权，在规定的期限内享有按规定价格向卖方卖出标的资产的权利。一般投资者认为标的资产的价格在未来会发生下跌时买入。

2. 欧式期权和美式期权

按照期权的权利行使时间来划分，期权可以分为欧式期权（European Option）和美式期权（American Option）。

1）欧式期权。欧式期权只有在到期日才可以履行合同，结算日是履约后的一两天。

2）美式期权。美式期权在到期日前交易日后的任何时间都可以执行，结算日就在执行期权后的一两天。

3. 场内期权和场外期权

根据期权的交易场所来划分，期权可以分为场内期权和场外期权。

1）场内期权。场内期权是在集中性交易所内进行交易的，场内期权的期权要素，如交易标的物、交易标的物的数量、交割价格、到期日、履约时间等，由交易所统一制定。这种期权交易的期权合同是标准化的。场内期权具有交易便利、成本低、流动性高等优势，而且交易者可以通过反向交易随时结清持有的期权头寸。

2）场外期权。场外期权在交易所以外进行交易。场外期权的期权要素是由交易双方自行决定的，因此场外期权的形式灵活多变，可以满足投资者的各种需求，但是存在交易对手较难匹配、交易成本较高、流动性不够等不足。

我们可以看到，场内期权和场外期权都有各自的优缺点，场内期权的标准化程度高、交易便利、交易成本低、流动性高，但不能满足一些特殊需求；而场外期权灵活多变，适应性强，但交易市场透明度不高，交易对手较难匹配，交易成本较高。

9.2 期权的价值

期权的定价在期权交易中是一个非常重要且复杂的核心问题。专家和学者提出了各种各样的期权定价模型来描述期权价值。

9.2.1 期权价值的构成

期权价值由内在价值（Intrinsic Value）和时间价值（Time Value）两部分组成。内在价值表示期权执行价格与标的资产即时价格的关系，时间价值表示期权执行价格与标的资产未来价格的关系。

1. 期权的内在价值

期权的内在价值是指即期履行期权时所能获得的利润，内在价值反映的是期权合约的执行价格与标的资产即期市场价格之间的差值，用数学公式表示为

$$IV = \begin{cases} S-X\text{（在看涨期权中）} \\ X-S\text{（在看跌期权中）} \end{cases}$$

式中，IV 为期权的内在价值；S 为标的资产的即期市场价格；X 为期权的执行价格。

看涨期权和看跌期权根据不同的情况会呈现 3 种不同的状态：

$$\text{看涨期权} \begin{cases} S>X\text{，实值期权} \\ S<X\text{，虚值期权} \\ S=X\text{，平值期权} \end{cases}$$

$$\text{看跌期权} \begin{cases} S<X\text{，实值期权} \\ S>X\text{，虚值期权} \\ S=X\text{，平值期权} \end{cases}$$

2. 期权的时间价值

期权的时间价值是市场购买该期权愿意付出的金额减去内在价值的部分。随着时间的延续和标的资产价格的变动，期权的价值可能会增加，期权的买方会为了获得这部分价值而提高他们所出的价格。期权的剩余有效期越长，买方获利的机会越多，期权的时间价值也就越高。期权的时间价值受到期时间、标的资产波动率、内在价值等因素的影响。

9.2.2 期权价值的影响因素

期权价值主要受标的资产即期市场价格、期权执行价格、标的资产波动率等影响。表 9-1 列明了不同因素对期权价值的影响方向。

表 9-1 不同因素对期权价值的影响方向

变量	欧式看涨	欧式看跌	美式看涨	美式看跌
标的资产即期市场价格	+	-	+	-
期权执行价格	-	+	-	+
标的资产波动率	+	+	+	+

注：+表示正向影响；-表示反向影响。

1. 标的资产即期市场价格与期权执行价格

标的资产即期市场价格和期权执行价格是影响期权价值的主要因素。当执行看涨期权时，期权的收益为标的资产即期市场价格减去期权执行价格后的值。所以，标的资产即期市场价格越高，期权价值越高；期权执行价格越低，期权价值越高。当执行看跌期权时，

期权的收益为期权执行价格减去标的资产即期市场价格后的值。所以，标的资产即期市场价格越低，期权价值越高；期权执行价格越低，期权价值越低。

2. 标的资产波动率

波动率以资产收益率的标准差来度量。简单来说，波动率就是标的资产价格在未来波动的幅度，波动率越大，期权的收益上限就越高。例如：股票价格大幅上涨时，看涨期权可以获得更大的收益；股票价格大幅下跌时，投资者可以选择不执行看涨期权，损失只有期权的行权费用。因此，波动率越大，看涨期权的价值就越高。同理，股票价格大幅下跌时，看跌期权可以获得更大的收益；股票价格大幅上涨时，投资者可以选择不执行看跌期权，损失只有期权的行权费用。因此，波动率越大，看跌期权的价值就越高。

9.2.3 期权价格的上下限

1. 期权价格的上限

（1）看涨期权价格的上限

在任何情况下，期权的价格都不会高于标的资产的价格，因为如果存在期权价格高于股票价格的情况，投资者可以通过卖出期权并购买标的资产来获得无风险的利润。因此，对于看涨期权来说，标的资产的价格就是看涨期权价格的上限。

$$c \leqslant S,\ C \leqslant S$$

式中，c 为欧式看涨期权的价格；C 为美式看涨期权的价格；S 为标的资产的即期价格。

（2）看跌期权价格的上限

由于看跌期权持有者可以得到的最高收益为执行价格，而美式期权可以在剩余期限内的任何时间执行，因此美式看跌期权的价格上限为

$$P \leqslant X$$

式中，P 为美式看跌期权的价格。而欧式期权只能在到期日执行，所以欧式看跌期权的价格上限为

$$p \leqslant X e^{-r(T-t)}$$

式中，X 为执行价格；$T-t$ 为期权的剩余期限；p 为欧式看跌期权的价格；r 为无风险利率。

2. 期权价格的下限

期权价格的下限相对复杂，这里仅介绍标的资产在期权有效期内不会带来收益的欧式期权价格的下限。

（1）欧式看涨期权的价格下限

通过构建两个资产组合来推导欧式看涨期权的价格下限：

组合 A：一份欧式看涨期权加上一份价值为 $X e^{-r(T-t)}$ 的现金。

组合 B：一份标的资产。

组合 A 现金部分以无风险利率投资，至到期日时价值为 X。如果到期日标的资产的价格 $S_T > X$，那么期权购买者将会执行看涨期权，此时组合 A 的价值为 S_T；如果看涨期权的价格 $S_T < X$，那么将会选择不执行看涨期权，此时组合 A 的价值为 X。所以，组合 A 的价值为

$$\max\{S_T, X\}$$

组合 B 的价值就是 T 时刻标的资产的市场价值 S_T，又因为 $\max\{S_T, X\} \geqslant S_T$，所以组合 A 的价值要大于或等于组合 B 的价值，也就是

$$c + X e^{-r(T-t)} \geqslant S$$
$$c \geqslant S - X e^{-r(T-t)}$$

因此，我们得出标的资产无收益欧式看涨期权的价格下限为

$$c \geqslant \max\{S - X e^{-r(T-t)}, 0\}$$

（2）欧式看跌期权价格的下限

通过构建两个资产组合来推导欧式看跌期权的价格下限：

组合 C：一份欧式看跌期权加上一份标的资产。

组合 D：一份价值 $X e^{-r(T-t)}$ 的现金。

在时刻 T，如果 $S_T > X$，看跌期权将不被执行，那么组合 C 的价值为 S_T；如果 $S_T < X$，那么看跌期权将被执行，组合 C 的价值为 X。所以，组合 C 的价值为

$$\max\{S_T, X\}$$

组合 D 以无风险利率投资，至时刻 T 的价值为 X，又因为 $\max\{S_T, X\} \geqslant X$，所以组合 C 的价值要大于或等于组合 D 的价值，也就是

$$p + S \geqslant X e^{-r(T-t)}$$
$$p \geqslant X e^{-r(T-t)} - S$$

因此，我们得出标的资产无收益欧式看跌期权的价格下限为

$$\max\{X e^{-r(T-t)} - S, 0\}$$

9.2.4 看跌-看涨平价关系

看跌-看涨平价关系非常重要，它表示欧式看涨期权、欧式看跌期权及标的资产价格之间的关系，我们构建两个资产组合来推导说明：

组合 A：一份欧式看涨期权加上一份价值为 $X e^{-r(T-t)}$ 的现金。

组合 C：一份欧式看跌期权和一份标的资产。

其中，看涨期权和看跌期权有相同的标的资产、执行价格和剩余期限，并且标的资产

在期权有效期内不会带来收益。

在时刻 T,以无风险利率投资的现金部分的价值为 X,如果 $S_T > X$,看涨期权将被执行,组合 A 的价值为 S_T;如果 $S_T < X$,那么看涨期权没有价值,组合 A 的价值为 X。所以,组合 A 的价值为

$$\max\{S_T, X\}$$

看到组合 C,在时刻 T,如果 $S_T > X$,看跌期权没有价值,组合 C 的价值为 S_T;如果 $S_T < X$,看跌期权将被执行,组合 C 的价值为 X。所以,组合 C 的价值为

$$\max\{S_T, X\}$$

可以看到,无论在何种情况下,两个组合在到期时的价值是完全吻合的。因此,两个组合在即期也应该有相同的价值,否则就会出现无风险套利机会。因此,有

$$c + Xe^{-r(T-t)} = p + S$$

这就是有名的标的资产无收益欧式期权的看跌–看涨平价关系。这个式子表明具有某个执行价格与到期时间的欧式看涨期权价格可以与另一个有相同执行价格与到期时间的欧式看跌期权价格互相推导出来。

附录 9A 连续复利

9A.1 什么是连续复利

我们先看一个生活中的实例。假设张三存 2 万元到银行，存 10 年。银行的报价是年利率 10％。请问张三 10 年后能取出多少钱？

实际上，严格来讲，我们很难根据以上信息算出张三 10 年后总共能取出的钱数。原因在于有关银行报价的信息并不完整。首先，银行的报价是单利还是复利？其次，如果是复利，那么多长时间复利一次？我们根据不同情况来计算张三期初 2 万元 10 年后的终值。

如果银行报价为单利，则有

$$2+2\times 0.1\times 10=4(万元)$$

如果银行报价为复利，并且是通常的一年复利一次，则有

$$2\times(1+0.1)^{10}=5.1875(万元)$$

如果银行报价为复利，并且是半年复利 1 次（也就是一年复利 2 次），则有

$$2\times(1+\frac{0.1}{2})^{10\times 2}=5.3066(万元)$$

很明显，对于同一个年利率 10％，实际上可能意味着不同的终值。因此，除了年利率 10％本身，严格的利率报价还应该包括利率计算的方式。下面我们就不同利率报价的终值计算公式进行介绍。假设投资者在银行初始存款 A 万元，存期为 t 年，年利率为 r。

如果银行报价为单利，则 t 年后的终值为

$$A+Art \tag{9A-1}$$

如果银行报价为复利，并且 1 年复利 1 次，则 t 年后的终值为

$$A(1+r)^t \tag{9A-2}$$

如果银行报价为复利，并且 1 年复利 m 次，则 t 年后的终值为

$$A(1+\frac{r}{m})^{mt} \tag{9A-3}$$

当复利频率 m 很大，趋向无穷大时，我们称为连续复利。此时对应的利率称为连续复利利率。可以证明，对于式(9A-3)来说，当 m 趋向无穷大时，式(9A-3)等价于 Ae^{rt}。因此，如果银行报价为连续复利，则 t 年后的终值为

$$Ae^{rt} \tag{9A-4}$$

9A.2 利用连续复利计算远期价格

我们在第 2 章介绍了基于 1 年复利 1 次的远期汇率和远期利率的推导。本附录我们介绍基于连续复利的远期价格推导。除了远期汇率和远期利率，我们还推导远期股票价格的公式。

9A.2.1 远期股票价格

假设某种股票的即期价格为 S_0，无风险利率为 r，并且为连续复利，该股票不提供任何中间收入。请问该股票 T 年期限的远期价格 F_0 应该为多少，市场才能达到均衡？

为了推导均衡远期股票价格，我们先问一个问题：如果投资者要在 T 年后拥有一份该股票，有几种途径？很明显，至少可以通过两种途径达到同一个目标：一是即期以 S_0 的价格买入股票，并持有 T 年；二是即期以远期价格 F_0 签订股票远期合约，T 年后执行远期合约，以 F_0 的价格买入股票。根据无套利思想，由于两种途径达到同一个目标，该两种途径付出的成本应该一致，否则会出现无风险套利机会。因此，有

$$F_0 = S_0 e^{rT} \tag{9A-5}$$

式（9A-5）等式右边是第一种途径的成本，左边是第二种途径的成本。

如果该股票会带来中间收入，并且该中间收入的现值为 I，则有

$$F_0 = (S_0 - I) e^{rT} \tag{9A-6}$$

式（9A-6）等式右边是第一种途径的成本，左边是第二种途径的成本。第一种途径由于持有股票会带来现值为 I 的中间收入，可以视为即期购买股票的初始投入不再是 S_0，而是 $S_0 - I$。

如果该股票会带来中间收入，并且该中间收入的收益率为 q（连续复利收益率），则有

$$F_0 = S_0 e^{(r-q)T} \tag{9A-7}$$

式（9A-7）等式右边是第一种途径的成本，左边是第二种途径的成本。第一种途径由于持有股票会带来收益率为 q 的中间收入，可以视为即期购买股票的初始投入 S_0 的资金成本不再是 r，而是 $r-q$。

9A.2.2 远期汇率

美元对人民币的即期汇率为 S_0，人民币的无风险利率为 r，美元的无风险利率为 r_f，并且均为连续复利。请问美元对人民币的 T 年期限的远期汇率 F_0 应该为多少，市场才能达到均衡？

为了推导均衡远期汇率，我们同样问一个问题：假设投资者即期持有 1 美元，该投资者想在 T 年后持有人民币，该怎么做？很明显，至少有两种途径：一是即期按即期汇率 S_0 将 1 美元兑换成 S_0 元，并以人民币无风险利率 r 存入银行，T 年后取出；二是即期以价格 F_0 签订美元对人民币远期外汇合约，同时将美元按美元无风险利率 r_f 存入银行。T 年后

将美元本息和从银行取出，并履行远期合约，以 F_0 的价格将美元兑换成人民币。由于初始价值一致，均是 1 美元，根据无套利思想，两种途径得到的人民币价值也应该一样，否则会出现无风险套利机会。因此，有

$$F_0 e^{r_f T} = S_0 e^{rT} \tag{9A-8}$$

式(9A-8)左边是第二种途径得到的人民币，右边是第一种途径得到的人民币。对式(9A-8)变形可得

$$F_0 = S_0 e^{(r-r_f)T} \tag{9A-9}$$

对比第 2 章所推导的远期汇率公式(2-1) $F_0 = S_0(1+i_q t)/(1+i_b t)$，我们发现思想是一致的，差别只在于计算货币时间价值的方法不一致。式(2-1)采用的是 1 年复利 1 次的假设，式(9A-9)采用的则是连续复利的假设。

9A.2.3 远期利率

下面我们来推导远期利率的一般公式。令期限为 t_S（年）的即期利率为 i_S，期限为 t_L（年）的即期利率为 i_L，i_F 为均衡远期利率，指的是 t_S 后开始期限为 t_F 的远期对远期借贷的利率，远期对远期借贷在 t_L 后到期，$t_L = t_S + t_F$。客户需要在 t_S 后贷款，金额为 A，贷款期限为 t_F，要求银行对远期利率报价。利率均为连续复利利率。远期利率具体时间如图 9A-1 所示。

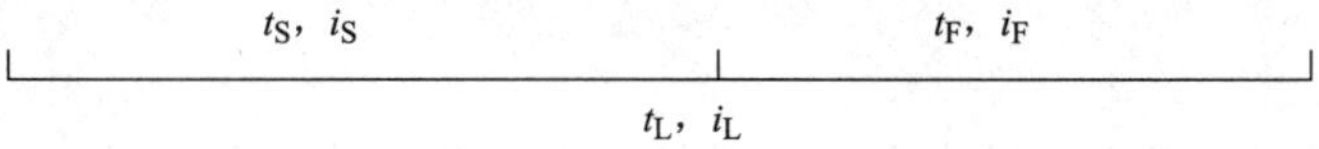

```
|————— t_S, i_S —————|————— t_F, i_F —————|
|————————————— t_L, i_L —————————————————|
```

图 9A-1 远期利率具体时间示意图

为了推导均衡远期利率，我们从银行入手。首先问一个问题，假设银行拥有 1 单位货币的 t_L 期限的使用权，请问银行有几种贷款方式？很明显，至少两种方式：第一种是以利率 i_S 的价格即期贷出，期限为 t_S，同时，以 i_F 的价格签订远期利率合约，期限为 t_F；第二种是以利率 i_L 的价格即期贷出，期限为 t_L。根据无套利思想，这两种方式所获终值应相等，否则会导致无风险套利机会。因此，有

$$e^{i_S t_S} e^{i_F t_F} = e^{i_L t_L} \tag{9A-10}$$

式(9A-10)左边是第一种方式所获终值，右边是第二种方式所获终值。对式(9A-10)进行变形可得

$$i_S t_S + i_F t_F = i_L t_L$$

$$i_F = \frac{i_L t_L - i_S t_S}{t_F} \tag{9A-11}$$

将式(9A-11)与第 2 章所推导的均衡远期利率公式(2-3) $i_F = [(1+i_L t_L)/(1+i_S t_S) - 1]/t_F$ 进行比较，我们发现，二者思想是一致的，差别在于式(9A-11)采用的是连续复利假设，而式(2-3)采用的是 1 年复利 1 次的假设。

9A.3 利用连续复利计算贴现因子

根据式(9A-4)，有

$$FV = Ae^{rt} \tag{9A-12}$$

式中，FV 为终值，即初始值为 A 的资金以连续复利利率 r 存入银行 t 年的终值。我们将 A 换成 PV，即现值，则有

$$FV = PVe^{rt} \tag{9A-13}$$

因此，有

$$PV = FVe^{-rt} \tag{9A-14}$$

所以，期限为 t 的贴现因子为

$$V_t = e^{-rt} \tag{9A-15}$$

式(9A-15)与第8章的贴现因子相比，二者思想是一致的，差别仍然在于式(9A-15)采用的是连续复利假设，而式(8-2) $V_K = 1/(1+Z_K)^{t_K}$ ($t_K > 1$) 和式(8-3) $V_K = 1/(1+Z_K t_K)$ ($t_K < 1$) 采用的是1年复利1次的假设。

■ 本章小结

本章首先从期权的概念、特点及分类对期权做了较为简单的概述；然后从期权价值的构成出发，分析了期权价值的影响因素、期权价格的上下限，并推导出了十分重要的欧式期权看跌-看涨平价关系。

■ 本章重点

① 期权的定义和特点。
② 期权价值的构成。
③ 期权价值的影响因素。
④ 期权价格的上下限。
⑤ 看跌-看涨平价关系。

■ 练 习

1. 期权有哪些特点？
2. 期权和期货有什么区别？
3. 看涨期权和看跌期权的区别是什么？
4. 如果有一只无红利的股票的价格为15元，这只股票4个月期限执行价格为16元的

欧式看涨期权为 1 元，无风险利率为每年 3%，那么这只股票 4 个月期限执行价格为 16 元的欧式看跌期权价格为多少？

5. 有一只无红利的股票，该股票的价格为 60 元，有一份这只股票的看涨期权，期限为 6 个月，执行价格为 61 元，无风险利率为每年 5%，问该期权价格的下限为多少？

■ 练习答案

1. 期权有以下几个特点：①期权是一种权利的交易。②期权的权利交易是有时间限制的，必须在到期日之前或履约日当天执行，否则该权利自动作废。③期权买方要获得权利必须支付一笔费用，也就是期权的价格。④买方的期权收益是卖方的损失，卖方的期权收益是买方的损失。⑤买方和卖方的权利是不均等的。

2. 期权和期货都是关于未来交易的约定，但是很多方面不同：

1) 期货合约的双方有对应的权利和义务，期权双方的权利和义务是不对等的。

2) 期货合约是标准化的，但是期权合约不一定，分为场外交易和场内交易。

3) 期货交易双方都要缴纳保证金，而期权买方缴纳期权费给卖方，场内交易的卖方也要缴纳保证金。

4) 对于期货交易来说，卖方的亏损可能是无限的，盈利是有限的，买方最大的亏损是标的资产贬值至 0，盈利可能是无限的。

3. 看涨期权是指期权的购买者拥有在期权合约有效期内按执行价格买进一定数量标的资产的权利。看跌期权是指期权的购买者拥有在期权合约有效期内按执行价格卖出一定数量的标的资产的权利。两者都是一种权利，但看涨期权是买入标的资产的权利，看跌期权是卖出标的资产的权利。

4. 由题中所给条件得

$$c=1, T-t=0.33, S=15, X=16, r=0.03$$

将条件代入无红利的欧式看跌-看涨平价关系：

$$c+Xe^{-r(T-t)}=p+S$$

得

$$p=1+16e^{-0.03\times 0.33}-15=1.8(元)$$

5. 由题意得

$$S=60, T-t=0.5, X=61, r=0.05$$

根据无红利的欧式看涨期权的价格下限公式：

$$c\geqslant \max\{S-Xe^{-r(T-t)}, 0\}$$

得

$$S - Xe^{-r(T-t)} = 60 - 61e^{-0.05 \times 0.5} = 0.5(元)$$

所以，该欧式看涨期权的价格下限为 0.5 元。

第10章

期权定价之二叉树

对于期权定价来说，构建二叉树是常用方法。这一方法既可以用于对欧式期权定价，也可用于对美式期权定价，具有极大的实用性。本章所讲的二叉树是指在期权期限内可能会出现的股价变动的路径的图形。它假设股价服从随机游走，即在树形上的每一步，股价会以某种概率向上移动一定比率，同时以某种概率向下移动一定比率。

10.1 二叉树之无风险套利定价

10.1.1 引入

首先我们引入一个简单的例子。假设有一个欧式股票期权，执行价格 $K=20$ 元，期限 $T=3$ 个月，无风险利率 $r=0.05$，标的股票的即期价格 $S_0=20$ 元，在未来 3 个月，股票不会派发股息。我们应该如何求出这个欧式股票期权的价值 f 呢？

股票期权是标的股票的衍生品，在其他条件确定的情况下，股票期权的价值取决于股票价格的波动。很明显，股票在到期日的价格是随机变量，为了方便，我们假设只有两种情况，3 个月后，股票要么上升 20% 至 24 元，要么下跌 20% 至 16 元，具体如图 10-1 所示。当确定了股票在到期日的价格后，我们便很容易求出期权在到期日的价值。当到期日股票价格为 24 元时，期权到期日的价值为 4 元；当到期日股票价格为 16 元时，期权到期日的价值为 0 元，具体如图 10-2 所示。

我们已经知道期权在到期日不同状态下的价值，按照金融学估值理论，先求出期权到期日的期望价值，然后将其贴现至即期，便可得到期权的价值。不过，这里存在两个问题：一是不知道不同状态下的概率，无法求出期望价值；二是期权是有风险资产，贴现率

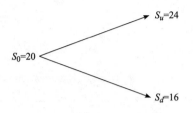

图 10-1 股票价格的变化

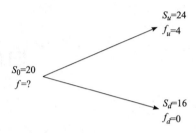

图 10-2 股票价格与期权价值

的确定较为麻烦。但是，对于无风险资产，上述两个问题均不再成为问题。

因此，假设市场上不存在无风险套利机会。考虑构建一个无风险资产组合以解决上述两个问题。所构建的资产组合包含一份看涨期权空头和 Δ 份标的股票多头。根据图 10-1 和图 10-2 可知，该资产组合在到期日（即 3 个月后）的价值要么等于 $24\Delta-4$，要么等于 16Δ，具体如图 10-2 所示。由于资产组合要保证为无风险，则必须有

$$24\Delta-4=16\Delta \tag{10-1}$$

解此方程，得 $\Delta=0.5$。

因此，我们可知，该资产组合在到期日的价值等于 $8(=24\times 0.5-4=16\times 0.5)$ 元，由于该资产组合无风险，无风险利率为 5%，则其贴现值为

$$8e^{-rT}=8e^{-0.05\times 0.25}=7.901(元)$$

该资产组合在期初的价值为 $20\times 0.5-f$，因此有

$$20\times 0.5-f=7.901 \tag{10-2}$$

得
$$f=2.099$$

因此，可以求出该欧式看涨期权在今天的价值 f 为 2.099 元。

如果期权价值高于 2.099 元，构建投资组合的费用将会低于 7.901 元，那么买入这个投资组合也就是买入 0.5 单位的股票和卖出 1 份 3 个月的欧式看涨期权所获得的收益率将会高于无风险利率。比如期权价值为 3，则买入这个投资组合只需花费 7 元。而这个组合在 3 个月后的价值确定为 8 元。因此，根据 $7e^{r^*T}=8$，可以求出 r^* 高达 53.41%。这会导致无风险套利机会的出现，投资者会大量到市场上以无风险利率借款，然后大量买入该投资组合，以获得高于无风险利率的收益。投资者的这种行为会推高标的股票价格，降低期

权价格，直到最后式(10-2)成立。

如果期权价值低于 2.099 元，构建投资组合的费用将会高于 7.901 元，那么卖空这个投资组合也就是卖出 0.5 单位的股票和买入 1 份 3 个月的欧式看涨期权将会获得一个低于无风险利率的借款机会。这也会导致无风险套利机会的出现，如期权价值为 2 元，则构建投资组合的费用为 8 元。假设投资者卖空 2 份该投资组合，获得 16 元，在市场上以无风险利率贷出 3 个月。3 个月后，16 元终值为 16.201 3($=16e^{0.05 \times 0.25}$)元。面对第一种状态（即股票上升为 24 元）时，资产组合空头中的 2 份期权多头头寸价值为 8($=2 \times 4$)元，利用 24 元购买一份股票，结清资产组合空头中的股票空头头寸，获利 0.201 3 元；面对第二种状态（即股票下降为 16 元）时，资产组合空头中的期权多头头寸价值为 0，利用 16 元购买 1 份股票，结清资产组合空头中的股票空头头寸，仍然获利 0.201 3 元。

思考：若其他条件不变，股票 3 个月后上涨或下跌由 20% 下降到 10%，3 个月的欧式股票看涨期权价格又为多少？

10.1.2 推广

我们将上述具体例子推广到一般情况。继续假设市场上不存在无风险套利机会，采用上述方法，推导出以股票为标的资产的任何衍生品的即期价格 f 表达式。衍生品有效期限为 T，无风险利率为 r。

由图 10-3 可知，S_0 为股票价格，f 为以股票为标的的衍生品价格，$S_0 u$ 为股票上涨价格，$S_0 d$ 为股票下跌价格，因此 $u-1$ 为增长比例，$1-d$ 为下跌比例（其中 $u>$，$d<1$），f_u 为当股票上涨时的衍生品价格，f_d 为当股票下跌时的衍生品价格。

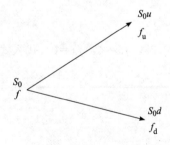

图 10-3　单步二叉树中股票价格与期权价格

考虑一个由 Δ 单位股票多头与一份以股票看涨期权空头构成的投资组合。T 时间后若股票价格上涨，则投资组合价值为 $S_0 u \Delta - f_u$，若股票价格下跌，则投资组合价值为 $S_0 d \Delta - f_d$，为了保证该投资组合无风险，以上两者必须相等，即

$$S_0 u \Delta - f_u = S_0 d \Delta - f_d$$

得出

$$\Delta = \frac{f_u - f_d}{S_0 u - S_0 d} \tag{10-3}$$

由于该结合无风险,则其现值为

$$(S_0 u \Delta - f_u) e^{-rT}$$

而在即期构造投资组合的成本为

$$S_0 \Delta - f$$

所以有

$$(S_0 u \Delta - f_u) e^{-rT} = S_0 \Delta - f$$

即

$$f = S_0 \Delta (1 - u e^{-rT}) + f_u e^{-rT}$$

将式(10-3)代入上式并化简得

$$f = S_0 \left(\frac{f_u - f_d}{S_0 u - S_0 d} \right)(1 - u e^{-rT}) + f_u e^{-rT}$$

或

$$f = \frac{f_u(1 - d e^{-rT}) + f_d(u e^{-rT} - 1)}{u - d}$$

或

$$f = e^{-rT}[p f_u + (1 - p) f_d] \tag{10-4}$$

$$p = \frac{e^{rT} - d}{u - d} \tag{10-5}$$

现重新验证例子:

$u = 1.2$,$d = 0.8$,$r = 0.05$,$T = 0.25$,$f_u = 4$,$f_d = 0$,代入式(10-4)和式(10-5)得

$$p = \frac{e^{rT} - d}{u - d} = \frac{e^{0.05 \times 0.25} - 0.8}{1.2 - 0.8} = 0.531\,4$$

$$f = e^{-rT}[p f_u + (1-p) f_d] = e^{-0.05 \times 0.25}(0.531\,4 \times 4 + 0.468\,6 \times 0) = 2.099$$

和本节开始所得出的结果一致。

10.2 二叉树之风险中性定价

10.2.1 风险中性定价

前面我们讲到当知道期权到期日不同状态下的价值后,按照金融估值理论,先求期权在到期日的期望价值,再贴现到即期的做法面临着不同状态概率和贴现率难以确定的两大

问题。上一部分我们采用无风险套利思想,构建无风险组合完美地解决了这两大问题,得到式(10-4)和式(10-5)的期权定价公式。

仔细观察,我们发现式(10-4)的结构形式非常吻合金融估值理论,即先求到期日期权的期望值 $[pf_u + (1-p)f_d]$,再贴现到即期(e^{-rT})。这就给我们很大困惑:在真实世界里,①期权是风险资产,使用无风险利率贴现显然不符合理论和现实;②股价上升和下降的概率(p 和 $1-p$)与股票价值波动的幅度等因素(u、d、r、T)很难建立合理的现实逻辑关系。

既然在真实世界不行,那么在假想的世界里是否可以呢?假设有一个世界,在该世界里,人们在承担风险时,对风险抱有无所谓态度,即他们既不会像赌徒一样爱好风险,愿意追逐风险而付出风险折扣,同时也不会像理性的投资者一样厌恶风险而需要风险补偿,而是严格介于两者之间,他们对任何资产所要求的回报均是无风险利率,这样的投资者被称为风险中性者,而这个世界也被称为风险中性世界。

很显然,在风险中性世界,所有资产的贴现率均是无风险利率,这解决了我们的第一个困惑。同时,我们可以将式(10-4)中的 p 解释为风险中性世界股票上升的概率。由于是假想世界,我们并不需要担忧式(10-5)中该概率与 u、d、r、T 等变量之间的现实逻辑关系,这解决了我们的第二个困惑。

在假想的风险中性世界中,投资者的投资决策行为与风险偏好无关。在真实世界中,只要套利机会存在,发现套利机会的投资者不管风险偏好如何,都会采取套利行为,因此投资者的无风险套利行为与风险偏好无关,于是消除套利机会的均衡价格也与风险偏好无关。从这个角度来看,风险中性世界中的投资行为与真实世界中的无风险套利行为是存在逻辑关联的。利用风险中性世界来对衍生品进行估值是可行的。当然,已经有严格数学推导证明了这一结论。

因此,金融学家们提出一种新的衍生品估价方法——风险中性定价方法。在利用风险中性对衍生品定价时,采用以下几个具体步骤:

第一,首先计算在风险中性世界里各种不同结果发生的概率 p。

第二,计算期权或其他衍生品到期的期望收益。

第三,以无风险利率将所得到期望收益贴现到即期。

10.2.2 二叉树再解释

式(10-4)中参数 p 应当理解为风险中性世界里股票价格上涨的概率,而 $1-p$ 是股票价格下跌的概率。期权在到期日的风险中性世界期望值为 $pf_u + (1-p)f_d$,因而式(10-4)可以表述为:期权的即期价值等于将其到期日的风险中性世界期望价值以无风险利率贴现到即期所得的现值。

我们进一步说明当股票价格按二叉树方式变化时,风险中性定价的正确性。

当上涨概率为 p 时，股票价格在时间 T 的期望值 $E(S_T)$ 为

$$E(S_T) = pS_0 u + (1-p)S_0 d$$

将式(10-5)中的 p 值代入上式得出

$$E(S_T) = S_0 e^{rT} \tag{10-6}$$

这说明当股票价格上涨概率为 p 时，股票价格将会以无风险利率的平均速度增长。这个结果恰恰符合风险中性世界的假设，即在风险中性世界中，所有资产的期望收益率均为无风险利率。

回顾本章开篇中的例子，定义 p 为股票价格在风险中性世界中的上涨概率，由于在风险中性世界里，股票收益率期望一定等于无风险利率，我们可求得 p，即

$$24p + 16(1-p) = 20e^{0.05 \times 0.25}$$

得

$$p = 0.5314$$

这说明看涨期权在 3 个月价值为 4 的概率为 0.5314，看涨期权 3 个月后价值为 0 的概率为 0.4686，这样我们就可以求出 3 个月后看涨期权的期望价值 $E(f_T)$：

$$E(f_T) = 0.5314 \times 4 + 0.4686 \times 0 = 2.1256$$

再以无风险利率将得到的 3 个月看涨期权期望值进行贴现就可以得到期权在今天的价值：

$$f = 2.1256 e^{-0.05 \times 0.25} = 2.099$$

与前面用无套利方法所得结果一致。

10.3 参数的确定

目前，我们已经对期权的二叉树定价进行了较为完整的介绍。但如果仔细思考，还是能发现有两个大问题会影响二叉树定价方法的实际应用：一是如何确定股票价格未来上升和下降的幅度（即 u 和 d 两个参数）；二是假设股票价格在未来只有两种状态，这显然严重不符合现实。本部分我们先解决第一个问题，即参数的确定。下部分我们解决第二个问题，即二叉树步数的增加。

二叉树方法中，股票价格上升和下降的幅度 u 和 d 两个参数显然反映了股票价格的波动特征。股票价格的波动特征通常用波动率 σ 来度量。因此，本部分我们介绍如何通过股票的波动率来确定参数 u 和 d。

首先假设在风险中性世界，股票的期望收益率为 r，σ 为股票价格的波动率（即股票收益率的标准差）。股票在时间间隔 Δt 内的波动率和期望收益率为 $\sigma\sqrt{\Delta t}$ 和 $r\Delta t$。

在每一个步长为 Δt 区间内，股票收益率为 $u-1$ 的概率为 p，股票收益率为 $d-1$ 的概率为 $1-p$。根据随机变量 X 的方差公式 $E(X^2) - [E(X)]^2$，有以下等式：

$$p(u-1)^2 + (1-p)(d-1)^2 - [p(u-1)+(1-p)(d-1)]^2 = \sigma^2 \Delta t \tag{10-7}$$

又因为

$$E(S_T) = pS_0u + (1-p)S_0d = S_0 e^{r\Delta t}$$

得到

$$p = \frac{e^{r\Delta t} - d}{u - d} \tag{10-8}$$

将式(10-8)代入式(10-7)并化简得

$$e^{r\Delta t}(u+d) - ud - e^{2r\Delta t} = \sigma^2 \Delta t$$

利用以下序列展开式:

$$e^x = 1 + x + \frac{x^2}{2!} + \frac{x^3}{3!} + \cdots$$

经过代数变换,并忽略 Δt 的二次项及更高项,最终得出方程 u 和 d 的解

$$u = e^{\sigma\sqrt{\Delta t}}, d = e^{-\sigma\sqrt{\Delta t}}$$

接下来我们在真实世界推导参数 u 和 d 的公式。图 10-4 展示了某股票价格在 $0 \sim T$ 时间区间的变化。无论真实世界,还是风险中性世界,我们都假设股票价格从 0 时刻到 T 时刻的变化只有两种状态,要么从 S_0 上升为 $S_0 u$,要么从 S_0 下跌为 $S_0 d$。区别在于,真实世界中上升和下降的概率分别为 p^* 和 $1-p^*$,风险中性世界中上升和下降的概率分别为 p 和 $1-p$。

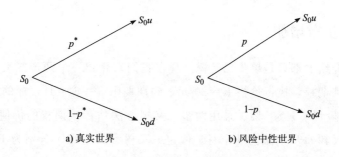

a) 真实世界   b) 风险中性世界

图 10-4　股票价格在 $0 \sim T$ 时间内的变化

首先列出股票价格在时间 T 的期望值:

$$E(S_T) = p^* S_0 u + (1-p^*)S_0 d = S_0 e^{\mu\Delta t}$$

取右边等式易得

$$p^* = \frac{e^{\mu\Delta t} - d}{u - d} \tag{10-9}$$

取左边等式化简得

$$E\left(\frac{S_T}{S_0}\right) = p^* u + (1-p^*)d \tag{10-10}$$

根据 $\mathrm{Var}\left(\dfrac{S_T}{S_0}\right)=\mathrm{E}\left[\left(\dfrac{S_T}{S_0}\right)^2\right]-\left[\mathrm{E}\left(\dfrac{S_T}{S_0}\right)\right]^2$,令 $X=\dfrac{S_T}{S_0}$,则 $X_1=u$,$X_2=d$,则有

$$\mathrm{Var}\left(\dfrac{S_T}{S_0}\right)=p^* u^2+(1-p^*)d^2-[p^* u+(1-p^*)d]^2 \tag{10-11}$$

将式(10-9)代入式(10-11)得

$$\mathrm{Var}\left(\dfrac{S_T}{S_0}\right)=\mathrm{e}^{\mu\Delta t}(u+d)-ud-\mathrm{e}^{2\mu\Delta t}$$

再根据

$$\mathrm{Var}\left(\dfrac{S_T}{S_0}\right)=\sigma^2\Delta t$$

两式相等求出解

$$u=\mathrm{e}^{\sigma\sqrt{\Delta t}},d=\mathrm{e}^{-\sigma\sqrt{\Delta t}}$$

可以看出,在真实世界中所求的方程解与在风险中性世界中所求的方程解一致,唯一不同的是风险中性世界中的 r 被真实世界中的 μ 取代。

就不同风险偏好世界转换这个问题,以下结论非常重要:当从真实世界转向风险中性世界时,股票收益率的期望值会发生变化,但股票波动率(即股票收益率的标准差)不会变化。

10.4 二叉树步数增加

目前,我们介绍的都只是单步二叉树。现在我们来介绍一个两步二叉树定价例子。有一个欧式股票看涨期权,执行价格 $K=20$ 元,到期期限 $T=6$ 个月,标的股票的即期价格 $S_0=20$ 元,无风险利率 r 为 5%。采用两步二叉树方法估计该期权的价值。由于期限为 6 个月,因此,二叉树每步期限为 3 个月。假定二叉树参数 u 和 d 分别为 1.2 和 0.8。所画出的两步二叉树具体如图 10-5 和图 10-6 所示。

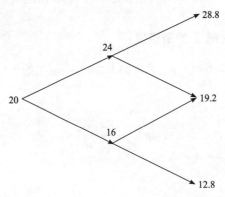

图 10-5 两步二叉树中的股票价格

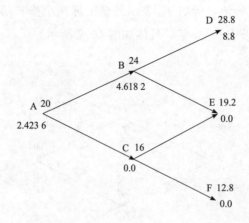

图 10-6 两步二叉树中的股票价格和期权价值

图 10-6 与图 10-5 相似,唯一不同的是前者不仅包括了后者的股票价格,还显示了期权价值。树枝节点上面数字为股票价格,下面为期权价值。为了阐述方便,我们从左到右、从上到下分别把节点记为 A、B、C、D、E、F。我们很容易得到二叉树尾端(即到期日)的期权价值。在节点 D 上,股票价格为 28.8,执行价格为 20,则期权价值为 28.8 − 20 = 8.8。在节点 E 和节点 F 上,股票价格小于执行价格,期权处于虚值状态,因此期权价值为 0。同样,节点 C 期权价值为 0,由于节点 C 期权价值来源于节点 E 和 F,E 和 F 两个节点期权价值都为 0,因此节点 C 期权价值也为 0。接下来,我们利用风险中性定价方法来分别求解节点 B 和节点 A 的期权价值。

首先计算风险中性世界中股票价格上涨的概率 p:

$$p = \frac{e^{r\Delta t} - d}{u - d} = \frac{e^{0.05 \times 0.25} - 0.8}{1.2 - 0.8} = 0.531\ 4$$

那么,B 点期权价值为

$$f_B = e^{-r\Delta t}[pf_D + (1-p)f_E] = e^{-0.05 \times 0.25}(0.531\ 4 \times 8.8 + 0.468\ 6 \times 0)$$

即

$$f_B = 4.618\ 2$$

最后再求 A 点期权的价值

$$f_A = e^{-r\Delta t}[pf_B + (1-p)f_C] = e^{-0.05 \times 0.25}(0.531\ 4 \times 4.618\ 2 + 0.468\ 6 \times 0)$$

得

$$f_A = 2.423\ 6$$

我们同样可以推广得出两步二叉树的一般结论。

假定股票起始价格为 S_0,在二叉树的每一步股票价格上涨为原来的 u 倍或下跌幅度为 d,股票价格和期权价值都显示在二叉树的节点上,股票价格在节点的上方,期权价值在节点的下方,如第一次股票价格上涨得到的股票价格为 S_0u 和期权价值 f_u,同时用 f 双下标表示两个步长后的期权价值，例如 f_{uu} 表示股票上涨两个步长所得到的期权价值，假定无内附利率为 r，每一步步长为 Δt 年，具体如图 10-7 所示。

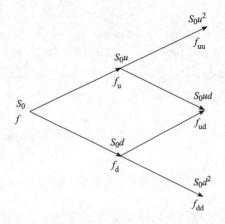

图 10-7　一般两步二叉树中的股票价格及期权价值

将二叉树尾端价格与期权执行价格相比，若为股票看涨期权，则期权价值为 Max（尾端价格－执行价格，0）；若为股票看跌期权，则期权价值为 Max（执行价格－尾端价格，0）。因此，f_{uu}、f_{ud}、f_{dd} 可以直接求出。随后，利用式(10-5)求出风险中性世界股票价格上涨概率 p。接下来求 f_u 和 f_d：

$$f_u = e^{-r\Delta t}[pf_{uu} + (1-p)f_{ud}] \quad (10\text{-}12)$$

$$f_d = e^{-r\Delta t}[pf_{ud} + (1-p)f_{dd}] \quad (10\text{-}13)$$

最后求 f：

$$f = e^{-r\Delta t}[pf_u + (1-p)f_d] \quad (10\text{-}14)$$

将式(10-12)、式(10-13)代入式(10-14)可得

$$f = e^{-r\Delta t}\{pe^{-r\Delta t}[pf_{uu}+(1-p)f_{ud}]+(1-p)e^{-r\Delta t}[pf_{ud}+(1-p)f_{dd}]\}$$

整理得

$$f = e^{-2r\Delta t}[p^2 f_{uu} + 2p(1-p)f_{ud} + (1-p)^2 f_{dd}] \quad (10\text{-}15)$$

观察式(10-15)就会发现，得到的结论与风险中性定价完全一致，只不过原来的变量参数 p、$1-p$ 变为了 p^2、$2p(1-p)$、$(1-p)^2$ 3 个参数，分别为股票第二步的上、中、下 3 个节点股票值的概率，期权价值同样等于其在风险中性世界期望值以无风险利率贴现得到的现值。

在上面的例子中，我们介绍的是看涨期权，在这里我们考虑一个看跌期权的例子。假设股票即期价格 $S_0 = 20$ 元，在二叉树的每一步，股票价格上涨 20% 或下跌 20%，假定每步为 3 个月，无风险利率 $r = 0.05$，考虑执行价格 $K = 22$ 元，到期期限 $T = 6$ 个月的看跌期权。

二叉树如图 10-8 所示，$u = 1.2$，$d = 0.8$，$\Delta t = 0.25$，$r = 0.05$，由式(10-8)可得

$$p = \frac{e^{0.05 \times 0.25} - 0.8}{1.2 - 0.8} = 0.5314$$

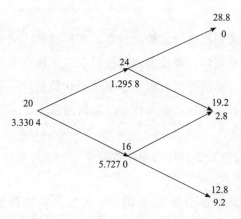

图 10-8　两步二叉树中的股票及期权价值

二叉树尾端（即到期日）的股票价格为 28.8、19.2、12.8，则相对应的看跌期权价值分别为 $f_{uu}=0$、$f_{ud}=2.8$、$f_{dd}=9.2$。

利用风险中性定价法

$$f_u = e^{-r\Delta t}[pf_{uu} + (1-p)f_{ud}] = e^{-0.05 \times 0.25}(0.5314 \times 0 + 0.4686 \times 2.8)$$

$$f_u = 1.2958$$

$$f_d = e^{-r\Delta t}[pf_{ud} + (1-p)f_{dd}] = e^{-0.05 \times 0.25}(0.5314 \times 2.8 + 0.4686 \times 9.2)$$

$$f_d = 5.7270$$

最终得到

$$f = e^{-r\Delta t}[pf_u + (1-p)f_d] = e^{-0.05 \times 0.25}(0.5314 \times 1.2958 + 0.4686 \times 5.7270)$$

$$f = 3.3304$$

无论单步二叉树，还是两步二叉树，与市场实际均存在极大差别。不过，这一问题解决起来并不难。为使二叉树模型所得结果尽可能符合或接近实际，我们只需要将二叉树的步数尽量增加。比如，对于到期期限为 6 个月的期权来说，我们可以利用 6 步二叉树（每步期限为 1 个月）对其估值。当然，也可以进一步加大步数，如利用 12 步二叉树，每步期限为 0.5 个月。在实际运用二叉树方法时，期权的期限通常会被分割为 30 个或更多的时间步。例如，在 40 个时间步中，总共有 2^{40} 种可能的股票价格路径，如果我们一个一个往后推算，这将会是非常惊人的工作量。

但不管怎样，树形的结构都是由 $u = e^{\sigma\sqrt{\Delta t}}$，$d = e^{-\sigma\sqrt{\Delta t}}$，$p = (e^{r\Delta t} - d)/(u - d)$ 定义的，只不过我们要注意 Δt 的取值，当步数越来越多时，$\Delta t = T/n$，例如期限为 1 年的期权，分为两步，则 $\Delta t = T/n = 1/2 = 0.5$；分为 10 步时，则 $\Delta t = T/n = 1/10 = 0.1$。当步数增加到越来越多时，也就是 Δt 越来越小时，欧式期权定价所得价格将会收敛于布莱克-斯科尔斯-默顿价格。

10.5 美式期权

接下来，我们将对美式期权进行定价。和欧式期权相比，美式期权最大的差异就是可以提前执行权利。为了容易理解，假设美式期权只在二叉树的节点处提前行权。首先我们采用前述欧式期权的二叉树估值方法对每个节点进行价值估计，除此之外，在二叉树的每个节点上都需要考虑提前行使期权是否最优，二叉树的每一个节点价值都等于以下两个数量的最大值：

1）按照欧式期权二叉树方法估计的期权价值。

2）提前行使期权的收益。

沿用之前的例子，股票即期价格 $S_0=20$ 元，在二叉树的任意一步之间，股票价格上涨 20% 或下跌 20%，假定二叉树每步为 3 个月，无风险利率 $r=0.05$，执行价格 $K=22$ 元，到期期限 $T=6$ 个月的美式看跌期权。

由图 10-9 可知，期权尾端价格不变，还是原来欧式期权的价格，对于 f_u 来说，由前述方法计算的期权价值为 1.295 8，而提前行使期权价值为 $22-24=-2$，明显在 f_u 点提前行使期权不会最优，因此在这一点上期权价值还是为 1.295 8。而在 f_d 点上，由前述方法计算的期权价值为 5.727 0，小于提前行使期权的价值 $22-16=6$，因此在 f_d 点上提前行使期权价值最优。这样 f 点期权价值我们要通过新的 f_u 和 f_d 重新计算，$f=\mathrm{e}^{-r\Delta t}[pf_u+(1-p)f_d]$，则利用前述方法计算的 f 值为

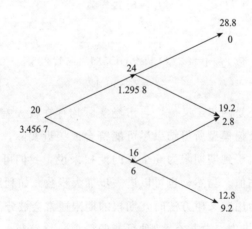

图 10-9 利用二叉树对美式看跌期权的定价

$$f=\mathrm{e}^{-0.05\times 0.25}(0.531\ 4\times 1.295\ 8+0.468\ 6\times 6)=3.456\ 7$$

而在起始点提前行权价值为 $22-20=2$，小于 3.456 7，因此提前行权不为最优，期权价值为 3.456 7。

■ 本章小结

本章介绍了期权的二叉树定价过程。对于单步二叉树期权定价，采用无套利思想，构造一个由期权空头和标的资产多头所构成的无风险资产组合，无风险投资组合收益率一定等于无风险利率，从而利用无风险利率贴现计算得出期权的即期价格，也可以通过风险中性方法，假设世界是风险中性世界，从而简化对衍生品的定价。对于多步二叉树而言，从期权的到期日出发，逐步倒推至树形的起始点，从而得出期权的即期价值。美式期权不仅要和欧式期权定价一样通过倒推得出每个节点的期权价值，还要考虑提前行使期权的收益，两者相比，最大的值便是期权在该节点的价值。

■ 本章重点

① 无套利定价方法与风险中性定价方法。
② 二叉树估值方法公式的推导。
③ 多步二叉树方法的应用。
④ 对美式期权定价。

■ 练 习

1. 如何通过波动率来确定二叉树参数 u 和 d？在期权定价中，如何定义一个二叉树？
2. Δ(Delta) 的定义及功能是什么？
3. 已知股票目前价格为 20 元，在 1 个月后股票价格可能上涨为 22 元，也可能下降为 18 元，其中无风险利率为 5%（连续复利），试用无套利方法计算执行价格为 19 元、期限为 1 个月的欧式看涨期权的价值。
4. 用风险中性定价方法对上题的欧式看涨期权进行定价。
5. 股票当前价格为 50 元，在今后每 6 个月内，股票会上涨或下跌 10%，其中无风险利率为 6%（连续复利），问执行价格为 48 元、1 年期的欧式看涨期权价格为多少？
6. 一个无股息的电子科技股票当前价格为 100 元，波动率可看作常数 20%，其中无风险利率为每年 5%，问对于 6 个月步长，股票上升和下降的百分比分别为多少？在风险中性世界里，价格上涨的概率是多少？
7. 股票目前的价格为 100 元，已知股票波动率为 10%，无风险利率为每年 8%（连续复利），利用两步二叉树计算执行价格为 100 元、期限为 1 年的美式看跌期权价值。

■ 练习答案

1. $u = e^{\sigma\sqrt{\Delta t}}$，$d = e^{-\sigma\sqrt{\Delta t}}$，再加上 $p = \dfrac{e^{rT} - d}{u - d}$ 就可以定义一个二叉树。
2. Δ(Delta) 是用来衡量期权价格相对于标的资产价格变动的敏感程度的。它等于期权价格变动与标的资产价格变动的比率。

3. 我们考虑一个由 Δ 单位的股票多头和一份欧式看涨期权的空头所形成的投资组合。当1个月后股票价格上涨为22元时,投资组合价值为 $22\Delta-3$;当1个月后股票价格下降为18元时,投资组合价值为 18Δ。两种情况下的值相等,即 $22\Delta-3=18\Delta$,解得 $\Delta=0.75$。1个月后,无论股票上升还是下降,投资组合价值都为13.5元。在无套利机会下,无风险投资组合的收益率等于无风险利率。因此,该投资组合在今天的价值等于13.5元的贴现值,为

$$13.5e^{-0.05\times\frac{1}{12}}=13.444$$

也就是说,$20\times0.75-f=13.444$,解得 $f=1.556$,即在无套利机会下,期权目前价值为1.556元。

4. 首先我们定义 p 为股票在风险中性世界中上涨的概率,利用在风险中性世界里股票的收益率期权一定等于无风险利率,有

$$22p+18(1-p)=20e^{0.05\times\frac{1}{12}}$$

解得 $p=0.5209$。于是在1个月后,欧式看涨期权为2的概率为0.5209,为0的概率为0.4791。因此,我们可以算出欧式看涨期权1个月后的期望值为 $3\times0.5209+0\times0.4791=1.5627$,将其以无风险利率贴现,可得期权在今天的价值为

$$1.5627e^{-0.05\times\frac{1}{12}}=1.556$$

也就是说,我们用风险中性方法计算得出的结果与无套利方法计算的结果一致。

5. 利用公式可计算出在每一步股票价格上涨的概率为

$$p=\frac{e^{rT}-d}{u-d}=\frac{e^{0.06\times\frac{1}{2}}-0.9}{1.1-0.9}=0.6523$$

因此,期权价值为

$$f=e^{-0.06\times1}[0.6523^2\times12.5+2\times0.6523\times(1-0.6523)\times1.5+(1-0.6523)^2\times0]$$

解得 $f=5.650$,即此期权价格为5.650元。

6. 由公式 $u=e^{\sigma\sqrt{\Delta t}}$ 和 $d=e^{-\sigma\sqrt{\Delta t}}$ 可得 $u=e^{0.2\times\sqrt{\frac{1}{2}}}=1.1519$,$d=e^{-0.2\times\sqrt{\frac{1}{2}}}=0.8681$。因此,股票上升和下降的百分比分别为15.19%和13.19%,股票上涨的概率为

$$p=\frac{e^{rT}-d}{u-d}=\frac{e^{0.05\times\frac{1}{2}}-0.8681}{1.1519-0.8681}=0.5540$$

7. 先计算二叉树的 u、d 和 p:

$$u=e^{0.1\times\sqrt{\frac{1}{2}}}=1.0733$$

$$d=e^{-0.1\times\sqrt{\frac{1}{2}}}=0.9317$$

$$p=\frac{e^{rT}-d}{u-d}=\frac{e^{0.08\times0.5}-0.9317}{1.0733-0.9317}=0.7706$$

对于尾端节点期权价格,容易算出 $f_{uu}=0$, $f_{ud}=0$, $f_{dd}=13.188$。

于是,对于节点(1,1),由于连接两端都为0,因此值也为0;而对于节点(1,0),可计算得

$$f_{(1,0)} = e^{-0.08 \times 0.5}[0.7706 \times 0 + (1-0.7706) \times 13.188] = 2.91$$

又因为此期权为美式期权,可以提前行使权利,值为 $100-100 \times 0.9317 = 6.83 > 2.91$,所以该期权会被提前行使。再来计算期权目前的价值为

$$f = e^{-0.08 \times 0.5}[0.7706 \times 0 + (1-0.7706) \times 6.83] = 1.51$$

即该看跌期权的价值为1.51元。

第11章

股票价格随机过程

如果某一变量的值以不确定的方式随时间变化，则我们称这个变量服从某种随机过程（Stochastic Process）。该变量我们称为随机变量（Random Variable）。股票价格就是以某种不确定的方式随时间变化，因此，股票价格是随机变量，服从某种随机过程。那么，股票价格究竟服从什么样的随机过程呢？或者说，采用何种随机过程刻画股票价格的变化更为合适呢？本章我们就探讨这个问题。为此，我们首先学习马尔可夫过程、维纳过程、广义维纳过程、伊藤过程，在此基础上，确定合适的股票价格随机过程。最后，为了下一章股票期权 B-S-M 公式的推导，本章还将介绍伊藤引理。

11.1 马尔可夫过程与有效市场理论

马尔可夫过程（Markov Process）是一种特殊的随机过程，在该过程中，只有标的变量的当前值与变量未来的变化有关，变量的过去值及变量从过去到现在的变化过程与变量未来的变化无关。如果我们假设股票价格服从马尔可夫过程，那么，马尔可夫性质说明我们对股票未来价格的预测与股票历史价格及价格由过去到达现在的路径无关。

一个资本市场如果在确定资产价格中能够使用全部信息，那么，这个市场就是有效率的。也就是说，在一个市场中基于信息集合 θ_t 不能获取经济收益，那么这个市场在这个信息集合区间就是有效率的。这里经济收益是指进行了风险调整并减去了交易成本之后的超额收益。根据信息集合 θ_t 的不同，可进一步将有效市场假说分为 3 个层次。

1. 弱式有效市场

在该市场中，信息集合 θ_t 仅仅包含 t 时刻所获得的历史价格信息。对于股票市场而言，在弱式有效市场中，现有价格包含了所有的历史价格信息，投资者无法利用历史价格所包含的信息获取超额收益，也就是说，投资者不能通过技术分析方法获得超额收益。但投资者可以通过基本面分析和内幕消息来获取超额收益。当然，如果弱式无效，说明历史价格信息没有全部被利用，现有价格没有包含历史价格所包含的全部信息，投资者可以通过分析历史价格获得超额收益。

2. 半强式有效市场

在半强式有效市场中，信息集合 θ_t 不仅仅包含 t 时刻所获得的历史价格信息，还包含了 t 时刻所有可获得的其他公开信息。对于股票市场而言，在半强式有效市场中，技术分析和基本面分析都无效，投资者只能通过内幕消息来获取超额收益。

3. 强式有效市场

在强式有效市场中，信息集合 θ_t 不仅包含所有公开信息，另外还包含 t 时刻所获得的没有公开的内幕消息。对于投资者来说，此时市场是有效率的，技术分析、基本面分析，以及内幕消息均不能带来超额回报。

马尔可夫性质意味着股票价格在将来的概率分布与股票历史价格及从过去到现在价格演化路径都没有关系，我们惊奇地发现马尔可夫性质与弱式市场有效性其实是一致的。

假定一个变量服从马尔可夫过程，现值为 5，在 1 年后，该变量变化的概率分布服从正态分布 $N(0, 6)$，求变量变化在 2 年后的概率分布。很明显，该变量在 2 年后的变化等于两个随机变量（即第一年的变化和第二年的变化）的和。由于该变量服从马尔可夫过程，这两个随机变量均服从正态分布，期望值均为 0，方差均为 6，并且相互独立。将两个相互独立的正态变量相加，得到的和也服从正态分布，其期望值等于独立变量期望值的和，方差等于两个独立变量方差的和。因此，两年后，该变量变化的分布仍然服从正态分布，期望值为 0，方差为 12。

同时，我们也可以考虑变量 6 个月后的变化，与上述一样，把变量一年的变化看作两个随机变量（即 0~6 个月期间的变化和 6 个月~1 年期间的变化）的和。由于该变量服从马尔可夫过程，这两个随机变量服从相同分布且相互独立，可推导出这两个随机变量均服从期望值为 0、方差为 3 的正态分布。同理可得，该变量在 3 个月内的变化服从 $N(0, 1.5)$。一般化，该变量在 Δt 时间段的变化服从 $N(0, 6\Delta t)$。

11.2 维纳过程

维纳过程（Wiener Process）是一种期望值为 0、年方差率为 1.0 的特殊马尔可夫过程。这种过程曾在物理学中被用来描述一个粒子受到大量小分子碰撞后所产生的运动，因此也被称为布朗运动（Brownian Motion）。

维纳过程的严格定义：变量 z 服从以下两个性质时被称为服从维纳过程。

性质 1：变量 z 在一小段时间区间 Δt 内的变化量 Δz 为

$$\Delta z = \varepsilon \sqrt{\Delta t} \quad [其中，\varepsilon \sim N(0,1)] \tag{11-1}$$

性质 2：在任何两个不相重叠的时间区间 Δt_1 和 Δt_2，变化量 Δz_1 和 Δz_2 相互独立。这个性质说明 z 服从马尔可夫过程。

由性质 1 可知，Δz 本身服从正态分布，并且期望值为 0，方差为 Δt。

以上讨论的都是 Δz 在一小段时间区间 Δt 的变化，我们现在考虑一段较长时间 T 内 z 的变化，这一变化量可以看作 n 个时间段为 Δt 的小时间段内变量 z 的变化的总和，令 $n = \dfrac{T}{\Delta t}$，于是

$$z(T) - z(0) = [z(T) - z(T - \Delta t)] + \cdots + [z(\Delta t) - z(0)]$$

又因为 $z(\Delta t) - z(0) = \varepsilon_1 \sqrt{\Delta t}, \cdots, z(T) - z(T - \Delta t) = \varepsilon_n \sqrt{\Delta t}$ 两两相互独立，且 $\varepsilon_i (i = 1, 2, \cdots, n)$ 均服从 $N(0, 1)$ 分布，所以

$$z(T) - z(0) = \sum_{i=1}^{n} \varepsilon_i \sqrt{\Delta t} \sim N(0, T) \tag{11-2}$$

因此，$z(T) - z(0)$ 的均值为 0，方差为 T，标准差为 $\sqrt{T}$。

将式(11-1)写成微分形式，此时用 dz 代表维纳过程，其可定义为

$$dz = \varepsilon \sqrt{dt} \quad [其中，\varepsilon \sim N(0,1)]$$

11.3 广义维纳过程

在介绍广义维纳过程之前，我们引入两个重要名词：漂移率和方差率。在随机过程中，变量在每单位时间变化的期望值被称为变量的漂移率（Drift Rate），变量在每单位时间变化的方差则被称为变量的方差率（Variance Rate）。回顾上节所讲的维纳过程，其漂移率为 0 和方差率为 1.0。漂移率为 0，说明变量在单位时间变化的期望值为 0，意味着在将来任意时刻，变量 z 的期望值等于当前值。方差率为 1，说明变量在单位时间变化的方差为 1.0，意味着在即期至将来任意时刻 T 这段区间的变化的方差等于 1.0T。"变量 z 的方差"与"变量 z 变化的方差"相同，意味着在将来任意时刻 T，变量 z 的方差等于 1.0T。

我们证明"变量 z 的方差"与"变量 z 变化的方差"相同。

变量 z 即期值为 z_0，t 时刻值为 z_{it} （$i = 1, 2, \cdots, n$），则变量 z 在 t 时刻的方差为

$$\text{Var}(z_t) = \frac{(z_{it} - \sum z_{it}/n)^2}{n} \tag{11-3}$$

而在即期到 t 时刻这段区间，变量 z 变化的方差，即 Δz_t 的方差为

$$\Delta z_{it} = z_{it} - z_0 \tag{11-4}$$

$$\text{Var}(\Delta z_t) = \frac{(\Delta z_{it} - \sum \Delta z_{it}/n)^2}{n}$$

$$\mathrm{Var}(\Delta z_t) = \frac{[(z_{it}-z_0)-(\sum(z_{it}-z_0)/n)]^2}{n}$$

$$\mathrm{Var}(\Delta z_t) = \frac{[(z_{it}-z_0)-(\sum z_{it}-nz_0)/n]^2}{n}$$

$$\mathrm{Var}(\Delta z_t) = \frac{[(z_{it}-z_0)-\sum z_{it}/n+z_0]^2}{n}$$

$$\mathrm{Var}(\Delta z_t) = \frac{(z_{it}-\sum z_{it}/n)^2}{n} \tag{11-5}$$

现在我们正式给出广义维纳过程（Generalized Wiener Process）的定义：如果随机变量 x 在较短时间区间 Δt 发生的变化 Δx 满足下面的方程，则称随机变量 x 服从广义维纳过程：

$$\Delta x = a\Delta t + b\Delta z \tag{11-6}$$

式中，a 和 b 为常数，a 为随机变量 x 的漂移率，b^2 为方差率，随机变量 z 服从维纳过程，因此式(11-6)可以写成

$$\Delta x = a\Delta t + b\varepsilon\sqrt{\Delta t} \tag{11-7}$$

为了理解式(11-6)，我们可以将该式的右端分成两项来看。第一项是确定项，$a\Delta t$ 说明变量 x 在单位时间漂移 a，随着时间的推移，变量 x 会形成一条确定性路径。第二项 $b\Delta z$ 是随机项，可以视作附加在变量 x 确定性路径上的噪声或扰动，其幅度为维纳过程的 b 倍。

由于 ε 服从标准正态分布，因此，根据式(11-7)，Δx 也服从正态分布，并且期望值为 $a\Delta t$，方差为 $b^2\Delta t$，标准差为 $b\sqrt{\Delta t}$。在任意时间段 T 后，变量 x 的变化 Δx 的期望值为 aT，方差为 $b^2 T$，标准差为 $b\sqrt{T}$。

【例 11-1】假定变量 z 服从维纳过程，其初始值为 16，时间以年为单位。则我们可知，在 1 年末，变量 z 的取值服从正态分布，期望值为 16，标准差为 1.0；在 2 年末，变量 z 的取值服从正态分布，期望值为 16，标准差为 $\sqrt{2.0}$。

【例 11-2】假设某股票价格（以元为计量单位）服从广义维纳过程，该股票现价为 20，漂移率为每年 4，方差率为 36。则 $a=4$，$b=6$。在 1 年后，该股票价格服从正态分布，期望值为 $20+4\times 1=24$，方差为 $36\times\sqrt{1}$，标准差为 $6\times\sqrt{1}$。在 6 个月时，股票价格服从正态分布，期望值为 22，标准差为 $6\times\sqrt{0.5}$。在 9 年后，股票价格服从正态分布，期望值为 $20+4\times 9=56$，标准差为 $6\times\sqrt{9}$，即 18。

11.4 伊藤过程

根据式(11-6)可知，广义维纳过程的漂移率和方差率均为常数，分别为 a 和 b^2。当我

们将漂移率和方差率设定为会随变量 x 的变化和时间 t 的变化而变化时，即将漂移率和方差率设定为变量 x 和时间 t 的函数时，广义维纳过程就被称为伊藤过程（Ito Process）。伊藤过程代数表达式为

$$dx = a(x,t)dt + b(x,t)dz \tag{11-8}$$

由式(11-8)可知，伊藤过程的期望漂移率和方差率会随时间而变化。式(11-8)所描述的随机过程是马尔可夫过程，因为在时刻 t，随机变量 x 的变化只依赖于随机变量 x 在时刻 t 的值，而与随机变量 x 的过去值及过去值变化过程无关。当然，如果在式(11-8)中，a、b 依赖于 x 在时间 t 之前的值，那么该过程不再具有马尔可夫性质。

在 t 至 $t+\Delta t$ 的一小段时间区间内，变量从 x 至 $x+\Delta x$ 的变化为

$$\Delta x = a(x,t)\Delta t + b(x,t)\varepsilon\sqrt{\Delta t}$$

这个等式包含了一个小的近似处理，它假设在 t 至 $t+\Delta t$ 区间，变量 x 的漂移率和方差率不变。

11.5 股票价格随机过程

前面我们介绍了维纳过程、广义维纳过程及伊藤过程，那么股票价格服从哪种随机过程呢？维纳过程表明股票价格变化的期望值为 0，这明显不符合现实，所以维纳过程不适合用来刻画股票价格的随机过程。那么，广义维纳过程是否适合呢？我们先来看看广义维纳过程意味着什么？广义维纳过程意味着股票价格每单位时间变化的期望值保持不变，为漂移率 a，并且股票价格变化的标准差是 $b\sqrt{T}$。这符不符合现实呢？为了说明这个问题，我们通过一个例子来看一下。

假设公司 A 市值为 100 亿元，股本 20 亿元，股票价格为 5 元，服从广义维纳过程，漂移率为 2 元，方差率为 9。第 1 年后，股票价格的期望值为 7 元，标准差为 3 元。25 年后，股票价格的期望值为 $5+2\times25=55$ 元，标准差为 $3\times\sqrt{25}=15$ 元。26 年后，股票价格的期望值为 57 元，标准差为 15.297 元。仔细分析可知，第 1 年股票价格的期望值增长 2 元，相当于初始价格 5 元的 40%，而第 2 年股票价格的期望值再增长 2 元，相当于在第 1 年末股票期望价格 7 元的基础上增长 28.57%。第 26 年股票价格的期望值增长 2 元，相当于在第 25 年末股票价格期望值 55 元的基础上增长 3.64%。由此可知，固定的漂移率意味着随着时间推移，股票价格的收益率期望值会逐渐减少。很明显，这不符合现实。实际上，当公司的风险收益特征没有大的变化时，该公司股票的收益率并不会发生大的变化。对于投资者来说，股票价格的绝对变化并不重要，股票价格的相对变化即收益率才是关注的焦点。如果投资者在股票价格等于 5 元时，所要求的预期收益率为 16%，那么在其他条件相同时，投资者在股票价格等于 50 元时，也会要求预期收益率为 16%。

下面我们再来看看广义维纳过程固定的方差率假设是否符合现实。在本例中，第 1 年末，股票价格的期望值为 7 元，标准差为 3 元，标准差为股票价格期望值的 42.86%。第 26 年末，股票价格的期望值为 57 元，标准差为 15.297 元。标准差为股票价格期望值的 26.84%。由此可知，固定的方差率意味着股票价格的波动越来越小。很明显，这与现实不符。实际上，当公司基本面没有大的变化时，公司股票价格的波动率基本上会保持稳定。投资者更关注股票价格的波动率，而不是股票价格变化的标准差。换句话说，当其他条件相同时，投资者在股票价格为 5 元和 50 元时，对于股票的不确定性有同样的观点。这意味着股票价格变化的标准差应与股票价格成正比。

股票价格的波动率（或者说股票的波动率）通常用 σ 来表示，用于度量股票年收益率的不确定性。σ 被定义为股票在 1 年内所提供收益率的标准差。

综上可知，要刻画股票价格的随机过程，收益率期望值是固定的，而不是价格变化的绝对值固定。股票价格的波动率是固定的，而不是股票价格变化的方差率固定。因此，采用下面的随机过程：

$$\frac{dS}{S} = \mu dt + \sigma dz \tag{11-9}$$

式中，S 为股票价格；μ 为股票的期望收益率；σ 为股票价格的波动率。经过变形，式(11-9)变成

$$dS = \mu S dt + \sigma S dz \tag{11-10}$$

很明显，式(11-10)是一个伊藤过程。因此，股票价格服从伊藤过程。

11.6 股票百分比收益率分布

在本小节，我们仅仅讨论不分红股票的百分比收益率分布情况。将式(11-9)写成离散形式

$$\frac{\Delta S}{S} = \mu \Delta t + \sigma \varepsilon \sqrt{\Delta t} \tag{11-11}$$

式中，ΔS 为股票价格在 Δt 这一小段时间内发生的变化；μ 为股票的期望收益率；σ 为股票价格的波动率，一般认为 μ 和 σ 这两个参数为常数。

等式左边为一小段时间 Δt 内的股票百分比收益率。右边也可看作两项，$\mu \Delta t$ 是收益率期望值，同时也是确定值，而 $\sigma^2 \Delta t$ 则是收益率方差的来源项，是不确定项。

因为 $\varepsilon \sim N(0,1)$，那么式(11-11)可以理解为股票百分比收益率服从于期望值为 $\mu \Delta t$、方差为 $\sigma^2 \Delta t$ 的正态分布，如下所示：

$$\frac{\Delta S}{S} \sim (\mu \Delta t, \sigma^2 \Delta t)$$

11.7 伊藤引理

11.7.1 内容

在随机过程分析中,伊藤引理是一条非常重要的性质,它是日本数学家伊藤在 1951 年提出来的。其重要性体现在如果我们知道变量 x 所遵循的随机过程,通过伊藤引理可以推导出 x 的函数 $G(x,t)$ 遵循的随机过程。我们都知道股票期权价格是标的股票价格和时间的函数,一般而言,任何一种衍生品价格都是其标的资产价格和时间的函数,因此伊藤引理在衍生品分析中扮演着重要的角色。

假设变量 x 服从以下伊藤过程:

$$dx = a(x,t)dt + b(x,t)dz$$

式中,a、b 是 x 和 t 的函数;dz 为维纳过程。变量 x 的漂移率为 a,方差率为 b^2。

$G(x,t)$ 是 x 和 t 的函数,伊藤引理表明 $G(x,t)$ 服从以下随机过程:

$$dG = \left(\frac{\partial G}{\partial x}a + \frac{\partial G}{\partial t} + \frac{1}{2}\frac{\partial^2 G}{\partial x^2}b^2\right)dt + \frac{\partial G}{\partial x}b\,dz \tag{11-12}$$

我们观察式(11-12)可以发现 G 同样服从伊藤过程,只不过漂移率为

$$\frac{\partial G}{\partial x}a + \frac{\partial G}{\partial t} + \frac{1}{2}\frac{\partial^2 G}{\partial x^2}b^2$$

方差率为

$$\left(\frac{\partial G}{\partial x}\right)^2 b^2$$

关于伊藤引理的证明,我们将在本章后面的附录进行单独说明,同时我们注意到,不管是股票价格 S 还是衍生品价值 G,都会受到同一个不确定因素 dz 的影响,这一点在本书第 12 章布莱克-斯科尔斯-默顿公式的推导中会起到关键作用。

11.7.2 应用:推导远期价格随机过程

我们已经知道股票价格服从伊藤过程,那么股票远期价格服从何种随机过程呢? 本节我们运用伊藤引理推导远期价格随机过程。这里考虑的是无股息的远期合约,假定无风险利率为 r,则远期价格 F_0 为

$$F_0 = S_0 e^{rT}$$

式中,S_0 为资产的当前价格;T 为到期期限。

若考虑远期价格与时间的关系,换句话说,远期价格是时间的函数,那么定义股票在

t 时刻价格为 S，远期合约在 t 时刻价格为 F，其中 $t<T$，则

$$F=Se^{r(T-t)} \tag{11-13}$$

假定 S 服从如下伊藤过程（漂移率为 μS，方差率为 $\sigma^2 S^2$）：

$$dS=\mu Sdt+\sigma Sdz$$

根据伊藤引理有

$$dF=\left(\frac{\partial F}{\partial S}a+\frac{\partial F}{\partial t}+\frac{1}{2}\frac{\partial^2 F}{\partial S^2}b^2\right)dt+\frac{\partial F}{\partial S}bdz \tag{11-14}$$

又因为

$$\frac{\partial F}{\partial S}=e^{r(T-t)},\frac{\partial F}{\partial t}=-rSe^{r(T-t)},\frac{\partial^2 F}{\partial S^2}=0$$

将以上等式代入式(11-14)得

$$dF=[e^{r(T-t)}\mu S-rSe^{r(T-t)}]dt+e^{r(T-t)}\sigma Sdz$$

将等式进行化简合并得

$$dF=[(\mu-r)Se^{r(T-t)}]dt+\sigma Se^{r(T-t)}dz$$

再将式(11-13)代入上式，则有

$$dF=(\mu-r)Fdt+\sigma Fdz \tag{11-15}$$

观察上式发现，F 也服从伊藤过程，只不过其收益率期望值为 $\mu-r$，而不是 μ，远期价格增长率等于股票 S 收益率超出无风险利率的那部分。

11.8 股票价格分布

我们已经知道股票百分比收益率服从正态分布，那么股票价格服从什么分布呢？本节我们运用伊藤引理对股票价格的分布进行推导。

股票价格随机过程如下：

$$dS=\mu Sdt+\sigma Sdz$$

记 $G(S)=\ln S$，则有

$$\frac{\partial G}{\partial S}=\frac{1}{S},\frac{\partial G}{\partial t}=0,\frac{\partial^2 G}{\partial S^2}=-\frac{1}{S^2}$$

根据伊藤引理有

$$dG=\left[\frac{1}{S}\mu S+\frac{1}{2}\left(-\frac{1}{S^2}\right)\sigma^2 S^2\right]dt+\frac{1}{S}\sigma Sdz$$

化简得

$$dG = \left(\mu - \frac{\sigma^2}{2}\right)dt + \sigma dz \tag{11-16}$$

式中，μ 为股票的期望收益率；σ 为股票价格的波动率，一般认为 μ 和 σ 是常数。所以，根据式(11-16)可知，函数 $G(S)$ 服从广义维纳过程，漂移率为常数 $\mu - \sigma^2/2$，方差率为常数 σ^2。

将式(11-16)写成离散形式

$$\Delta G = \left(\mu - \frac{\sigma^2}{2}\right)\Delta t + \sigma \varepsilon \sqrt{\Delta t} \tag{11-17}$$

因此，ΔG 服从期望值为 $(\mu - \sigma^2/2)\Delta t$、方差为 $\sigma^2 \Delta t$ 的正态分布。由此可以得出，$G = \ln S$ 在 0 到 T 时刻之间的变化服从期望值 $(\mu - \sigma^2/2)T$、方差为 $\sigma^2 T$ 的正态分布，即

$$\ln S_T - \ln S_0 \sim N\left[\left(\mu - \frac{\sigma^2}{2}\right)T, \sigma^2 T\right] \tag{11-18}$$

又或者

$$\ln S_T \sim N\left[\ln S_0 + \left(\mu - \frac{\sigma^2}{2}\right)T, \sigma^2 T\right] \tag{11-19}$$

式中，S_0 为股票在 0 时刻价格；S_T 为股票在 T 时刻价格。我们可以看出股票价格的对数满足正态分布，此时我们称股票价格满足对数正态分布。

【例 11-3】 考虑一个初始价格为 20 美元的股票，该股票的年收益率期望值为 15%，年波动率为 20%，请写出股票价格在 6 个月时的概率分布。同时，求出 95% 置信度下股票价格的范围。

股票价格 S_T 服从对数正态分布，根据式(11-19)得

$$\ln S_T \sim N\left[\ln 20 + \left(0.15 - \frac{0.2^2}{2}\right) \times 0.5, 0.2^2 \times 0.5\right]$$

计算得

$$\ln S_T \sim N[3.061, 0.02]$$

正态分布变量取值落在与均值距离小于 1.96 倍标准差范围内的概率为 95%，则

$$3.061 - 1.96 \times \sqrt{0.02} < \ln S_T < 3.061 + 1.96 \times \sqrt{0.02}$$

又可以变换写成

$$e^{3.061 - 1.96 \times \sqrt{0.02}} < S_T < e^{3.061 + 1.96 \times \sqrt{0.02}}$$

或

$$16.181 < S_T < 28.168$$

因此，股价在 6 个月后介于 16.181 到 28.168 范围内概率为 95%。

11.9 股票对数收益率的分布

由股票价格呈对数正态分布出发,由式(11-18)可得

$$\ln\frac{S_T}{S_0} \sim N\left[\left(\mu-\frac{\sigma^2}{2}\right)T, \sigma^2 T\right] \tag{11-20}$$

式中,$\ln S_T/S_0$ 为股票从 0 时刻至 T 时刻区间的对数收益率。因此,由式(11-20)可知,股票对数收益率和百分比收益率一样,也服从正态分布。尽管二者的标准差相同,均为 $\sigma\sqrt{T}$,但二者的期望收益有差别。百分比收益率的期望收益率为 μT,对数收益率的期望收益率为 $(\mu-\sigma^2/2)T$。

我们将 0 到 T 时间内连续复利的收益率记为 x,S_0 为股票起始价格,S_T 为股票在 T 时刻价格,又因为 $S_T = S_0 e^{xT}$,则可以得出关于 x 的表达式

$$x = \frac{1}{T}\ln\frac{S_T}{S_0} \tag{11-21}$$

根据式(11-20),并利用正态分布性质易得

$$x \sim N\left(\mu-\frac{\sigma^2}{2}, \frac{\sigma^2}{T}\right) \tag{11-22}$$

由上式可知,连续复利收益率 x 服从期望值为 $\mu-\sigma^2/2$、方差为 σ^2/T 的正态分布。我们发现连续复利收益率的方差(标准差)与时间 T 成反比。当时间 T 增加时,x 方差(标准差)减小。也就是说,当我们考虑一个 5 年的情形和 10 年的情形时,10 年的连续复利年平均收益率期望估计会比 5 年的连续复利年平均收益率估计更加准确。

【例 11-4】考虑某只股票,其年收益率期望值为 15%,年波动率为 20%,股票价格服从对数正态分布,求 3 年内这一股票实现的年平均收益(以连续复利)的均值和标准差,以及 95% 置信度下股票年平均收益率的波动区间。

由式(11-22)可知,3 年内股票实现的平均收益为

$$\mu - \frac{\sigma^2}{2} = 0.15 - \frac{0.2^2}{2} = 0.13$$

标准差为

$$\sqrt{\frac{\sigma^2}{T}} = \sqrt{\frac{0.2^2}{3}} = 0.1155$$

股票的收益率有 95% 的概率会落到我们预测的年平均收益率波动区间,也就是要正态分布变量落到与其均值距离 1.96 个标准差范围之内,即

$$0.13 - 1.96 \times 0.1155 < x < 0.13 + 1.96 \times 0.1155$$

或
$$-0.096 < x < 0.356$$

所以我们有 95% 的把握说,在未来 3 年内实现的平均年收益率(连续复利)将会处在 -9.6% 和 35.6% 之间。

11.10 μ 和 $\mu - \sigma^2/2$

股票百分比收益率的年收益率期望值为 μ,股票对数收益率的年收益率期望值为 $\mu - \sigma^2/2$,这是怎么回事?二者有何区别?我们考虑许多段时长为 Δt 的很短的小区间,定义 S_i 为股票在第 i 个 Δt 区间期初的价格,ΔS_i 为 $S_{i+1} - S_i$,则第 i 个小区间的股票回报为 $\Delta S_i / S_i$。在我们对股票价格随机过程所做假设前提下,以下等式近似成立:

$$\sum_{i=1}^{n} \frac{\Delta S_i / S_i}{n} = \mu$$

也就是说,$\mu \Delta t$ 非常接近 $\Delta S_i / S_i$ 的算术平均值。而以小区间 Δt 为复利区间时,在所有覆盖的总区间内收益率期望值接近 $\mu - \sigma^2/2$,而不是 μ。

为了便于理解,假设某基金过去 5 年收益率分别为 15%、20%、30%、-20%、25%。如果初始投资 100 元,5 年后的终值为

$$100 \times 1.15 \times 1.20 \times 1.30 \times 0.80 \times 1.25 = 179.40(\text{元})$$

基金经理可能会做如下陈述:我们所管理基金在过去 5 年的平均年收益率为 14%。很明显,14% 是过去 5 年年收益率的算术平均数。基金经理的这种陈述会让人产生误解。投资者会误以为是年复利收益率为 14%,而很少想到是收益率算术平均值。

若以年复利 14% 收益率计算,初始投资 100 元,5 年后的终值应为

$$100 \times 1.14^5 = 192.54(\text{元})$$

实际上,5 年后终端值为 179.40 元所对应的年复利收益率应为 12.4%:

$$100 \times 1.124^5 = 179.40(\text{元})$$

因此,基金经理正确的陈述应为:投资者在过去 5 年将资金投入我们基金所得收益为每年 12.4%。这个例子与我们所探讨的收益率期望 μ 还是 $\mu - \sigma^2/2$ 有异曲同工之妙。14% 可类比于 μ,12.4% 则可视为 $\mu - \sigma^2/2$。

附录11A 伊藤引理的推导过程

考虑一个连续可微的函数 G,定义 G 是变量 S 和 t 的函数,记为 $G=G(S,t)$。
运用泰勒公式对 ΔG 展开:

$$\Delta G=\frac{\partial G}{\partial S}\Delta S+\frac{\partial G}{\partial t}\Delta t+\frac{1}{2}\frac{\partial^2 G}{\partial S^2}\Delta S^2+\frac{\partial^2 G}{\partial S\partial t}\Delta S\Delta t+\frac{1}{2}\frac{\partial^2 G}{\partial t^2}\Delta t^2 \tag{11A-1}$$

股票价格服从伊藤过程:

$$\Delta S=\mu S\Delta t+\sigma S\varepsilon\sqrt{\Delta t} \tag{11A-2}$$

式中,收益率期望值 μ、股票价格的波动率 σ 都为常数。

由式(11A-2)可以得到,ΔS^2 等于 $\sigma^2 S^2\varepsilon^2\Delta t$ 和 Δt 的高阶之和:

$$\Delta S^2=\sigma^2 S^2\varepsilon^2\Delta t+o(\Delta t) \tag{11A-3}$$

式中,ε 服从标准正态分布,则 $E(\varepsilon)=0$,$Var(\varepsilon)=1$。当 $\Delta t\to 0$ 时,则 $\Delta S^2\approx\sigma^2 S^2\varepsilon^2\Delta t$。

卡方分布(Chi-Square Distribution,写作 χ^2 分布)是概率论与统计学中一种常用的分布,若 k 个随机变量 Z_1,Z_2,…,Z_k 是相互独立、符合标准正态分布的随机变量,则 Z_1,Z_2,…,Z_k 的平方和为

$$X=\sum_{i=1}^{k}Z_i^2$$

被称为服从自由度 k 的卡方分布,记作

$$X\sim\chi^2(k)$$

由于 ε 服从标准正态分布,因此,根据以上卡方分布定义有

$$\varepsilon^2\sim\chi^2(l)$$

运用卡方分布的均值和方差的性质

$$E(\chi^2(k))=k,\ Var(\chi^2(k))=2k$$

可得出

$$E(\varepsilon^2)=1,\ Var(\varepsilon^2)=2$$

进而可得出

$$E(\Delta S^2)=\sigma^2 S^2\Delta t,\ Var(\Delta S^2)=2\sigma^2 S^2\Delta t^2$$

当 $\Delta t\to 0$ 时,ΔS^2 的方差趋向于 0。因此,我们可以视 ΔS^2 为非随机项,并等于其期望值。

由此,当 $\Delta t\to 0$ 时,式(11A-1)、式(11A-2)、式(11A-3)分别可以写成

$$dG = \frac{\partial G}{\partial S}dS + \frac{\partial G}{\partial t}dt + \frac{1}{2}\frac{\partial^2 G}{\partial S^2}dS^2 \tag{11A-4}$$

$$dS = \mu S dt + \sigma S dz \tag{11A-5}$$

$$dS^2 = \sigma^2 S^2 dt \tag{11A-6}$$

再将式(11A-5)和式(11A-6)代入式(11A-4)中，得出

$$dG = \frac{\partial G}{\partial S}(\mu S dt + \sigma S dz) + \frac{\partial G}{\partial t}dt + \frac{1}{2}\frac{\partial^2 G}{\partial S^2}\sigma^2 S^2 dt$$

整理得出

$$dG = \left(\frac{\partial G}{\partial S}\mu S + \frac{\partial G}{\partial t} + \frac{1}{2}\frac{\partial^2 G}{\partial S^2}\sigma^2 S^2\right)dt + \frac{\partial G}{\partial S}\sigma S dz$$

这就是著名的伊藤引理。

■ 本章小结

马尔可夫过程是一种特殊的随机过程，是指变量的过去值及变量从过去到现在的变化过程与变量未来的预测无关，与变量未来的预测有关的仅仅是变量的当前值。维纳过程要求变量变化满足马尔可夫过程，同时其变化服从期望值为 0、方差为 Δt 的正态分布。

广义维纳过程描述了漂移率为 μ、方差率为 σ^2 的正态分布变量的变化过程。变量在 Δt 时间内变化期望值为 $\mu \Delta t$，方差为 $\sigma^2 \Delta t$。伊藤过程的漂移率和方差率不再是常数，而是时间 t 和变量 x 的函数。当某个随机变量服从伊藤过程时，该随机变量的函数所遵循的随机过程可以由伊藤引理推导出来。

伊藤过程用来刻画股票价格的随机过程最为符合实际。股票百分比收益率服从正态分布，期望收益率为 $\mu \Delta t$，方差为 $\sigma^2 \Delta t$。股票对数收益率服从正态分布，期望收益率为 $(\mu - \sigma^2/2)\Delta t$，方差为 $\sigma^2 \Delta t$。股票价格对数服从正态分布，股票价格服从对数正态分布。

■ 本章重点

① 马尔可夫过程、维纳过程、广义维纳过程及伊藤过程的概念和性质。
② 股票价格随机过程。
③ 伊藤引理及其应用。
④ 股票价格的分布性质及股票收益率分布。

■ 练 习

1. 简述马尔可夫过程。
2. 假定某变量 z 服从维纳过程，其初始值为 20，时间以年为单位。求 1 年后和 5 年后变量值的期望值与标准差。

3. 考虑某只无股息的股票，其连续复利收益率期望为 20%，其波动率为 40%，请用公式描述此股票价格行为。假定在一个很短的时间区间，例如 1 个月，写出股票价格变化的等式。

4. 考虑某公司的现金头寸（以万元计）满足广义维纳过程，其中漂移率为每年 10，方差率为每年 49，初始头寸为 50。求现金头寸在 6 个月、12 个月、18 个月的概率分布。

5. 假定股票价格服从以下几何布朗运动：

$$\frac{dS}{S}=\mu dt+\sigma dz$$

以下等式中 y 变量都服从什么过程？
(1) $y=2S$。
(2) $y=S^2$。
(3) $y=\ln S$。

6. 考虑一只初始价格为 50 元的股票，股票价格服从对数正态分布。该股票的年收益率期望值为 25%，年波动率为 30%，求股票价格 S_T 在 3 个月时的概率分布，并求股票价格在 3 个月时有 95% 的可能将会在哪个范围。

7. 考虑某只股票，其股票价格服从对数正态分布。同时，年收益率期望值为 20%，年波动率为 25%，求股票价格在今后 3 年内有 95% 的概率实现的平均收益率（连续复利）范围。

■ 练习答案

1. 马尔可夫过程是一种特殊的随机过程，是指变量的过去值及变量从过去到现在的变化过程对预测变量未来的变化无关，与变量未来变化有关的仅仅是变量的当前值。

2. 变量 z 服从维纳过程，变量 Δz 在较长时间 T 内变化的期望值为 0，标准差为 T。因此，1 年后变量值服从期望值为 20、方差为 1（也就是标准差为 $\sqrt{1}$）的正态分布；5 年后变量值服从期望值为 20、方差为 5（也就是标准差为 $\sqrt{5}$）的正态分布。

3. 通常我们用 $dS/S=udt+\sigma dz$ 描述股票价格行为，当 $u=0.2$，$\sigma=0.4$ 时，我们可得到

$$\frac{dS}{S}=0.2dt+0.4dz$$

若在一个很短的时间区间，例如一个月（$\Delta t=0.0833$ 年），则等式近似为

$$\frac{\Delta S}{S}=0.2\Delta t+0.4\Delta z$$

将 $\Delta t=0.0833$ 代入上式，得

$$\Delta S=0.01666S+0.11545S\varepsilon$$

4. 现金头寸满足广义维纳过程，且漂移率为每年 10，方差率为每年 49，因此我们可以写出现金头寸关于时间 T 的分布式，为

$$\Delta x = 10T + 7\varepsilon \sqrt{T}$$

又因为 $x_T = \Delta x + x_0$，可得 $x_T = 10 + 10T + 7\varepsilon \sqrt{T}$。

当 $T = 0.5$ 时，$\Delta x = 15 + 4.950\varepsilon$；当 $T = 1$ 时，$\Delta x = 20 + 7\varepsilon$；当 $T = 1.5$ 时，$\Delta x = 25 + 8.573\varepsilon$。也就是说，在 6 个月后，现金头寸服从期望值为 15、标准差为 4.950 的正态分布；在 12 个月后，现金头寸服从期望值为 20、标准差为 7 的正态分布；在 18 个月后，现金头寸服从期望值为 25、标准差为 8.573 的正态分布。

5. 由于股票价格服从题干中几何布朗运动，因此函数 y 服从以下过程：

$$dY = \left(\frac{\partial Y}{\partial S}\mu S + \frac{\partial Y}{\partial t} + \frac{1}{2}\frac{\partial^2 Y}{\partial S^2}\sigma^2 S^2\right)dt + \frac{\partial Y}{\partial S}\sigma S\,dz$$

(1) 当 $y = 2S$ 时，

$$\frac{\partial Y}{\partial S} = 2, \frac{\partial Y}{\partial t} = 0, \frac{\partial^2 Y}{\partial S^2} = 0$$

于是 $dY = 2\mu S dt + 2\sigma S dz$，将 y 等式代入式子，可得 $dY = \mu Y dt + \sigma Y dz$，即变量 y 也服从几何布朗运动，其增长率期望也为 μ，增长率方差也为 σ^2。

(2) 当 $y = S^2$ 时，

$$\frac{\partial Y}{\partial S} = 2S, \frac{\partial Y}{\partial t} = 0, \frac{\partial^2 Y}{\partial S^2} = 2$$

于是 $dY = (2\mu S^2 + \sigma^2 S^2)dt + 2\sigma S^2 dz$，将 y 等式代入式子，可得 $dY = (2\mu + \sigma^2)Y dt + 2\sigma Y dz$，即变量 y 也服从几何布朗运动，其增长率期望为 $2\mu + \sigma^2$，增长率方差为 $4\sigma^2$。

(3) $y = \ln S$

$$\frac{\partial Y}{\partial S} = \frac{1}{S}, \frac{\partial Y}{\partial t} = 0, \frac{\partial^2 Y}{\partial S^2} = -\frac{1}{S^2}$$

于是 $dY = (\mu - \sigma^2/2)dt + \sigma dz$，即变量 y 服从一个广义维纳过程，其漂移率为 $\mu - \sigma^2/2$，方差率为常数 σ^2。

6. 前文我们讲过 $\ln S_T$ 服从期望值为 $\ln S_0 + (\mu - \sigma^2/2)$、方差为 $\sigma^2 T$ 的正态分布。因此，我们可以得到股票价格 S_T 在 6 个月的概率分布为

$$\ln S_T \sim N\left(\ln 50 + \left(0.25 - \frac{0.3^2}{2}\right) \times 0.25, 0.3^2 \times 0.25\right)$$

或

$$\ln S_T \sim N(3.963\,3, 0.022\,5)$$

也就是说，$\ln S_T$ 在 3 个月时的概率分布为期望值 3.963 3 和方差值 0.022 5 的正态分布。而我们知道一个服从正态分布的变量取值落在与均值距离小于 1.96 倍标准差范围内的概率

为 95%，因此可以得到

$$3.9633 - 1.96 \times \sqrt{0.0225} < \ln S_T < 3.9633 + 1.96 \times \sqrt{0.0225}$$

或

$$39.224 < S_T < 70.619$$

因此，我们可以说此股票价格在 3 个月时有 95% 的可能将会在 39.224 到 70.619 之间。

7. 当股票价格服从对数正态分布时，有

$$\ln \frac{S_T}{S_0} \sim N\left(\left(u - \frac{\sigma^2}{2}\right)T, \sigma^2 T\right)$$

将时间 0 到 T 之间连续复利收益率记为 x，又因为 $S_T = S_0 e^{xT}$，于是可得 x 表达式为

$$x = \frac{1}{T} \ln \frac{S_T}{S_0} \sim N\left(u - \frac{\sigma^2}{2}, \frac{\sigma^2}{T}\right)$$

因此，该股票价格在 3 年后连续复利收益率服从均值为 $0.2 - 0.25^2/2 = 0.1688$，方差为 $0.25^2/3 = 0.0208$ 的正态分布。又因为一个服从正态分布的变量取值落在与均值距离小于 1.96 倍标准差范围内的概率为 95%，所以我们可以得到

$$0.1688 - 1.96 \times \sqrt{0.0208} < x < 0.1688 + 1.96 \times \sqrt{0.0208}$$

或

$$-0.1139 < x < 0.4515$$

即我们有 95% 的把握未来 3 年股票价格实现收益率在 $-11.39\% \sim 45.15\%$。

期权定价之 B-S-M 公式

我们在第 10 章介绍了利用无套利思想的期权二叉树定价方法,并基于二叉树定价方法介绍了风险中性定价思想。本章我们介绍期权的布莱克-斯科尔斯-默顿公式(B-S-M 公式)。20 世纪 70 年代,布莱克、斯科尔斯和默顿在欧式期权的定价方面做出了突破性贡献。他们推导的期权定价公式蕴含着一个极为深刻的思想,即期权的风险实际上在标的资产价格及其运动中就得到反映,而且标的资产价格还反映了市场对未来的预期。因此,研究期权定价必须首先刻画标的资产价格的运动规律,而这也是所有期权定价理论的出发点。布莱克、斯科尔斯和默顿的原始研究是以不分红股票作为标的资产的欧式期权。不分红股票的随机过程我们已经在第 11 章进行了详细介绍。本章开始,我们来学习以不分红股票作为标的资产的欧式期权 B-S-M 定价公式的推导。

12.1 B-S-M 公式推导之微分方程法

12.1.1 微分方程推导

在第 11 章,我们已经知道不分红股票的价格服从伊藤过程:

$$dS = \mu S dt + \sigma S dz \tag{12-1}$$

假设 f 是一份以不分红股票为标的资产的看涨期权的价格,变量 f 一定是股票价格 S 和时间 t 的函数。根据第 11 章介绍的伊藤引理,可以得出变量 f 服从以下随机过程:

$$df = \left(\frac{\partial f}{\partial S} \mu S + \frac{\partial f}{\partial t} + \frac{1}{2} \frac{\partial^2 f}{\partial S^2} \sigma^2 S^2 \right) dt + \frac{\partial f}{\partial S} \sigma S dz \tag{12-2}$$

从式(12-1)和式(12-2)可以发现,股票和股票期权的不确定性均来源于等式右边第二项的维纳过程 dz。这一点我们在第 11 章就强调过。

由此,我们考虑构建一个包含股票和股票期权的资产组合,该资产组合不含有不确定性,也就是无风险。根据式(12-1)和式(12-2),要使该资产组合不含有不确定性,就是要想办法使资产组合价值的变化不受维纳过程 dz 的影响。

观察式(12-1)和式(12-2),很容易得出该资产组合为:$\partial f/\partial S$ 份股票多头,一份股票期权空头。

该资产组合的价值为

$$\Pi = -f + \frac{\partial f}{\partial S} S \tag{12-3}$$

在区间 Δt,资产组合价值的变化为

$$\Delta \Pi = -\Delta f + \frac{\partial f}{\partial S} \Delta S \tag{12-4}$$

把式(12-1)和式(12-2)代入式(12-4)可得

$$\Delta \Pi = \left(-\frac{\partial f}{\partial t} - \frac{1}{2}\frac{\partial^2 f}{\partial S^2}\sigma^2 S^2\right)\Delta t \tag{12-5}$$

由于式(12-5)中不存在维纳过程 dz,说明资产组合在区间 Δt 的价值变化是确定的,资产组合在区间 Δt 是无风险的。因此,资产组合在区间 Δt 内的收益率是无风险利率 r,由此,我们可以写出资产组合在区间 Δt 价值变化的另一个表达式:

$$\Delta \Pi = r \Pi \Delta t \tag{12-6}$$

把式(12-3)和式(12-5)代入式(12-6)可得

$$\left(-\frac{\partial f}{\partial t} - \frac{1}{2}\frac{\partial^2 f}{\partial S^2}\sigma^2 S^2\right)\Delta t = r\left(-f + \frac{\partial f}{\partial S} S\right)\Delta t$$

整理后得

$$\frac{\partial f}{\partial t} + rS\frac{\partial f}{\partial S} + \frac{1}{2}\sigma^2 S^2 \frac{\partial^2 f}{\partial S^2} = rf \tag{12-7}$$

式(12-7)就是著名的 B-S-M 微分方程。我们要强调的是,这个微分方程不仅适用于股票期权,而且适用于所有以变量 S 为标的资产的衍生品。因此,这个微分方程有很多解,对应着不同衍生品的边界条件。换句话说,结合不同衍生品的边界条件和本微分方程,可以求出本微分方程的不同解,也就是不同衍生品的定价公式。

不同衍生品的边界条件不同,比如,欧式看涨期权的边界条件为

当 $t = T$ 时,$f = \max(S_T - K, 0)$

欧式看跌期权的边界条件为

当 $t = T$ 时,$f = \max(K - S_T, 0)$

股票远期合约的边界条件为

$$\text{当 } t=T \text{ 时}, f=S_T-K$$

式中，f 为衍生品的价值；S_T 为衍生品标的资产在到期日 T 的价格；K 为期权的执行价格，或者远期合约的协定价格（即交割价格）。

12.1.2 微分方程验证：远期合约定价公式

上一节我们提到，B-S-M 微分方程不仅适用于股票期权，而且适用于所有以变量 S 为标的资产的衍生品。本节我们就来验证一下。不分红股票的远期合约很明显是一种基于该股票的衍生品，下面我们通过远期合约定价公式来验证 B-S-M 微分方程是否适用于股票远期合约。

对于基于不分红股票的远期合约，我们知道其定价公式为

$$f=S-Ke^{-r(T-t)} \tag{12-8}$$

式中，f 为远期合约的价值；K 为协议交割价格；S 为股票即期价格（即估值时的价格）；$T-t$ 为剩余期限（即由即期 t 至远期合约到期日 T 期间的期限）。

由式(12-8)有

$$\frac{\partial f}{\partial t}=-rKe^{-r(T-t)}, \frac{\partial f}{\partial S}=1, \frac{\partial^2 f}{\partial S^2}=0$$

将以上等式代入式(12-7)，左端得

$$-rKe^{-r(T-t)}+rS$$

结合式(12-8)可知，上式等于 rf，刚好满足式(12-7)。由此证明了 B-S-M 微分方程适用于股票远期合约。

12.1.3 B-S-M 公式

对于 B-S-M 微分方程而言，最有名的解就是不分红欧式股票看涨期权和看跌期权的定价公式，即著名的 B-S-M 期权定价公式。结合不分红欧式股票看涨期权和看跌期权的边界条件对 B-S-M 微分方程进行求解，可以得出如下具体解：

$$c=S_0 N(d_1)-Ke^{-rT} N(d_2) \tag{12-9}$$

$$p=Ke^{-rT} N(-d_2)-S_0 N(-d_1) \tag{12-10}$$

式中

$$d_1=\frac{\ln(S_0/K)+(r+\sigma^2/2)T}{\sigma\sqrt{T}}$$

$$d_2 = \frac{\ln(S_0/K)+(r-\sigma^2/2)T}{\sigma\sqrt{T}} = d_1 - \sigma\sqrt{T}$$

式中，c 为看涨期权的价值；p 为看跌期权的价值；$N(\ )$ 为标准正态分布的累积概率分布函数。

12.2 B-S-M 公式推导之风险中性定价

12.2.1 风险中性定价

在第 10 章期权定价之二叉树中，我们介绍了风险中性定价的方法。本章我们推导了 B-S-M 微分方程。仔细研究二者，可以发现风险中性定价与 B-S-M 微分方程之间存在逻辑上的联系。

我们可以看到，在 B-S-M 微分方程中不包含股票收益率，这就说明衍生工具价值与投资者的风险偏好没有关系。因此，我们对衍生工具价值进行估计时，可以以任意的风险偏好为基础，当然也可以假设投资者是风险中性的，这也是风险中性定价的理论基础。在风险中性的世界里，所有证券的期望收益率都等于无风险利率，这是因为投资者不会因自己承担了风险而要求风险补偿。

风险中性假设大大简化了衍生品定价的分析。更为关键的是，这种简化所得出的结果与真实世界衍生品定价得出的结果应一致。下面我们通过股票远期合约的风险中性定价来说明这一点。

风险中性定价非常简单，一般有以下几个步骤：
1) 假设标的资产的期望收益率等于无风险利率。
2) 计算衍生品到期日的期望支付。
3) 把期望支付按无风险利率贴现。

假设有一份股票远期合约，交割价格为 X，现在为 t 时刻，在 T 时刻到期。t 时刻至 T 时刻期间，该股票不派发红利，无风险利率为 r，要求用风险中性定价法推导出该股票远期合约的估值公式。

我们知道，在到期日 T，股票远期合约价值为 $S_T - X$，这里 S_T 为时刻 T 股票的价格。

那么，在风险中性的情况下，远期合约在时间 t 的价值是时间 T 的期望值以无风险利率贴现至时间 t 的现值，假设远期合约在 t 时刻的价值为 f，则有

$$f = e^{-r(T-t)} \widehat{E}(S_T - X) \tag{12-11}$$

式中，$\widehat{E}$ 为风险中性世界里的期望值。因此，有

$$\widehat{E}(S_T) = S_0 e^{r(T-t)} \tag{12-12}$$

将式(12-12)代入式(12-11)，得到

$$f = S - Ke^{-r(T-t)} \tag{12-13}$$

式(12-13)为风险中性定价方法推导的股票远期合约定价公式。非常重要的是，前面我们已经证明了该式满足 B-S-M 微分方程。这就说明，利用风险中性定价方法所得出的结果与真实世界是一致的。

12.2.2　B-S-M 公式的风险中性方法推导

上面我们谈到风险中性定价方法极大地简化了衍生品的定价分析，更关键的是，风险中性定价方法得出的结论与真实世界是一致的。下面我们利用风险中性定价方法来推导 B-S-M 股票期权定价公式。以期权有效期不派发股利的欧式股票期权为例。

在正式推导之前，我们先介绍一个重要的等式。如果随机变量 V 服从对数正态分布，$\ln V$ 的标准差为 w，则有

$$E[\max(V-K, 0)] = E(V)N(d_1) - KN(d_2) \tag{12-14}$$

式中

$$d_1 = \frac{\ln[E(V)/K] + w^2/2}{w}$$

$$d_2 = \frac{\ln[E(V)/K] - w^2/2}{w}$$

式中，$E(\ )$为期望值；K 为某个固定的常数。

现在我们正式推导 B-S-M 股票期权定价公式。在风险中性世界，标的股票在到期日 T 的期望价格为

$$\hat{E}(S_T) = S_0 e^{rT} \tag{12-15}$$

无红利的欧式看涨期权到期日 T 的期望价值为

$$\hat{E}[\max(S_T - K, 0)] \tag{12-16}$$

接下来我们将该期望值以无风险利率贴现至即期，得到无红利欧式看涨期权的价值 c：

$$c = e^{-rT} \hat{E}[\max(S_T - K, 0)] \tag{12-17}$$

将式(12-14)代入式(12-17)有

$$c = e^{-rT}[\hat{E}(S_T)N(d_1) - KN(d_2)] = e^{-rT}[S_0 e^{rT} N(d_1) - KN(d_2)]$$

$$= S_0 N(d_1) - Ke^{-rT} N(d_2) \tag{12-18}$$

式中

$$d_1 = \frac{\ln[\hat{E}(S_T)/K] + \sigma^2 T/2}{\sigma\sqrt{T}} = \frac{\ln(S_0/K) + (r + \sigma^2/2)T}{\sigma\sqrt{T}}$$

$$d_2 = \frac{\ln[\hat{E}(S_T)/K] - \sigma^2 T/2}{\sigma\sqrt{T}} = \frac{\ln(S_0/K) + (r - \sigma^2/2)T}{\sigma\sqrt{T}}$$

再根据欧式看涨期权和看跌期权的平价关系：

$$c + Ke^{-rT} = p + S_0 \tag{12-19}$$

得到无红利欧式看跌期权的定价公式：

$$p = Ke^{-rT}N(-d_2) - S_0 N(-d_1) \tag{12-20}$$

至此，利用风险中性定价方法推导 B-S-M 股票期权定价公式完成。

【例 12-1】假设某股票的市场价格为 50 元，年波动率为 10%，不派发红利，无风险利率为 12%。求以该股票为标的资产，执行价格为 50 元，期限 1 年的欧式看涨期权和看跌期权的价值。

首先，将所给信息转化为数学语言：

$$S = 50, K = 50, r = 0.12, \sigma = 0.1, T = 1$$

再计算 d_1、d_2：

$$d_1 = \frac{\ln\frac{50}{50} + \left(0.12 + \frac{0.01}{2}\right) \times 1}{0.1 \times \sqrt{1}} = 1.25$$

$$d_2 = d_1 - 0.1 \times \sqrt{1} = 1.15$$

得到 d_1、d_2 之后，计算 $N(d_1)$ 和 $N(d_2)$：

$$N(d_1) = N(1.25) = 0.8944$$

$$N(d_2) = N(1.15) = 0.8749$$

此时我们得到了所有需要的数据，只需要代入式(12-9)及式(12-10)即可：

$$c = 50 \times 0.8944 - 50 \times 0.8749 e^{-0.12} = 5.92$$

$$p = 50 \times (1 - 0.8749) e^{-0.12} - 50 \times (1 - 0.8944) = 0.27$$

12.3 B-S-M 公式性质与理解

这里我们总结一下 B-S-M 公式的性质，以及对这个公式的理解。

当股票即期价格（即 S_0）相对于执行价格 K 很高时，看涨期权到期日被执行的概率很高。此时，期权与执行价格为 K 的远期合约非常相似。看涨期权的价值会等于远期合约的价值 $S_0 - Ke^{-rT}$。根据式(12-9)，我们也可以得出相同结论。S_0 远高于 K，则 $\ln(S_0/K)$ 趋向于无穷大，所以 d_1 和 d_2 趋向于无穷大，$N(d_1)$ 和 $N(d_2)$ 趋向于 1，进而式(12-9)就趋向于与 $S_0 - Ke^{-rT}$ 等价。

当波动率趋于 0 时，到期日 T 的股票价格几乎没有风险，不存在不确定性，股票价格将会在时间 T 增长到 $S_0 e^{rT}$。所以，我们同样可以把看涨期权视为远期合约，不过特别要注意的是，这个远期合约是不对称的，即有利时执行，不利时不执行。因此，看涨期权的价值为

$$c = \max(S_0 - Ke^{-rT}, 0) \tag{12-21}$$

我们依据式(12-9)对此进行验证，分为两种情况。第一种是 $S_0 - Ke^{-rT} > 0$，即 $S_0 > Ke^{-rT}$，两边取对数，得到 $\ln(S_0/K) + rT > 0$，当波动率 σ 趋于 0 时，d_1 和 d_2 是趋于无穷大的，代入 $N(d_1)$ 和 $N(d_2)$，它们都趋于 1，式(12-9)趋近于

$$c = S_0 - Ke^{-rT}$$

第二种情况是 $S_0 - Ke^{-rT} < 0$，即 $S_0 < Ke^{-rT}$，两边取对数，得到 $\ln(S_0/K) + rT < 0$。当波动率 σ 趋于 0 时，d_1 和 d_2 是趋于负无穷大的，代入 $N(d_1)$ 和 $N(d_2)$，它们都趋于 0。此时 $c = 0$。这个结果与式(12-21)是一致的。

运用相同的方法，我们可以得到当波动率趋于 0 时，看跌期权价值为

$$p = \max(Ke^{-rT} - S_0, 0) \tag{12-22}$$

接下来，我们讨论一下如何理解 B-S-M 公式的各部分。为了阅读方便，我们把式(12-9)重新书写一遍。

$$c = S_0 N(d_1) - Ke^{-rT} N(d_2)$$

对式(12-9)进行变形得

$$c = e^{-rT}[S_0 N(d_1) e^{rT} - KN(d_2)] \tag{12-23}$$

很明显，式(12-23)右端方括号项可以理解为风险中性世界看涨期权到期日价值的期望值。看涨期权在到期日的价值取决于两方面：一是股票价格收入；二是执行价格支付。所以，我们视 $S_0 N(d_1) e^{rT}$ 为股票价格收入的期望值，$KN(d_2)$ 为执行价格支付的期望值。当股票到期日价格低于执行价格时，我们视股票价格收入为 0。执行价格只有在期权执行时才会得到支付，由此可以进一步将 $N(d_2)$ 解释为风险中性世界期权得以执行的概率。

我们也可以将式(12-9)变形为

$$c = e^{-rT} N(d_2)\left[S_0 e^{rT} \frac{N(d_1)}{N(d_2)} - K\right] \tag{12-24}$$

同样可以将 $N(d_2)$ 解释为风险中性世界期权执行的概率；$e^{rT} \dfrac{N(d_1)}{N(d_2)}$ 则被解释为如果期权被执行，风险中性世界股票价格的期望百分比增长率。

12.4 隐含波动率

波动率是 B-S-M 定价公式中唯一不能直接观察到的参数。波动率可以通过历史数据来

估计,所得到的估计值被称为历史波动率。但是在实际中,交易员通常使用隐含波动率,即由期权的市场价格所隐含的波动率。

交易员通常从交易活跃的期权中计算隐含波动率,然后利用这个计算得到的隐含波动率来估算基于同一标的资产但交易不太活跃的期权的价格。也有交易员同时计算基于同一标的资产的不同期权的隐含波动率,然后对这些波动率进行数据处理,比如一些恰当的加权平均就可以得到该标的资产的综合隐含波动率。

根据式(12-9)可知,当知道期权市场交易价格及其他参数(如 S_0、r、K、T)时,将它们代入式(12-9),就可以反推出波动率 σ,这就是隐含波动率。不幸的是,很难得出 σ 的解析解。因此,为了得到隐含波动率,我们通常使用迭代法,代入假设的 σ 得到一个期权价格 c,并与实际价格进行比较,再通过不断假设新的 σ 的值从而计算出 σ 的近似值。

举例来说,某不分红股票的欧式看涨期权价格为 1.875 元,其中:$S_0=21$,$K=20$,$r=0.1$,$T=0.25$。

此时,我们的目标是获得一个 σ,也就是隐含波动率,使得 c 的值为 1.875 元。我们先令 $\sigma=0.2$,这样得到的期权价格 $c=1.76$ 元,可以看出与实际的期权价格相比偏小,那么就需要一个较大的 σ,令其为 0.3,此时 $c=2.1$ 元,这时就可以判断 σ 的值处于 0.2 到 0.3 之间。这样继续下去,可以逐渐缩小 σ 所处的范围,经过一定次数的计算,得到隐含波动率 $\sigma=0.235$。

■ 本章小结

本章首先介绍了推导 B-S-M 期权定价公式的微分方程法:股票的随机过程和股票期权的随机过程均含有维纳过程。因此,构建包含股票和股票期权的无风险资产组合,使得维纳过程被消除,从而推导出 B-S-M 微分方程。结合期权的边界条件,求解出 B-S-M 微分方程的解,即为 B-S-M 期权定价公式。

随后通过对 B-S-M 微分方程的分析,发现 B-S-M 微分方程中并不包含股票收益率,由此说明衍生品的定价与风险偏好无关。因此,可用风险中性定价方法来推导 B-S-M 期权定价公式。风险中性方法表明,在对衍生品进行定价时,可以假设所有人都是风险中性的,这个假设大大简化了分析过程。利用风险中性定价方法推导了股票远期合约定价公式和股票期权定价公式。远期合约定价公式的推导:将远期合约在合约到期的期望价值按无风险利率贴现到即期,并代入风险中性世界的股票期望价格。股票期权定价公式的推导:将股票期权到期日的期望价值按无风险利率贴现到即期,利用重要的数学结论,得到不分红欧式看涨期权的价格,之后再利用欧式看涨和看跌期权的平价关系推出不分红欧式看跌期权的定价公式。

最后对 B-S-M 期权定价公式的性质和理解、隐含波动率的概念和计算方法进行了简单介绍。

■ 本章重点

① 用微分方程法推导 B-S-M 微分方程。
② 风险中性定价的理论基础。
③ 用风险中性定价方法推导 B-S-M 期权定价公式。
④ B-S-M 期权定价公式性质与理解。
⑤ 隐含波动率的概念和计算。

■ 练 习

1. 波动率的概念是什么？如果有一只股票的价格是 25 元，波动率 $\sigma=0.2$，问一周内股票价格标准差的变化是多少？

2. 推导 B-S-M 微分方程。

3. 解释风险中性定价原理。

4. 有一份 9 个月期限的不分红股票欧式看涨期权。股票当前的价格为 40 元，执行价格为 35 元，无风险利率为每年 10%，年波动率为 30%。求该期权的价值。

5. 有一份 3 个月期限的不分红股票欧式看跌期权。股票当前价格为 20 元，执行价格为 19 元，无风险利率为每年 10%，年波动率为 25%。求该期权的价值。

6. 证明 B-S-M 期权公式满足看跌-看涨期权平价公式。

7. 由 B-S-M 期权定价公式推导当波动率趋于 0 时看跌期权的价格公式。

8. 若一只不分红股票欧式看涨期权的市场价格为 6.398 元，股票价格为 30 元，执行价格为 25 元，期限为 6 个月，无风险利率为每年 10%，则隐含波动率是多少？

■ 练习答案

1. (1) 波动率 σ 用来度量标的资产提供收益的不确定性，反映金融资产的波动水平。

(2) 每周股票价格百分比变化的标准差 $=\sigma\sqrt{\Delta t}=0.2\times\sqrt{\dfrac{7}{365}}=2.77\%$

一周内股票价格的标准差变化＝股票的价格×每周股票价格百分比变化的标准差
$$=25\times 2.77\%=0.6925$$

所以，在一周内股票价格标准差的变化为 0.692 5 元。

2. 设 $V(S, t)$ 为某股票期权的价格，将 $V(S, t)$ 关于 S 和 t 进行泰勒级数展开：

$$\mathrm{d}V=\frac{\partial V}{\partial S}\mathrm{d}S+\frac{\partial V}{\partial t}\mathrm{d}t+\frac{1}{2}\frac{\partial^2 V}{\partial S^2}(\mathrm{d}S)^2+\frac{\partial^2 V}{\partial S\partial t}\mathrm{d}S\mathrm{d}t+\frac{1}{2}\frac{\partial^2 V}{\partial t^2}(\mathrm{d}t)^2+高阶项$$

又因为股票价格服从 $\mathrm{d}S=\mu s\mathrm{d}t+\sigma s\mathrm{d}B$

所以

$$dV = \frac{\partial V}{\partial S}(\mu s dt + \sigma s dB) + \frac{\partial V}{\partial t}dt + \frac{1}{2}\frac{\partial^2 V}{\partial S^2}(\mu s dt + \sigma s dB)^2 +$$
$$\frac{\partial^2 V}{\partial S \partial t}d(\mu s dt + \sigma s dB)dt + \frac{1}{2}\frac{\partial^2 V}{\partial t^2}(dt)^2 + 高阶项$$

将上式化简，并把 $Z^2 = 1$ 代入得

$$dV = \left(\frac{\partial V}{\partial t} + \mu S \frac{\partial V}{\partial S} + \frac{1}{2}\sigma^2 \frac{\partial^2 V}{\partial S^2}\right)dt + \sigma S \frac{\partial V}{\partial S}dB$$

构建资产组合：

$$V(S_t, t) = \varphi_t S_t + \psi_t P_t$$

式中，φ_t 为股票的股数；ψ_t 为债券的数量。

所以

$$dV = \varphi_t dS_t + \psi_t dP_t$$

联合 $dS = \mu s dt + \sigma s dB$，$dP = rPdt$

得到

$$dV = (\mu \varphi S + r\psi P)dt + \sigma \varphi S dB$$

此时联合 $\begin{cases} dV = (\mu \varphi S + r\psi P)dt + \sigma \varphi S dB \\ dV = \left(\frac{\partial V}{\partial t} + \mu S \frac{\partial V}{\partial S} + \frac{1}{2}\sigma^2 \frac{\partial^2 V}{\partial S^2}\right)dt + \sigma S \frac{\partial V}{\partial S}dB \\ \varphi = \frac{\partial V}{\partial t} \end{cases}$

得到

$$r\psi P dt = \left(\frac{\partial V}{\partial t} + \frac{1}{2}\sigma^2 S^2 \frac{\partial^2 V}{\partial S^2}\right)dt$$

再根据构建的资产组合：$V(S_t, t) = \varphi_t S_t + \psi_t P_t$

得到最后的结果：

$$\frac{\partial V}{\partial t} + \frac{1}{2}\sigma^2 S^2 \frac{\partial^2 V}{\partial S^2} + rS\frac{\partial V}{\partial S} - rV = 0$$

3. 由 B-S-M 微分方程：$\frac{\partial V}{\partial t} + \frac{1}{2}\sigma^2 S^2 \frac{\partial^2 V}{\partial S^2} + rS\frac{\partial V}{\partial S} - rV = 0$，经过观察，方程中出现的变量为股票的当前价格、时间、股票价格方差和无风险利率，这些变量都与股票收益率无关，这说明衍生工具价值与投资者的风险偏好没有关系。

所以，可以假设所有投资者都是风险中性的。此时，所有证券的期望收益率都等于无风险利率。而微分方程的解也适用于任何的风险偏好世界。

4. 首先将信息转化为数学语言：$S = 40$，$X = 35$，$r = 0.1$，$\sigma = 0.3$，$T = 0.75$。

这时根据 B-S-M 股票期权定价公式：

$$c = SN(d_1) - Xe^{-rT}N(d_2)$$
$$p = Xe^{-rT}N(-d_2) - SN(-d_1)$$

式中

$$d_1 = \frac{\ln(S/X) + (r + \sigma^2/2)T}{\sigma\sqrt{T}}$$

$$d_2 = \frac{\ln(S/X) + (r - \sigma^2/2)T}{\sigma\sqrt{T}} = d_1 - \sigma\sqrt{T}$$

即

$$d_1 = \frac{\ln\frac{40}{35} + \left(0.1 + \frac{0.3^2}{2}\right) \times 0.75}{0.3 \times \sqrt{0.75}} = 0.9325$$

$$d_2 = 0.9325 - 0.3 \times \sqrt{0.75} = 0.6727$$

此时

$$Xe^{-rT} = 35e^{-0.1 \times 0.75}$$

无收益的欧式看涨期权 c 为

即
$$c = SN(d_1) - Xe^{-rT}N(d_2)$$
$$c = 40 \times N(0.9325) - 35e^{-0.1 \times 0.75} \times N(0.6727)$$
$$= 40 \times 0.8245 - 35e^{-0.1 \times 0.75} \times 0.7494 = 8.6437$$

5. 首先将信息转化为数学语言：$S=20$，$X=18$，$r=0.1$，$\sigma=0.25$，$T=0.25$。

这时根据 B-S-M 股票欧式看跌期权定价公式：

$$p = Xe^{-rT}N(-d_2) - SN(-d_1)$$

式中

$$d_1 = \frac{\ln(S/X) + (r + \sigma^2/2)T}{\sigma\sqrt{T}}$$

$$d_2 = \frac{\ln(S/X) + (r - \sigma^2/2)T}{\sigma\sqrt{T}} = d_1 - \sigma\sqrt{T}$$

即

$$d_1 = \frac{\ln\frac{20}{19} + \left(0.1 + \frac{0.25^2}{2}\right) \times 0.25}{0.25 \times \sqrt{0.25}} = 0.6728$$

$$d_2 = 0.6728 - 0.25 \times \sqrt{0.25} = 0.5478$$

此时

$$Xe^{-rT} = 19e^{-0.1 \times 0.25}$$

$$p = Xe^{-rT}N(-d_2) - SN(-d_1) = 19e^{-0.1 \times 0.25} \times N(-0.5478) - 20 \times N(-0.6728)$$
$$= 19e^{-0.1 \times 0.25} \times 0.2919 - 20 \times 0.2505$$
$$= 0.3987$$

6. B-S-M 期权定价公式为

$$c = SN(d_1) - Xe^{-rT}N(d_2) \tag{12-25}$$

$$p = Xe^{-rT}N(-d_2) - SN(-d_1) \tag{12-26}$$

首先对式(12-25)进行变形：

$$c + Xe^{-rT} = SN(d_1) - Xe^{-rT}N(d_2) + Xe^{-rT}$$

$$c + Xe^{-rT} = SN(d_1) + Xe^{-rT}[1 - N(d_2)]$$

$$c + Xe^{-rT} = SN(d_1) + Xe^{-rT}N(-d_2)$$

再对式(12-26)进行变形：

$$p + S = Xe^{-rT}N(-d_2) - SN(-d_1) + S$$

$$p + S = Xe^{-rT}N(-d_2) + S[1 - N(-d_1)]$$

$$p + S = Xe^{-rT}N(-d_2) + SN(d_1)$$

联合变形后的式(12-25)、式(12-26)，得到

$$c + Xe^{-rT} = p + S$$

即看跌-看涨期权平价公式。

7. 当波动率趋于 0 时，此时股票的价格几乎是没有风险的，所以股票的价格将会在时间 T 增长到 $S_0 e^{rT}$，看跌期权在今天的价值为

$$p = \max(X - Se^{rT}, 0)$$

以无风险利率 r 贴现，看跌期权在今天的价值为

$$p = e^{-rT}\max(X - Se^{rT}, 0) = \max(Xe^{-rT} - S, 0)$$

分两种情况进行验证。第一种是 $Xe^{-rT} - S > 0$，即 $Xe^{-rT} > S$，两边取对数，得到 $\ln X - rT > \ln S$，也就是 $-rT > \ln(S/X)$。当波动率 σ 趋于 0 时，d_1 和 d_2 是趋于负无穷大的，代入 $N(-d_1)$ 和 $N(-d_2)$，它们都趋于 1，此时我们得到

$$p = Xe^{-rT} - S$$

第二种情况是 $Xe^{-rT} - S < 0$，即 $S > Xe^{-rT}$，两边取对数，得到 $\ln(S/X) + rT > 0$。当波动率 σ 趋于 0 时，d_1 和 d_2 是趋于负无穷大的，代入 $N(-d_1)$ 和 $N(-d_2)$，它们都趋于 0，此时我们得到 $p = 0$。

综上所述，当波动率趋于 0 时，$p = \max(Xe^{-rT} - S, 0)$。

8. 根据题意得：$S = 30$，$X = 25$，$r = 0.1$，$T = 0.5$，隐含波动率是使期权价格 $c = 6.5$ 时对应的 σ。

根据公式：

$$c = SN(d_1) - Xe^{-rT}N(d_2)$$

$$d_1 = \frac{\ln(S/X) + (r + \sigma^2/2)T}{\sigma\sqrt{T}}$$

$$d_2 = d_1 - \sigma\sqrt{T}$$

此时

$$Xe^{-rT} = 25e^{-0.1\times0.5} = 23.780\ 7$$

首先我们令 $\sigma=0.3$，代入公式，得

$$d_1 = \frac{\ln\frac{30}{25} + \left(0.1 + \frac{0.3^2}{2}\right)\times 0.5}{0.3\times\sqrt{0.5}} = 1.201\ 2$$

$$d_2 = d_1 - \sigma\sqrt{T} = 1.201\ 2 - 0.3\times\sqrt{0.5} = 0.989\ 1$$

那么

$$c_1 = SN(d_1) - Xe^{-rT}N(d_2) = 30\times N(1.201\ 2) - 23.780\ 7\times N(0.989\ 1)$$
$$= 30\times 0.885\ 2 - 23.780\ 7\times 0.838\ 7 = 6.610\ 3$$

此时 $c_1 > c$，那么假设的 σ 过大。

所以，我们再令 $\sigma=0.2$，代入公式，得

$$d_1 = \frac{\ln\frac{30}{25} + \left(0.1 + \frac{0.2^2}{2}\right)\times 0.5}{0.2\times\sqrt{0.5}} = 1.713\ 5$$

$$d_2 = d_1 - \sigma\sqrt{T} = 1.713\ 5 - 0.2\times\sqrt{0.5} = 1.572\ 1$$

那么

$$c_2 = SN(d_1) - Xe^{-rT}N(d_2) = 30\times N(1.713\ 5) - 23.780\ 7\times N(1.572\ 1)$$
$$= 30\times 0.956\ 7 - 23.780\ 7\times 0.942\ 0 = 6.298\ 4$$

此时 $c_2 < c$，那么假设的 σ 过小。

综上，σ 应在 0.2 到 0.3 之间。

再取 $\sigma=0.24$，代入公式，得

$$d_1 = \frac{\ln\frac{30}{25} + \left(0.1 + \frac{0.24^2}{2}\right)\times 0.5}{0.24\times\sqrt{0.5}} = 1.453\ 8$$

$$d_2 = d_1 - \sigma\sqrt{T} = 1.453\ 8 - 0.24\times\sqrt{0.5} = 1.284\ 1$$

那么

$$c_3 = SN(d_1) - Xe^{-rT}N(d_2) = 30\times N(1.453\ 8) - 23.780\ 7\times N(1.284\ 1)$$
$$= 30\times 0.927\ 0 - 23.780\ 7\times 0.900\ 4 = 6.396\ 7$$

此时 c_3 仍然小于 c，则我们可再取比 0.24 还大的波动率，如 $\sigma=0.25$，计算出 c_4，然后再和 $c=6.5$ 进行比较，一直进行下去，直到得到极为靠近 6.5 的波动率，即为隐含波动率。

数值方法基础

第 12 章我们推导了 B-S-M 欧式期权定价公式。不过，由于期权这种衍生品非常灵活，目前市场上有大量的期权品类很难直接推导出类似于 B-S-M 期权定价公式的解析结果。伴随着计算能力的提升，数值方法在期权定价中的应用越来越广泛。我们在第 10 章介绍的二叉树定价法就是典型的数值方法。相比于 B-S-M 欧式期权定价公式，二叉树既可以对欧式期权定价，也可以对美式期权定价。本章我们再介绍两种数值方法：蒙特卡罗模拟法和有限差分法。蒙特卡罗模拟法主要适用于衍生品价格依赖于标的资产的历史价格或者依赖于多个变量的情形。而有限差分法可以跳出求解微分方程的不便，既可以对只能到期日决策的衍生品定价，也可以对到期日之前可以做出某种决定的衍生品定价。

13.1 蒙特卡罗模拟法

蒙特卡罗模拟法的理论基础是概率论，其实质是通过模拟标的资产的价格或价格路径来预测衍生品的平均回报以得到衍生品价值的估计。蒙特卡罗模拟法对衍生品定价一般采用以下步骤：

1）假定所处世界为风险中性世界。
2）确定标的资产的随机过程。
3）从标的资产随机过程的不确定性来源中随机抽取样本，以获取标的资产的一个到期日价格或一条从即期至到期日的价格路径。
4）计算衍生品到期日的价值。
5）重复第三步和第四步 N 次，获得衍生品到期日价值的 N 个模拟值。
6）计算衍生品到期日价值的期望值。

7) 以无风险利率将第六步所获期望值贴现至即期，即为衍生品即期价值。

下面我们通过期权的定价来阐述蒙特卡罗模拟法的应用。本书目前所涉及的期权通常被称为普通产品（Plain Vanilla Product），或者标准产品（Standard Product）。实际上，在金融市场，特别是柜台交易市场（Over the Counter Market），大量的非标期权（Non-standard Option）被设计出来，并得到了广泛应用。这类期权也被称为奇异期权或异形期权（Exotic Option）。蒙特卡罗模拟法既可以用于普通期权定价，也可以对某些奇异期权进行定价。我们先介绍普通欧式期权的蒙特卡罗定价，再分别就两类奇异期权的蒙特卡罗定价进行介绍：一是期权涉及多个标的资产；二是期权的支付依赖于标的资产的路径。

13.1.1 普通欧式期权

在估计普通欧式期权价格时，蒙特卡罗模拟法基于风险中性假设条件，随机产生标的资产的到期日价格，然后计算出期权的到期日价值的期望值，最后以无风险利率贴现至即期，便可得到普通欧式期权的价值。以欧式看涨期权为例，用公式表示为

$$c = e^{-rT} E[\max(S_{T,i} - K), 0] \tag{13-1}$$

或

$$c = e^{rT} \frac{1}{N} \sum_{i=1}^{N} c_{T,i} \tag{13-2}$$

式中，$S_{T,i}$ 为根据第 i 次价格或价格路径模拟计算所得的标的股票到期日价格；$E[\ ]$ 为期望值；K 为执行价格；r 为无风险利率；T 为到期时间。

若 $S_{T,i} > K$，则 $c_{T,i} = S_{T,i} - K$；若 $S_{T,i} \leq K$，则 $c_{T,i} = 0$。

假定在风险中性世界标的变量服从以下过程：

$$dS = \mu^* S dt + \sigma S dz \tag{13-3}$$

式中，μ^* 为在风险中性世界里的收益率（即无风险利率）；σ 为波动率。为了模拟股票 S 的路径，我们把时间 T 分为 m 个时间长度为 Δt 的小区间，当 $\Delta t \to 0$ 时，式(13-3)可以写成

$$S(t+\Delta t) - S(t) = \mu^* S(t) \Delta t + \sigma S(t) \varepsilon \sqrt{\Delta t} \tag{13-4}$$

式中，$S(t)$ 为股票在时间 t 上的取值；ε 为服从标准正态分布的随机变量。

首先从标准正态分布中随机抽取样本 ε_1，计算从即期开始的第 1 个 Δt 区间的股票价格变化和 $S(\Delta t)$：

$$S(\Delta t) - S(0) = \mu^* S(0) \Delta t + \sigma S(0) \varepsilon_1 \sqrt{\Delta t}$$

$$S(\Delta t) = S(0) + [\mu^* S(0) \Delta t + \sigma S(0) \varepsilon_1 \sqrt{\Delta t}]$$

其次从标准正态分布中随机抽取样本 ε_2，计算从即期开始的第 2 个 Δt 区间的股票价格

变化和 $S(2\Delta t)$：

$$S(2\Delta t) - S(\Delta t) = \mu^* S(\Delta t)\Delta t + \sigma S(\Delta t)\varepsilon_2\sqrt{\Delta t}$$

$$S(2\Delta t) = S(\Delta t) + [\mu^* S(\Delta t)\Delta t + \sigma S(\Delta t)\varepsilon_2\sqrt{\Delta t}]$$

重复 $m-2$ 次标准正态分布随机抽样，如上分别计算出 $S(3\Delta t)$，$S(4\Delta t)$，…，$S(m\Delta t)$。这样我们就成功模拟出一条股票价格路径。其中，$S(m\Delta t)$ 即为式(13-1)中的 $S_{T,1}$。

反复进行上述操作 N 次，即可模拟出 N 条股票价格路径，也可得出标的股票到期日价格的模拟值 $S_{T,i}$，$i=1, 2, \cdots, N$。将它们代入式(13-1)，就可估计出欧式看涨期权的价值。

为了简化蒙特卡罗模拟过程，我们对 0 时刻到 T 时刻的区间，不再划分为小区间，而是直接把式(13-3)写成以下离散形式：

$$S(T) - S(0) = \mu^* S(0) T + \sigma S(0)\varepsilon\sqrt{T} \tag{13-5}$$

如此，则每次随机抽样均可以计算出一个标的股票到期日的价格 $S_{T,i}$，只要进行 N 次抽样，就可完成整个数据模拟过程。而之前如式(13-4)，每 m 次抽样才可最终计算出一个标的股票到期日的价格 $S_{T,i}$。要重复这 m 次抽样 N 次，才可完成整个数据模拟过程。也就是说，总共需要 Nm 次抽样。

但在实际上，我们通常对 $\ln S$ 而不是对 S 抽样，因为对 $\ln S$ 进行模拟的结果比对 S 进行抽样更为准确。

我们之前在"股票价格分布"的内容中讲过，$\ln S$ 服从以下过程：

$$d\ln S = \left(\mu^* - \frac{\sigma^2}{2}\right)dt + \sigma dz$$

因此，当 $\Delta t \to 0$ 时，

$$\ln S(t+\Delta t) - \ln S(t) = \left(\mu^* - \frac{\sigma^2}{2}\right)\Delta t + \sigma\varepsilon\sqrt{\Delta t}$$

我们又可以写成

$$S(t+\Delta t) = S(t) \times e^{[(\mu^* - \sigma^2/2)\Delta t + \sigma\varepsilon\sqrt{\Delta t}]} \tag{13-6}$$

我们可以利用上述方程模拟产生 S 的路径。

当然，我们也可参照式(13-5)写出式(13-6)的简化形式：

$$\ln S(T) - \ln S(0) = \left(\mu^* - \frac{\sigma^2}{2}\right)T + \sigma\varepsilon\sqrt{T}$$

即

$$S(T) = S(0) \times e^{[(\mu^* - \sigma^2/2)T + \sigma\varepsilon\sqrt{T}]} \tag{13-7}$$

式中，$S(T)$ 为股票在 T 时刻的价格。

13.1.2 蒙特卡罗模拟法的检验

我们利用 B-S-M 公式来检验以上蒙特卡罗模拟法的准确性。采用式(13-7)来刻画标的股票的随机过程,采用式(13-1)计算期权价值。接下来,我们将用 Excel 来解释说明整个蒙特卡罗模拟过程,具体见表 13-1。

表 13-1 蒙特卡罗模拟期权估值与 B-S-M 期权价值

	A	B	C	D	E	F	G
1	46.128 54	0	S_0	K	r	σ	T
2	49.469 54	0	50	50	0.05	0.3	0.5
3	57.017 33	6.844 072		d_1	d_2	B-S-M 价格	
4	38.156 23	0		0.223 9	0.011 8	4.816 815	
5	50.370 62	0.361 473					
⋮	⋮	⋮					
1000	63.263 12	12.935 65					
1001							
1002	均值	4.857 287					
1003	标准差	7.433 959					

注:元素 C2、D2、E2、F2、G2 依次表示 S_0、K、r、σ、T 的取值。

1) 我们先用 B-S-M 公式计算出看涨期权的价值。其中,D4、E4、F4 分别表示 d_1、d_2、B-S-M 价格的值。

2) 我们在 A1 输入式(13-7)的表达式

$$= \$C\$2 * \text{EXP}\left[\left(\$E\$2 - \$F\$2 * \frac{\$F\$2}{2}\right) * \$G\$2 + \$F\$2 * \text{NORMSINV(RAND())} * \text{SQRT}(\$G\$2)\right]$$

我们可以求得股票在 T 时刻的随机价格,其中 NORMSINV(RAND()) 是一个标准正态分布的随机抽样。

在 B1 中输入式(13-1)的表达式

$$= \text{EXP}(-\$E\$2 * \$G\$2) * \text{MAX}(A2 - \$D\$2, 0)$$

我们可以求得期权在股票价格为 A1 时看涨期权价值的贴现值。

3) 再重复上述操作 999 次,我们可以得到股票 T 时刻价格的 1 000 种可能,以及期权在对应股票价格下的到期日价值的贴现值。

4) 接下来,我们计算期权当前价值的期望值与标准差。

定义 B1002=AVERAGE(B1:B1000),我们可以算出期权价值的期望值。

定义 B1003=STDEV(B1:B1000),我们可以算出期权价格的方差。

由表 13-1 我们可以看出，期权价值的期望估计值为 4.857，与 B-S-M 方程计算出的价值 4.817 很接近了，同时我们看到标准差为 7.434，其可以作为蒙特卡罗模拟估计的准确度。

13.1.3 多个标的资产

若衍生品的支付与多个标的资产有关，在应用蒙特卡罗模拟方法时，除第三步抽取随机样本外，其他步骤都一致。因此，本部分我们主要介绍多个标的资产衍生品的随机样本抽取。假设有 n 个标的资产，把期权期限分为 m 个长度为 Δt 的时间段，再把第 i 个标的资产的随机过程以离散形式表示为

$$S_i(t+\Delta t) - S_i(t) = \mu_i S_i(t) \Delta t + \sigma_i S_i(t) \varepsilon_i \sqrt{\Delta t}, \ 1 \leqslant i \leqslant n \tag{13-8}$$

式中，μ_i 为 S_i 在风险中性世界的增长率期望；σ_i 为 S_i 的波动率。

为了容易理解，我们先假设 $n=2$，即有两个标的资产。与之前单一标的资产每次抽样只需要抽取一个样本不同，双标的资产每次抽样必须抽取两个随机数 $x_{1,j}$ 和 $x_{2,j}$，分别代表一元标准正态随机分布随机变量 ε_1 和 ε_2 的抽样。问题在于，我们从一元标准正态分布中抽取两次样本，必将随机产生两个不相关的样本。而实际上，两个标的资产之间很可能具有相关性。因此，为了产生二元相关标准正态分布随机样本，我们必须要对一元标准正态分布样本 $x_{1,j}$ 和 $x_{2,j}$ 做如下变换，使之转换成相关的 ε_1 和 ε_2 的样本 $\varepsilon_{1,j}$ 和 $\varepsilon_{2,j}$，这样我们得到的 $\varepsilon_{1,j}$ 和 $\varepsilon_{2,j}$ 就是二元联合相关的标准正态分布的随机样本：

$$\varepsilon_{1,j} = x_{1,j}$$
$$\varepsilon_2 = \rho x_{1,j} + x_{2,j} \sqrt{1-\rho^2}$$

式中，ρ 为两个标的资产之间的相关系数；j 为抽样的次数。如果将期权期限分为 m 个小区间估计价格路径，总共估计 N 条路径，则有 $1 \leqslant j \leqslant mN$。如果期权期限不再划分小区间，总共估计 N 个到期日情形，则有 $1 \leqslant j \leqslant N$。

接下来将上述介绍一般化，假设我们需要产生 n 元联合相关的标准正态随机变量，我们同样先找出 n 个独立的一元标准正态随机变量样本，记为 $x_{1,j}, x_{2,j}, \cdots, x_{n,j}$，我们再将其转换为需要的样本 $\varepsilon_{1,j}, \varepsilon_{2,j}, \cdots, \varepsilon_{n,j}$。转换过程如下（为了简化表述，我们不再把样本 x 和样本 ε 的抽样次数 j 表述出来）：

$$\varepsilon_1 = \alpha_{11} x_1$$
$$\varepsilon_2 = \alpha_{21} x_1 + \alpha_{22} x_2$$
$$\varepsilon_3 = \alpha_{31} x_1 + \alpha_{32} x_2 + \alpha_{33} x_3$$
$$\vdots$$
$$\varepsilon_i = \alpha_{i1} x_1 + \alpha_{i2} x_2 + \alpha_{i3} x_3 + \cdots + \alpha_{ii} x_i$$

我们引进了 α_{ij} 系数表达式，因此，我们可以令 $\alpha_{11}=1$；选择 α_{21}，使 $\alpha_{21}\alpha_{11}=\rho_{21}$；选择 α_{22}，使 $\alpha_{21}^2+\alpha_{22}^2=1$；再选择 α_{31}，使 $\alpha_{11}\alpha_{31}=\rho_{31}$；选择 α_{32}，使 $\alpha_{31}\alpha_{21}+\alpha_{32}\alpha_{22}=\rho_{32}$；选择

a_{33},使 $a_{31}^2+a_{32}^2+a_{33}^2=1$。依次类推，我们就可以得到符合要求的系数，从而得到所需要的随机样本。这种转换过程被称为楚列斯基分解（Cholesky Decomposition）。

13.1.4 模拟次数

在利用蒙特卡罗模拟法定价过程中，我们关心的是要使期权价格的估计达到理想的精度，我们需要对其进行多少次模拟？如果我们按上述所说的进行 N 次独立的模拟试验，一般就可以算出衍生品的均值与标准差，若以符号 μ 和 w 分别表示均值和标准差，则变量 μ 就是衍生品价格的模拟估计值，估计值的标准偏差为

$$\frac{w}{\sqrt{N}}$$

式中，N 为试验次数。显然，蒙特卡罗估计的标准差随着试验次数的增加而减少。如果想提高试验精度 1 倍，则需要将模拟次数增加 4 倍；如果想将试验精度提高 10 倍，则必须将模拟次数提高 100 倍。

衍生品价格 f 在 95% 置信区间为

$$\mu - \frac{1.96w}{\sqrt{M}} < f < \mu + \frac{1.96w}{\sqrt{M}}$$

回顾表 13-1，我们用蒙特卡罗模拟法计算出的期权价格估计值为 4.857，当然这是 1 000 个数字的均值，标准差为 7.434，因此我们可以算出 95% 期权价格置信区间为

$$4.857 - \frac{1.96 \times 7.434}{\sqrt{1\,000}} < f < 4.857 + \frac{1.96 \times 7.434}{\sqrt{1\,000}}$$

或

$$4.396 < f < 5.318$$

又因为 B-S-M 方程求出的期权价格为 4.817，在 95% 的置信区间内，说明了在 95% 置信度下这个公式算出价格的正确性。

13.1.5 亚式期权

亚式期权又称为平均价格期权，它是衍生品市场上交易最为活跃的奇异期权之一。亚式期权的收益依附于期权有效期标的资产至少一段时间内的平均价格。亚式期权可分为平均价格期权和平均执行价格期权。

1) 平均价格期权的收益为执行价格与标的资产在期权有效期内某段时间的平均价格之差。平均价格期权比标准期权廉价，因为标的资产价格在一段时间内的平均值的变动比时点价格的变动程度要小，这就减少了期权风险，从而降低了其时间价值，并且可能更适

合客户的需求。

2) 平均执行价格期权的收益为执行时的即期价格与标的资产在期权有效期内某段时间的平均价格之差。平均执行价格期权可以保证购买在一段时间内频繁交易的资产所支付的平均价格低于最终价格。另外，它也能保证销售在一段时间内频繁交易的资产所收取的平均价格高于最终价格。

很明显，亚式期权的定价与标的资产的路径有关。因此，运用蒙特卡罗模拟法对亚式期权进行定价时，必须模拟价格路径。前面我们已经介绍了如何运用蒙特卡罗模拟法来模拟标的资产的价格路径。其核心在于将期权有效期划分为 m 个时长为 Δt 的区间，然后从标准正态分布中抽取随机数，以计算每个区间的标的资产的价格变化，从而模拟出价格路径。本部分通过介绍一种全新的抽样方法——二叉树抽样来阐述如何运用蒙特卡罗模拟法对亚式期权进行估价。

所谓二叉树抽样，就是从 m 步二叉树上的 2^m 条可能的路径来产生样本值。具体操作是，我们假设已经知道了股票价格的上涨概率 p，那么下跌概率为 $1-p$。随机抽取一个介于 0 到 1 的数，若我们抽取到的数字大于 $1-p$，则我们就选向上的树枝；若抽取数字小于 $1-p$，则我们就选向下的树枝。针对二叉树每一步，我们均抽取介于 0 到 1 的一个随机数，并选取向上或向下，经过 m 次抽样和选取，就可以完成一条股价路径的模拟。重复上述操作，我们就会得到更多的样本值，最后把所有的样本值平均再以无风险利率贴现到即期后得到的值就是我们对衍生品价格的估计值。

【例 13-1】我们考虑一个无股息股票 5 个月期限的欧式平均价格看涨期权。股票当前价格为 50 元，执行价格也为 50 元，无风险利率为 10%，波动率为 40%。该期权到期日的支付为期权有效期股票价格的平均值与执行价格之差：$\max(S_{avr}-50, 0)$。我们考虑将时间段分为五步，则 $S_0=50$，$K=50$，$r=0.1$，$\sigma=0.4$，$\Delta t=0.0833$ 年，$q=0$。首先计算二叉树上涨幅度和上涨（下跌）概率，然后绘制五步二叉树。

$$u = e^{\sigma\sqrt{\Delta t}} = e^{0.4\times\sqrt{0.0833}} = 1.1224$$

$$d = e^{-\sigma\sqrt{\Delta t}} = e^{-0.4\times\sqrt{0.0833}} = 0.8909$$

$$a = e^{(r-q)\Delta t} = e^{0.1\times 0.0833} = 1.0084$$

$$p = \frac{a-d}{u-d} = \frac{e^{0.1\times 0.0833} - e^{-0.4\times\sqrt{0.0833}}}{e^{0.4\times\sqrt{0.0833}} - e^{-0.4\times\sqrt{0.0833}}} = 0.5076$$

$$1-p = 0.4924$$

接下来我们用蒙特卡罗模拟法来计算亚式期权的价格，采用树形抽样方法抽取随机数，并选择树的走向。由于 $1-p=0.4924$，当抽取的随机数大于 0.4924 时，我们选择向上的树枝，记为 U；当抽取的随机数小于 0.4924 时，我们选择向下的树枝，记为 D。由于我们设置的是五步二叉树，每五步随机数抽取便完成一次抽样，可以模拟出标的资产的一条完整路径。我们总共进行了 10 次抽样，整个抽样结果和计算结果均列于表 13-2。

表 13-2 利用蒙特卡罗模拟法计算亚式期权价格

抽样	股票价格路径	股票价格平均值① (元)	期权收益 (元)
1	UUDDD	53.30	3.30
2	UUUUD	64.98	14.98
3	DUDDD	44.03	0.00
4	DUDDU	45.56	0.00
5	DDUUU	47.49	0.00
6	UUUUD	64.98	14.98
7	DDUUU	47.49	0.00
8	DUUUU	55.73	5.73
9	UDDUU	51.13	1.13
10	DDUDU	43.84	0.00
	平均		4.01

① 股票价格的平均值计算既包含股票随机过程中的价格,还包含股票起始价格和最终价格。

我们来看第一次抽样。五步随机数抽取所确定的股票价格路径为 UUDDD,则股票价格从初始的 S_0,分别经过 $S_0 u$、$S_0 uu$、$S_0 uud$、$S_0 uudd$,最后为 $S_0 uuddd$,将 S_0、u、d 代入,则有股票价格为 50、56.12、62.99、56.12、49.99、44.54,其平均值为 53.30。表 13-2 只展现了一组 10 次抽样的结果,期权最后的平均收益为 4.01 元。我们以无风险利率加以贴现就是期权目前的价值,为 $4.01 e^{-0.1 \times \frac{5}{12}} = 3.85$(元)。当然,如果想得到更为精准的估值,应采用更多的步数及更多次的试验模拟。

13.2 有限差分法

第 12 章我们推导了 B-S-M 微分方程(Differential Equation)。结合衍生品的边界条件,求解微分方程,就可以得到衍生品估值的解析公式。不过,考虑到微分方程求解的困难,以及由微分方程求解所得到的衍生品估值解析公式较难处理美式期权类衍生品的估值,本部分我们介绍一种数值方法——有限差分法(Finite Difference Method)。有限差分法的原理非常简单,就是把微分方程转化为差分方程(Difference Equation)。下面我们来具体介绍有限差分法。

为了阅读方便,我们把 B-S-M 微分方程列于此:

$$\frac{\partial f}{\partial t} + (r-q)S\frac{\partial f}{\partial S} + \frac{1}{2}\sigma^2 S^2 \frac{\partial^2 f}{\partial S^2} = rf \tag{13-9}$$

考虑一个股息收益率为 q 的股票美式看跌期权,即期为 0 时刻,到期日为 T 时刻。我们把期权有效期分为 N 个时长为 Δt 的小区间,因此可以得到从 0 到 T 之间 $N+1$ 个时间点。假设 $S_{\max}$ 为标的资产非常高的价格,一旦标的资产达到这个价格,期权价值就几乎为 0。我们把 0 到 $S_{\max}$ 这一价格区间分为 M 段,每段区间为 Δs,可以得到从 0 到 $S_{\max}$ 之间

$M+1$ 个价格点。将时间和价格表述在平面坐标上,横轴为时间,纵轴为价格。我们在坐标平面得到 $(N+1)(M+1)$ 个网格点。以 i 代表横轴上时间的位置,以 j 代表纵轴上价格的位置。坐标 (i, j) 代表的网格点代表时间节点 $i\Delta t$ 和股票价格 $j\Delta S$。$f_{i,j}$ 代表在网格点 (i, j) 情形下的期权价值,$0 \leqslant i \leqslant N$,$0 \leqslant j \leqslant M$,具体如图 13-1 所示。

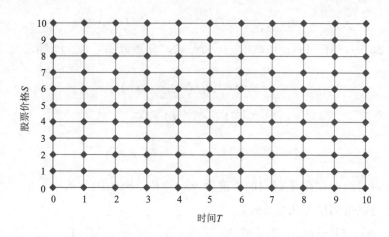

图 13-1 有限差分网格($T=10$ 个月,$N=10$;$S_{max}=10$ 元,$M=10$)

13.2.1 隐式有限差分法

我们先介绍隐式有限差分法。原理很简单,就是把式(13-9)微分方程中的微分 $\partial f/\partial S$、$\partial f/\partial t$ 及 $\partial^2 f/\partial S^2$ 转化为差分。对于网格中任意点 (i, j),$\partial f/\partial S$ 可近似为

$$\frac{\partial f}{\partial S} = \frac{f_{i,j+1} - f_{i,j}}{\Delta S} \tag{13-10}$$

或

$$\frac{\partial f}{\partial S} = \frac{f_{i,j} - f_{i,j-1}}{\Delta S} \tag{13-11}$$

式(13-10)被称为向前差分近似,式(13-11)为向后差分近似,两种差分结合起来,我们可以得到一个对称差分方程:

$$\frac{\partial f}{\partial S} = \frac{1}{2}\left(\frac{f_{i,j+1} - f_{i,j}}{\Delta S} + \frac{f_{i,j} - f_{i,j-1}}{\Delta S}\right) = \frac{f_{i,j+1} - f_{i,j-1}}{2\Delta S} \tag{13-12}$$

对于 $\partial f/\partial t$,我们取向前差分法,则为

$$\frac{\partial f}{\partial t} = \frac{f_{i+1,j} - f_{i,j}}{\Delta t} \tag{13-13}$$

对于 $\partial^2 f/\partial S^2$,我们取向后差分法,在 (i, j) 和 $(i, j+1)$ 点上

$$\frac{\partial^2 f}{\partial S^2} = \frac{1}{\Delta S}\left(\frac{f_{i,j+1} - f_{i,j}}{\Delta S} - \frac{f_{i,j} - f_{i,j-1}}{\Delta S}\right)$$

即

$$\frac{\partial^2 f}{\partial S^2} = \frac{f_{i,j+1} + f_{i,j-1} - 2f_{i,j}}{\Delta S^2} \tag{13-14}$$

将式(13-12)、式(13-13)和式(13-14)代入微分方程(13-9)化简得

$$a_j f_{i,j-1} + b_j f_{i,j} + c_j f_{i,j+1} = f_{i+1,j} \tag{13-15}$$

式中，$j=1, 2, \cdots, M-1$；$i=0, 1, \cdots, N-1$，且系数 a_j、b_j、c_j 等式为

$$a_j = \frac{1}{2}(r-q)j\Delta t - \frac{1}{2}\sigma^2 j^2 \Delta t$$

$$b_j = 1 + \sigma^2 j^2 \Delta t + r\Delta t$$

$$c_j = -\frac{1}{2}(r-q)j\Delta t - \frac{1}{2}\sigma^2 j^2 \Delta t$$

我们都知道看跌期权在 T 时刻的价值为 $\max(K-S_T, 0)$，式中，S_T 为 T 时刻的股票价格，因此可以得到以下几个等式：

1) $f_{N,j} = \max(K-j\Delta S, 0)$，式中，$j=0, 1, 2, \cdots, M-1$。
2) $f_{i,0} = K$，也就是说，股票价格为 0，式中，$i=0, 1, \cdots, N$。
3) $f_{i,M} = 0$，也就是说，股票价格为 $S_{\max}$，式中，$i=0, 1, \cdots, N$。

这三个等式把网格最右边（$t=T$）、最上边（$S=S_{\max}$）和最下边（$S=0$）对应的网格点的期权价值都描绘出来了。现在我们要计算其他网格点的期权价值 $f_{i,j}$。

当 $i=N-1$ 时，式(13-15)将会变为如下方程：

$$a_j f_{N-1,j-1} + b_j f_{N-1,j} + c_j f_{N-1,j+1} = f_{N,j} \tag{13-16}$$

此时我们将 $j=1, 2, \cdots, M-1$ 代入式(13-16)，有

$$a_1 f_{N-1,0} + b_1 f_{N-1,1} + c_1 f_{N-1,2} = f_{N,1}$$

$$a_2 f_{N-1,1} + b_2 f_{N-1,2} + c_2 f_{N-1,3} = f_{N,2}$$

$$\vdots$$

$$a_j f_{N-1,M-2} + b_j f_{N-1,M-1} + c_j f_{N-1,M} = f_{N,M-1}$$

因为 $f_{N,j} = \max(K-j\Delta S, 0)$，$j=1, 2, \cdots, M-1$，我们知道等式右边的值。又因为 $f_{N-1,0} = K$，$f_{N-1,M} = 0$，所以上述 $M-1$ 个方程 $M-1$ 个未知数，我们就能求出 $f_{N-1,j}$，其中，$j=1, 2, \cdots, M-1$。

由于是美式期权，因此我们要将求出的期权价格 $f_{N-1,j}$ 与 $K-j\Delta S$ 进行比较：

1) 若 $f_{N-1,j} < K-j\Delta S$，则在 $T-\Delta t$ 时刻行使期权是最优的，此时期权价格为 $f_{N-1,j} = K-j\Delta S$。

2) 若 $f_{N-1,j} > K-j\Delta S$，则在 $T-\Delta t$ 时刻继续持有期权最优，此时期权价格为 $f_{N-1,j}$。

在求到 $f_{N-1,j}$ 的值后，我们将 $i=N-2$ 代入式(13-15)再进行上述操作，又可求出

$T-2\Delta t$ 上网格点的期权价值 $f_{N-2,j}$，其中，$j=1, 2, \cdots, M-1$。依次重复上述操作，便可以求出所有网格点的期权价值。其中，$f_{0,1}, f_{0,2}, \cdots, f_{0,M-1}$ 便是标的资产不同即期价格下的期权价值。

13.2.2 显式有限差分法

在前面对隐式有限差分法的介绍中，我们发现由 $f_{i+1,j}$ 倒推 $f_{i,j}$ 时，需要求解 $M-1$ 个联立方程，这极大地增加了我们的计算量。不过，当假设 $\partial f/\partial S$ 和 $\partial^2 f/\partial S^2$ 在点 (i, j) 与点 $(i+1, j)$ 上相等时，我们发现可以大大简化隐式差分法的计算。下面我们对此进行具体介绍。

式(13-12)和式(13-14)可变为如下等式：

$$\frac{\partial f}{\partial S} = \frac{f_{i+1,j+1} - f_{i+1,j-1}}{2\Delta S} \tag{13-17}$$

和

$$\frac{\partial^2 f}{\partial S^2} = \frac{f_{i+1,j+1} + f_{i+1,j-1} - 2f_{i+1,j}}{\Delta S^2} \tag{13-18}$$

将式(13-13)、式(13-17)和式(13-18)代入微分方程（13-9）得

$$a_j^* f_{i+1,j-1} + b_j^* f_{i+1,j} + c_j^* f_{i+1,j+1} = f_{i,j} \tag{13-19}$$

式中，$j=1, 2, \cdots, M-1$；$i=0, 1, \cdots, N-1$，且系数 a_j^*、b_j^*、c_j^* 分别为

$$a_j^* = \frac{1}{1+r\Delta t}\left[-\frac{1}{2}(r-q)j\Delta t + \frac{1}{2}\sigma^2 j^2 \Delta t\right]$$

$$b_j^* = \frac{1}{1+r\Delta t}(1-\sigma^2 j^2 \Delta t)$$

$$c_j^* = \frac{1}{1+r\Delta t}\left[\frac{1}{2}(r-q)j\Delta t + \frac{1}{2}\sigma^2 j^2 \Delta t\right]$$

以上就是显式有限差分法。图 13-2 给出了关于隐式有限差分法与显式有限差分法的区别，隐式有限差分法给出了在 $i\Delta t$ 时刻 3 个不同期权值与 $(i+1)\Delta t$ 时刻 1 个期权值之间的关系，而显式有限差分法则给出了在 $(i+1)\Delta t$ 时刻 3 个不同期权值与 $i\Delta t$ 时刻 1 个期权值之间的关系。

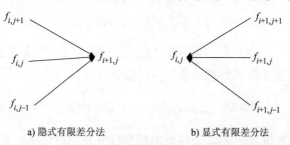

a) 隐式有限差分法　　　　b) 显式有限差分法

图 13-2　隐式有限差分法与显式有限差分法的区别

■ 本章小结

蒙特卡罗模拟法利用风险中性假设，根据衍生品标的资产的随机过程进行随机抽样，以模拟标的资产的到期日价格或价格演化路径，从而计算衍生品到期日的收益期望值，再以无风险利率进行贴现，即得出衍生品的即期价值。有限差分法则是通过将B-S-M微分方程中的微分转化为差分，从而解决微分方程求解和提前行权两大问题。

蒙特卡罗模拟适用于衍生品收益依赖于标的资产的价格路径或者依赖于多个标的资产的情形，但不太适用于美式期权。有限差分法既可以用于美式期权，也可以用于欧式期权，常用于美式期权的估值。

■ 本章重点

① 蒙特卡罗模拟法和有限差分法的原理。
② 多个标的资产的衍生品和亚式期权的蒙特卡罗模拟定价。
③ 美式期权的有限差分法定价。

■ 练 习

某欧式股票看涨期权，其标的股票不派发股息，期限为3个月，标的股票当前价格为20元，执行价格也为20元，无风险利率为10%，年波动率为30%。要求分别使用B-S-M公式和蒙特卡罗模拟法为该期权定价。

■ 练习答案

由题意知，$S_0=20$，$K=20$，$r=0.1$，$\sigma=0.3$，$T=0.25$

$$c = S_0 N(d_1) - K e^{-rT} N(d_2)$$

式中

$$d_1 = \frac{\ln \frac{S_0}{K} + \left(r + \frac{\sigma^2}{2}\right)T}{\sigma \sqrt{T}} = \frac{\ln \frac{20}{20} + \left(0.1 + \frac{0.3^2}{2}\right) \times 0.25}{0.3 \times \sqrt{0.25}} = 0.242$$

$$d_2 = d_1 - \sigma \sqrt{T} = 0.242 - 0.3 \times \sqrt{0.25} = 0.092$$

可以求得该期权价值为1.444元。接下来我们将运用蒙特卡罗模拟法来估计该期权的价值，首先利用以下公式对股票在T时刻的价值进行随机抽样：

$$S_T = S_0 e^{\left[\left(r - \frac{\sigma^2}{2}\right)T + \sigma \varepsilon \sqrt{T}\right]}$$

得到股票随机抽样值后，求出T时刻的期权价值并加以贴现，重复以上操作，最后我们将获得1 000种期权在零时刻的价值，计算出该价值的期望值及方差，即为蒙特卡罗期权价值估计，具体见表 13-3。

表 13-3 期权价值的 B-S-M 估计和蒙特卡罗模拟估计

	A	B	C	D	E	F	G
1	22.545 63	2.482 781	S_0	K	r	σ	T
2	18.990 92	0	20	20	0.1	0.3	0.25
3	26.950 48	6.778 876		$d1$	$d2$	B-S-M 价格	
4	19.022 88	0		0.242	0.092	1.444 178	
5	19.632 65	0					
⋮							
1000	20.500 63	1.846 526					
1001							
1002	均值	1.345 31					
1003	方差	2.077 99					

我们得到的期权价值 1.345 是 1 000 个数字的平均值，其标准差为 2.078。

第14章 市场风险

作为一门工程型的新兴学科,从其诞生源头开始,金融工程就和风险管理紧密联系在一起。在20世纪80年代伦敦银行界,银行建立起专家小组,对客户的风险进行度量,并应用组合工具进行结构化管理。这一类工作就被称为金融工程,而从事此类工作的专家就被称为金融工程师。因此,金融工程原先的狭义定义就是金融风险管理工具(主要包括各类衍生工具)和技术的研究。随着金融创新和金融自由化浪潮席卷西方世界,人们对金融工程的认识迅速拓宽。成立于1991年的"国际金融工程师协会"(IAFE)对金融工程进行了界定:金融工程将工程思维引入金融领域,综合地采用各种工程技术方法设计、开发和实施新型的金融产品,创造性地解决各种金融问题。我们通常称其为金融工程的广义定义。

按照罗伯特·默顿(Robert Merton)的观点,现代金融理论有三大支柱:资金的时间价值、资产定价和风险管理。从实践来看,金融业的本质在于三个:流动、收益和风险。可见,无论从理论来看,还是从实践来看,金融风险管理都是金融的核心问题。因此,金融风险管理是金融工程的核心部分。从本章开始,我们用三章来介绍金融风险管理相关内容,分别为市场风险、信用风险及信用衍生品。

14.1 市场风险概述

自20世纪70年代布雷顿森林体系崩溃以来,由于国际金融市场利率、汇率波动的加剧,金融市场风险已经成为各类金融机构无法回避而必须面对的基础性风险。证券价格尤其是衍生品价格瞬息万变,经常发生全球性的剧烈波动,直接影响投资者的资产安全。同时,其他各种金融风险事件的背后时常能发现金融市场风险的影子,金融市场风险往往是其他金融风险的驱动因素。因此,对金融市场风险的认识和考察极为重要。

14.1.1 金融市场风险的含义

金融市场风险（Financial Market Risk）常被称为金融资产价格风险（Price Risk of Financial Assets），一般简称市场风险。根据1990年J.P.摩根公司给出的定义，市场风险是指由于市场条件的改变而引起金融机构收入的不确定性，其中，市场条件主要是指资产价格、市场波动、利率、市场流动性等。

国际清算银行定义市场风险为：资产负债表表内和表外的资产价格由于股票、利率、汇率、商品价格的变动而发生变化的风险。

2004年12月，中国银行业监督管理委员会颁布的《商业银行市场风险管理指引》对市场风险给出了全面而完整的定义：市场风险是指因市场价格（利率、汇率、股票价格和商品价格）的不利变动而使商业银行表内和表外业务发生损失的风险。《商业银行市场风险管理指引》认为造成的预期损失和非预期损失都是风险。

在相当长的一段时间里，市场风险并没有如同信用风险一样引起各国金融机构和金融监管机构的充分重视，甚至在1988年的《巴塞尔协议Ⅰ》中，计算银行资本充足率时对银行资产风险的考虑也只是局限于信用风险，并没有包括市场风险。这是由于当时商业银行是以银行贷款等间接融资方式为主，表外业务不太突出，交易账户资产额度在银行总体中占比很小，从而使得各国政府管制相对比较稳定，金融机构面临的利率风险和汇率风险都比较小。

然而，自20世纪七八十年代以来，国际金融市场发生了很大变化，金融自由化、全球化、资产证券化等发展趋势对金融领域产生了重大影响。这些变化和影响不仅使得金融机构所面临的市场风险大大增加，而且对金融机构和金融监管机构的市场风险管理水平和监管力度提出了更高要求。

基于此，巴塞尔银行监管委员会在1996年1月颁布的《资本协议市场风险补充规定》中首次将市场风险纳入资本要求的范围。在此之后，市场风险成为商业银行乃至整个金融业都极为重视的关键风险之一，对其提出的监管指引亦层出不穷且伴随着业务的创新不断发展。

14.1.2 市场风险的分类

市场风险可以分为利率风险、汇率风险（包括黄金）、证券价格风险和大宗商品风险，它们分别是指由于利率、汇率、股票价格和商品价格的不利变动所带来的风险。其中，利率风险尤为重要，受到商业银行和保险公司的高度重视。利率风险按照来源的不同，可分为重新定价风险、收益率曲线风险、基准风险和期权性风险。保险公司的利率风险中还包括资产负债不匹配风险。

1. 利率风险

利率风险是指市场利率变化导致资金交易或信贷价格波动时,投资者遭受损失的可能性。换句话说,利率风险意味着金融机构将面临潜在的收益减少或者损失。例如,按固定利率收取利息的金融机构,将面临市场利率可能高于原先确定的固定利率的风险。当市场利率高于固定利率时,利率收入就比按市场利率收取利率的方式要低。利率敏感性缺口是指银行在一定时期(如距付息日1个月或3个月)以内将要到期或重新确定利率的资产和负债之间的差额,如果资产大于负债,为正缺口,反之,如果资产小于负债,则为负缺口。当市场利率处于上升通道时,正缺口对商业银行有正面影响,因为资产收益的增长要快于资金成本的增长。若利率处于下降通道,则为负面影响。负缺口的情况正好与此相反。

目前,我国金融机构面临的利率风险主要存在于债券投资业务中。商业银行、证券公司、基金公司、保险公司及信托公司等众多金融机构大都获准经营债券投资业务,而债券投资业务面对的货币市场也已成为我国市场化程度较高的金融市场;拆借利率和债券回购利率已经成为我国市场化的利率,给参与其中的金融机构带来了一定的利率风险。

2. 汇率风险

汇率风险是指一个经济实体或个人在国际经济、贸易、金融等活动中,以外币计价的资产或负债因外汇汇率的变动而引起价值上升或下跌造成损益的可能性。具体来说,汇率风险包括以下三个类型:

(1) 交易风险

交易风险是指汇率变化前未清偿的金融债务在汇率变化后结账时,这些金融债务的价值发生变化造成的风险。因此,交易风险涉及公司将来自身商业债务的现金流变化。例如,美国福特公司在日本的一家子公司M向英国出口汽车,8月1日与英国公司签订合同并定于9月1日付款。合同以英镑计价,金额为2000万英镑,8月1日的即期汇率为1英镑兑换180日元,合同价值折合36亿日元。如果在9月1日,英镑与日元汇率变为1英镑兑换160日元,合同价值就变成了32亿日元,M公司将损失4亿日元。

(2) 经营风险

经营风险是指由未预期汇率变化所引起的公司未来现金流的改变,从而使公司的市场价值发生变化所造成的风险。价值上的变化取决于汇率变化对未来销售量、价格和成本的影响程度。例如,福特公司在日本的子公司M从美国进口某些重要零部件,其产成品在日本国内外市场都有销售。如果日元贬值,M公司的进口零部件以日元表示的价格会大幅上升,进而使生产成本上升。

(3) 折算风险

折算风险有时又称为会计风险,是为了合并母子公司的财务报表,将用外币记账的外国子公司的财务报表转变为用母公司所在国货币重新做账时,导致账户上股东权益项目的潜在变化所造成的风险。例如,福特公司在日本的子公司M在10月1日有一笔银行存款以 1 200 万日元入账，当时汇率为 1 美元兑换 107 日元，因此这笔存款在母公司的资产负债表上价值约 11 万美元。当年末（12 月 31 日）进行资产负债表汇总时，即期汇率变成了 1 美元兑换 120 日元，因此这笔存款在母公司的资产负债表上只值 10 万美元，母公司的账面资产损失了约 1 万美元。

3. 证券价格风险

证券价格风险是指源于股票等有价证券价格变动而导致投资主体亏损或收益的不确定性，狭义证券价格风险即为股票价格风险。1987 年 10 月 19 日，纽约股票行市突然崩溃，道琼斯工业股票指数在一天内暴跌了 508.32 点，跌幅达 22.62%，上市的 5 000 家公司的股票价值总额顷刻间减少了 5 000 亿美元以上，这一天也因此被称为"黑色星期一"。这一危机迅速扩散到其他股票市场，如伦敦股票交易所当天股票价格下跌 11%，为以往最大跌幅的 3 倍之多，投资者损失达 500 亿英镑。我国证券市场自 1990 年上海证券交易所成立至今，也经历过多次大跌大涨。其中，以沪市从 2007 年年初的 3 000 点水平一路飙升到 2007 年 10 月底的 6 100 点，然后又在不到 3 个月的时间内暴跌至 3 300 点的过程，最为惊心动魄。在这样的股价大跌大涨的过程中，投资者所面临的风险是不言而喻的。

4. 大宗商品风险

大宗商品风险是指源于大宗商品（包括农产品、金属和能源产品等）合约价值的变动而可能导致亏损或收益的不确定性。应该注意，与金融产品不同，商品"入账"交易通常会发生成本。商品合约要设定交割的形式和地点，这使得远期合约定价中的运输、储蓄和保险等费用都成为大宗商品价格的影响因素。不同于金融产品，大宗商品现货或远期合约套利会受到一定限制，无法做到完全的无成本套利。在汇总风险头寸时，不管是在不同时间之间、不同交割地点之间，还是在不同交割等级之间，均需要谨慎考虑套利的限制对风险测度的影响。这些方面的错配是商品风险敞口的显著原因，风险管理者应检查商品风险有没有被那些隐藏风险的交割时间、地点或其他价格因素之间的头寸集聚所低估。

14.2 市场变量波动率计算

市场风险是由市场变量（利率、汇率、股票价格、商品价格）的变化或波动所引起的，接下来有必要对市场变量的波动性进行探讨。因为市场变量的波动性是由波动率来度量的，所以本节将讨论市场变量波动率的计算问题。

14.2.1 波动率的定义

某个变量的波动率 σ 定义为这一变量在单位时间内连续复利回报率的标准差。当波动率被用于期权定价时，时间单位通常定义为一年，因此波动率就是一年的连续复利回报率的标准差。但当波动率被用于风险控制时，时间单位通常是一天，此时的波动率对应于每天的连续复利回报率的标准差。

定义 S_i 为一个变量在日期 i 结束时的值,则该变量每日连续复利的回报为

$$\ln \frac{S_i}{S_{i-1}}$$

这与下式基本相等

$$\frac{S_i - S_{i-1}}{S_{i-1}}$$

因此,日波动率的另外一种定义是变量的日相对变化的标准差。这个定义也是风险管理中常用的定义。

【例 14-1】 假定一个资产的价格是 60 美元,日波动率为 2%。这意味着一天中资产价格出现一个标准差的变化等于 60×0.02,即 1.20 美元。如果我们假设资产价格变化服从正态分布,我们有 95% 的把握确信,在一天结束时,资产的价格将在 $60-1.96\times1.2=57.65$ 美元和 $60+1.96\times1.2=62.35$ 美元之间。

14.2.2 交易天数与波动率

在计算波动率时,我们应采用日历天数还是交易天数呢?由于研究人员已经证明交易所开盘交易时的波动率比关闭时的波动率要大很多,因此当采用历史数据来估计波动率时,分析员常常忽略交易所关闭天数,并通常假定每年有 252 个交易日。

假设 σ 为某一资产的年波动率,σ_{day} 为相应的每天波动率。假设连续交易日的回报率相互独立并有相同的标准差,这意味着

$$\sigma = \sqrt{252}\,\sigma_{\text{day}}$$

或

$$\sigma_{\text{day}} = \frac{\sigma}{\sqrt{252}}$$

以上关系式说明,日波动率大约为年波动率的 6%。

14.2.3 监测日波动率

定义 σ_n 为第 $n-1$ 天所估计的市场变量在第 n 天的波动率,相应的方差为 σ_n^2。假定市场变量在 i 天末的价格为 S_i。定义 u_i 为在第 i 天连续复利收益率(第 $i-1$ 天末至第 i 天末的收益),于是有

$$u_i = \ln \frac{S_i}{S_{i-1}}$$

一种估计 σ_n 的方法是令其等于 u_i 的标准差,利用 u_i 最近 m 天的观察数据和标准差的一般公式,我们得出

$$\sigma_n^2 = \frac{1}{m-1} \sum_{i=1}^{m} (u_{n-i} - \bar{u})^2$$

在上式中,$\bar{u}$ 为 u_i 的平均值:

$$\bar{u} = \frac{1}{m} \sum_{i=1}^{m} u_{n-i}$$

值得注意的是,以下几种变形常常用于风险管理过程:

1) u_i 被定义为市场变量在第 $i-1$ 天末与第 i 天末的价格百分比变化:

$$u_i = \frac{S_i - S_{i-1}}{S_{i-1}}$$

这种计算方式与前面计算 u_i 的方式差别不大。

2) $\bar{u}$ 被假设为 0,这种假设的前提是每一天市场变化期望值远远小于市场变化的标准差。

3) $m-1$ 被 m 代替,这种做法将波动率从偏差估计转换为最大似然估计。以上变形会使方差公式简化为

$$\sigma_n^2 = \frac{1}{m} \sum_{i=1}^{m} u_{n-i}^2$$

上式实际上意味着:对应 u_{n-1}^2,u_{n-2}^2,…,u_{n-m}^2 所有项的权重相同。由于我们的目标是估计当前波动率 σ_n 的水平,因此将更多权重赋给更近的数据就很有意义,这样做的一种模型为

$$\sigma_n^2 = \sum_{i=1}^{m} a_i u_{n-i}^2$$

式中,a_i 为第 i 天以前的观察值所对应的权重。当选择这些变量时需要保证在 $i > j$ 时,$a_i < a_j$,也就是我们将更少的权重施予更旧的数据上,权重之和必须为 1,即

$$\sum_{i=1}^{m} a_i = 1$$

在进一步的模型推广中,假定对应于权重选择存在某一长期平均方差,这种推广对应于以下模型:

$$\sigma_n^2 = \gamma V_L + \sum_{i=1}^{m} a_i u_{n-i}^2$$

式中,V_L 为长期方差;γ 为 V_L 所对应的权重。因为权重之和仍为 1,于是有

$$\gamma + \sum_{i=1}^{m} a_i = 1$$

此模型被称为 ARCH(m) 模型,最先由 Engle 提出。在这一模型中,方差的估计值

与长期平均方差及 m 个观察值有关，观察数据越陈旧，所对应的权重就越小。令 $\omega=\gamma V_L$，则有

$$\sigma_n^2 = \omega + \sum_{i=1}^{m} a_i u_{n-i}^2$$

14.2.4　指数加权移动平均模型估测日波动率

根据上述思想，在指数加权移动平均（EWMA）模型中，更新波动率的简单公式为

$$\sigma_n^2 = \lambda \sigma_{n-1}^2 + (1-\lambda) u_{n-1}^2$$

式中，第 n 天波动率 σ_n 由第 $n-1$ 天的波动率 σ_{n-1} 和变化率 u_{n-1} 决定；λ 是介于 0 和 1 之间的某一常数。

【例 14-2】假如 λ 为 0.90，市场变量第 $n-1$ 天的日波动率为 1%。在第 $n-1$ 天，市场变量增加了 2%，这意味着 $\sigma_{n-1}^2 = 0.01^2 = 0.0001$ 及 $u_{n-1}^2 = 0.02^2 = 0.0004$，于是，我们得出

$$\sigma_n^2 = 0.9 \times 0.0001 + 0.1 \times 0.0004 = 0.00013$$

因此，第 n 天波动率 σ_n 的估计为 $\sqrt{0.00013}$，即每天 1.14%。注意，u_{n-1}^2 的期望值为 σ_{n-1}^2，也就是 0.0001，在这一例子中，u_{n-1}^2 所对应的实际值比期望值要大，因此我们对于波动率的估计会逐渐增加。当 u_{n-1}^2 的实际数值小于期望值时，我们对于波动率的估计值会逐渐减小。

14.2.5　GARCH（1，1）模型估测日波动率

我们现在讨论如何由 Bollerslev 于 1986 年提出的 GARCH（1，1）模型来估测日波动率。在 GARCH（1，1）中，σ_n^2 是由长期平均方差 V_L、u_{n-1} 及 σ_{n-1} 计算得出的，GARCH（1，1）表达式为

$$\sigma_n^2 = \lambda V_L + \alpha u_{n-1}^2 + \beta \sigma_{n-1}^2$$

式中，λ 为对应于 V_L 的权重；α 为对应于 u_{n-1}^2 的权重；β 为对应于 σ_{n-1}^2 的权重。因为权重之和为 1，于是有

$$\gamma + \alpha + \beta = 1$$

EWMA 模型是 GARCH（1，1）模型对应于 $\gamma = 0$、$\alpha = 1-\lambda$ 及 $\beta = \lambda$ 的特例。

GARCH（1，1）模型的"（1，1）"代表 σ_n^2 是由最近的 u^2 的观察值 u_{n-1}^2 及最新的方差估算 σ_{n-1}^2 所得。广义模型 GARCH（p，q）中的 σ_n^2 是最近的 p 个 u^2 的观察值及 q 个最新的方差估计而计算所得，而 GARCH（1，1）是目前广义自回归条件异方差模型

（GARCH）中较流行的一种。

令 $\omega=\gamma V_L$，GARCH (1, 1) 模型则为

$$\sigma_n^2=\omega+\alpha u_{n-1}^2+\beta\sigma_{n-1}^2$$

当 ω、α 及 β 被估算出后，可进一步由 $\gamma=1-\alpha-\beta$ 来计算 γ 和长期方差 $V_L=\omega/\gamma$。为了保证 GARCH (1, 1) 模型的稳定，我们要求 $\alpha+\beta<1$，否则赋予长期方差的权重会为负值。

【例 14-3】 假设某一由每天观测数据估算出的 GARCH (1, 1) 模型为

$$\sigma_n^2=0.000\ 002+0.13u_{n-1}^2+0.86\sigma_{n-1}^2$$

这对应于 $\alpha=0.13$、$\beta=0.86$ 及 $\omega=0.000\ 002$。因为 $\gamma=1-\alpha-\beta=0.01$，$\omega=\gamma V_L$，得出 $V_L=0.000\ 2$，换句话说，由模型隐含出的每天长期方差平均为 $0.000\ 2$，对应的波动率为 $\sqrt{0.000\ 2}=0.014$，即每天 1.4%。

假设对应于 $n-1$ 天的日波动率估算值为 1.6%，因此 $\sigma_{n-1}^2=0.016^2=0.000\ 256$，又假设 $n-1$ 天市场价格降低 1%，$u_{n-1}^2=0.01^2=0.000\ 1$，因此有

$$\sigma_n^2=0.000\ 002+0.13\times0.000\ 1+0.86\times0.000\ 256=0.000\ 235\ 16$$

对于波动率的最新估计为 $\sqrt{0.000\ 235\ 16}=0.015\ 3$，即每天 1.53%。

14.3 风险价值度

风险价值度（Value at Risk，VaR）试图对金融机构的资产组合提供一个单一风险度量，以体现金融机构的整体风险。VaR 最初是 1994 年由当时的 J. P. Morgan 总裁 Dennis Weatherstone 建议的。他要求其下属每天下午 4：15 向他提出一页报告，说明公司在未来的 24 小时内总体可能损失有多大。这就是著名的"4.15 报告"。目前，"风险价值度"这一概念已经被银行的资产部、基本管理人员及其他金融机构广泛应用。我们将在后面的章节中看到，VaR 也是很多监管机构采用的用于计算银行资本金的设定工具，这里的资本金包括市场风险、信用风险和操作风险的资本金。

14.3.1 VaR 的定义

VaR 可翻译为风险价值度（有时也直译为风险价值或在险价值），是指当市场处于正常波动状态时，对应于某一给定的置信度，投资组合或资产组合在未来特定一段时间内所遭受的最大可能损失。VaR 用数学语言可以表示为

$$P(\text{Loss}\leqslant\text{VaR})=X \text{ 或 } P(\text{Loss}\geqslant\text{VaR})=1-X$$

式中，P 表示概率测度；$\text{Loss}=-(W(t+\Delta t)-W(t))$，表示组合在未来持有期 Δt 内的损失；$W(t)$ 表示组合在当前时刻 t 的价值；X 为置信度。

直观上而言，VaR 可以描述为以下事实："我们有 $X\%$ 的把握，在 Δt 时间段，我们的损失不会大于变量 V。"这里的"V"就是交易组合的 VaR，很显然，VaR 是时间展望期（Δt）及置信度（$X\%$）两个变量的函数。

VaR 可以由交易组合在 Δt 时间内的收益概率分布得出，也可以由损失的概率分布得出（对于前者，损失为收益的负值；对于后者，收益为损失的负值）。当采用收益分布时，VaR 等于图 14-1 所示分布的第 $100-X$ 收益分位数的负值；当采用损失分布时，VaR 等于图 14-2 所示分布的第 X 损失分位数。例如，当 Δt 为 5 天，$X=97\%$ 时，VaR 对应于交易组合在 5 天后收益分布中第 3 分位数的负数；也可将 VaR 看作对应于交易组合在 5 天后损失分布中的第 97 分位数。

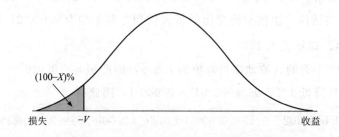

图 14-1　由交易组合在时间 $t+\Delta t$ 的收益概率分布中来计算 VaR

注：损失可看作负的收益，置信度为 $X\%$，VaR 的大小为 V。

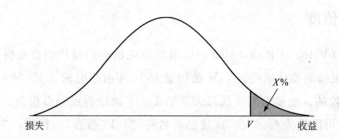

图 14-2　由交易组合在时间 $t+\Delta t$ 的损失概率分布中来计算 VaR

注：收益可看作负的损失，置信度为 $X\%$，VaR 的大小为 V。

14.3.2　VaR 的参数选择

VaR 有两个重要参数：资产组合的持有期和置信度。这两个参数对 VaR 的计算和应用都起着重要的作用。

1. 持有期

因为随着时间延长，资产价格的波动性也必然增加，所以度量 VaR 的一个先决条件是 VaR 的持有时间范围。对度量市场风险而言，一天或一个月可能更为适合。但是，对于度量信用风险而言，由于贷款资产组合的价格在一段时间内波动幅度不大，时间段太短，意义不大,故而常常选择半年或一年。

2. 置信度

置信度 X 也称为置信水平,置信水平越高意味着资产组合的损失小于其 VaR 值的概率越大,即 VaR 模型对于极端事件的发生进行预测时失败的可能性越小。然而,置信度并非越高越好,而是要依赖于对 VaR 验证的需求、内部风险资本需求、监管要求及不同机构之间进行比较的需要等。

14.3.3 VaR 的计算

1. 一般分布中的 VaR

为了更好地理解 VaR 的概念,下面我们推导其数学表达式。设资产组合的初始价值为 W_0,持有至期末 T 的收益率为 R。其中,R 的期望和标准差分别是 μ 和 σ。在给定的置信水平 X 下,资产组合的最低价值为 $W^* = W_0(1+R^*)$,式中,R^* 为对应的最低收益率(一般为负值)。定义相对 VaR 和绝对 VaR,分别用 VaR_R 和 VaR_A 表示。相对 VaR 是相对于展望期期末的资产组合平均价值而计算的损失,是在特定时间内,用预期价值来测度在某置信水平下,资产组合可能遭受的最大损失,即当确定置信水平后,资产组合的最低价值与其均值的距离。

VaR_R = 展望期期末资产组合的期望价值 — 某置信水平下资产组合的最低价值

用公式可表达为

$$VaR_R = E(W_T) - W^* = -W_0(R^* - \mu)$$

绝对 VaR 则是展望期期末资产组合相对于零时刻的损失,是某置信水平下可能遭受的损失,与期望值无关。用公式可表达为

$$VaR_A = W_0 - W^* = -W_0 R^*$$

例如:如果 $W_0 = 100$,$\mu = 5\%$,$R^* = -20\%$,则

$$VaR_R = 100 \times [0.05 - (-0.20)] = 25, \quad VaR_A = -100 \times (-20\%) = 20$$

注意 R^* 是负的,这使得 VaR_R 等于最大可能损失的绝对值和预期收益之和。如果预期收益碰巧是负的,则 VaR_R 为最大可能损失的绝对值和预期收益之差。

比如,如果 $\mu = -5\%$,则

$$VaR_R = 100 \times [-0.05 - (-0.20)] = 15, \quad VaR_A = 20$$

VaR 也可由资产组合值的概率分布推导而得。假定资产未来价值的概率密度函数为 $f(W_T)$,则在一定的置信水平 X 下,价值高于 W^* 的概率 X 为

$$X = \int_{W^*}^{+\infty} f(W_T) dW_T$$

或者说，价值低于 W^* 的概率为

$$1-X=p(W_T\leqslant W^*),\ 1-X=\int_{-\infty}^{W^*}f(W_T)\mathrm{d}W_T$$

式中，W^* 是在确定的概率水平（置信）下（如 95%）的价值分界点。无论分布是离散的还是连续的，抑或是厚尾的还是薄尾的，此表示方式对于任何形式的分布都是有效的。

2. 正态分布中的 VaR

在正态分布假定下，VaR 的计算可以得到简化。设资产组合收益率服从均值为 μ、标准差为 σ 的正态分布。在标准正态分布下，如果 X 代表某一置信水平（如 99%），组合价值低于 W^* 的概率为 $1-X$，所对应的收益率 R^* 可以通过下式加以界定：

$$P(r<R^*)=\int_{-\infty}^{W^*}f(w)\mathrm{d}w=\int_{-\infty}^{R^*}f(r)\mathrm{d}r=\int_{-\infty}^{a}\varphi(z)\mathrm{d}z=P\left(z<\frac{R^*-\mu}{\sigma}\right)=1-X$$

式中，$z=(r-\mu)/\sigma$，$\varphi(z)$ 表示变量 z 服从标准正态分布 $N(0,1)$，均值为 0，标准差为 1。

在收益变化服从正态分布的情况下，R^* 的推导变得很简单：

由 $P(r<R^*)=P\left(\dfrac{r-\mu}{\sigma}<\dfrac{R^*-\mu}{\sigma}\right)=1-X$ 可知

$$\frac{R^*-\mu}{\sigma}=\alpha\Rightarrow R^*=\mu+\alpha\sigma$$

将上式代入 $\mathrm{VaR}_R=E(W_T)-W^*=-W_0(R^*-\mu)$ 可得

$$\mathrm{VaR}_R=E(W_T)-W^*=-W_0(R^*-\mu)=-W_0(\mu+\alpha\sigma-\mu)=-\alpha\sigma W_0$$

这就是正态分布假设下相对 VaR 的一般表达式。此时，只需要参考一下标准累积正态函数表即可，其中各置信水平对应的临界值 α 见表 14-1。

表 14-1 作为置信水平函数的临界值

X	$\alpha=\dfrac{R^*-\mu}{\sigma}$
99.97%	−3.43
99.87%	−3.00
99.00%	−2.33
95.00%	−1.65

于是，在正态分布假设下，根据相对 VaR 和绝对 VaR 的定义，可以得到

相对 VaR：$\mathrm{VaR}_R=-\alpha\sigma W_0$

绝对 VaR：$\mathrm{VaR}_A=W_0-W^*=-W_0R^*$

$$\mathrm{VaR}_A=-(\alpha\sigma+\mu)W_0$$

14.3.4 VaR 工具：边际 VaR、递增 VaR 及成分 VaR

为了理解 VaR，分析员常常需要计算更多的风险度量。假定一投资组合有若干组成成分，其中第 i 个成分为 x_i，交易组合的边际 VaR 是指交易组合价格变化同某个组合成分变化的比率。因此，第 i 个成分的边际 VaR（Marginal VaR）等于

$$\frac{\partial(\text{VaR})}{\partial x_i}$$

对于一个投资组合而言，边际 VaR 与资本资产定价模型中的贝塔系数存在着密切关系。当一个资产的贝塔系数较高时，这个资产所对应的边际 VaR 往往也会很高；当一个资产的贝塔系数较低时，这个资产所对应的边际 VaR 会很低。当某资产的边际 VaR 为负时，说明增加这一资产的权重会减小投资组合的风险。

第 i 个子交易组合的递增 VaR（Incremental VaR）衡量的是该子交易组合对 VaR 的递增效应，即交易组合包含此子组合时的 VaR 与不包含此子组合时的 VaR 的差，交易员通常对新交易的递增 VaR 特别感兴趣。

第 i 个子交易组合的成分 VaR（Component VaR）等于

$$\frac{\partial(\text{VaR})}{\partial x_i}x_i$$

在计算成分 VaR 时，先令投资于第 i 个子交易组合的数量发生一个较小的相对变化 $y_i = \Delta x_i/x_i$，然后重新计算 VaR。假定 ΔVaR 为 VaR 的增量，则成分 VaR 近似等于 $\Delta\text{VaR}/y_i$。正是因为如果一个子交易组合的规模相对整个交易组合很小，我们可以认为边际 VaR 在 x_i 减小到 0 的过程中保持不变，于是减小 x_i 到 0 的影响为 x_i 乘以边际 VaR，二者之积就是成分 VaR。

14.3.5 在险值与预期亏损

1. 在险值

由于 VaR 的概念比较容易理解，因此它引起了人们的极大关注。在应用 VaR 时，事实上等同于用户所关心的"最坏情况会是怎样"的问题。这一问题备受高级管理人员的关注，这是因为将各种对于不同种类的市场变量的敏感度压缩成一个数字会使管理人员的工作变得容易一些。

然而，当采用 VaR 来设定交易风险额度时，也可能会产生我们不想看到的结果。假定一家银行限定的某交易员的交易组合在一定展望期下 99% 置信度水平下的 VaR 额度为 1 000 万美元，交易员可以构造一个交易组合：该交易组合有 99.1% 的可能每天的损失小于 1 000 万美元，但是 0.9% 的可能损失为 5 000 万美元。该交易组合的概率分布形式如

图 14-3 所示，图 14-3 所示的 VaR 等同于图 14-1 所示的 VaR，但图 14-3 所对应的风险要远大于图 14-1 所对应的风险，这是因为图 14-3 所示分布更有可能出现大的损失。显然，这一交易组合满足了银行所设定的 VaR 额度。但很明显，交易员承担了银行不可接受的风险。交易员的这种行为并不是不可能，许多交易员喜欢承担更大的风险，以希望得到更高的回报。如果交易员能够在没有超出额度的情况下承担更大的风险，他们往往会那样做。John Hull 在他的书中曾引用某交易员的一句话："我还从来没有碰到过一种风险控制系统会使我的交易无法进行。"

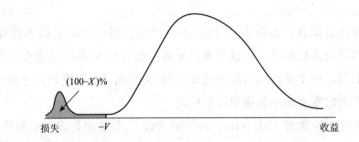

图 14-3 时间 T 内某交易组合价值的概率分布

注：置信度为 $X\%$，交易组合具有和图 14-1 中相同的 VaR，但该图显示出现大额损失的可能性更大。

2. 预期亏损

预期亏损（Expected Shortfall）是另一种风险测度，也被称为条件风险价值度（Conditional VaR）或条件尾部期望（Conditional Tail Expectation）或尾部损失（Tail Loss）。VaR 测度的目的是展示损失会糟成什么样子，而预期亏损给以下问题提供了答案："当市场条件变糟而触发损失时，损失的期望值会有多大？" 像 VaR 一样，预期亏损也是展望期的时间长度 T（展望期）和置信水平（X）两个变量的函数，其中，预期亏损是指在 T 时的损失超出了第 X 分位数条件下损失的期望值。例如，假定 $X=99$，$T=10$ 天，VaR=6400 万美元，预期亏损为在今后 10 天内损失超出 6 400 万美元的平均损失情况。

从风险分散的意义上来讲，预期亏损要比 VaR 有更好的性态。但是，预期亏损比 VaR 更为复杂，也更难以理解。另外，预期亏损的准确性很难得到回顾测试（Back-Testing）的检验（回顾测试是利用历史数据来检验风险度量模型可靠性的一种方式）。

虽然 VaR 在某些方面存在缺点，但这一管理方式已经在监管机构及风险管理人员中得到了广泛应用。

14.4 基于历史模拟法的 VaR 计算

本章前面介绍的 VaR 计算方法均需对风险因子变化及其导致的投资收益的变化分布做出预设，本节将介绍一种无须预先假设风险因子变化分布且与前述方法显著不同的 VaR 计算方法——历史模拟法（Historical Simulation）。下面将对这一方法的基本原理与计算步骤进行介绍，并举例对其应用方法做出说明，最后分析该方法的优缺点。

14.4.1 基本原理与计算步骤

对于前文所介绍的各种 VaR 计算方法，其本质均为在对金融风险因子的变化分布进行估计后，进一步找到风险因子变化影响下的资产组合的未来收益分布规律并计算投资组合的风险价值。基于不同的分布形式与不同的估计方法，VaR 的计算方法也有所不同。当运用历史模拟法来计算 VaR 时，同样需要了解资产组合未来收益的分布情况。该方法是通过历史数据来刻画各项风险因子在过去某一时间内的变化情形，并直接将其作为风险因子未来变化的模拟情况，进而得出资产组合未来收益的可能分布。由此可见，历史模拟法不需要预先假设风险因子服从某种特定的概率分布，也不需要对这些分布的参数进行估计，属于非参数估计方法中的一种。

运用历史模拟法计算 VaR 可以分为如下 5 个步骤：

1. 识别风险因子变量

假设投资组合的价值 V 受到 n 个风险因子 $f_i(i=1,2,\cdots,n)$ 的影响，风险因子在 t 时刻的取值为 $f_i(t)$，则投资组合在 t 时刻的价值可表示为

$$V_t = V(f_1(t), f_2(t), \cdots, f_n(t))$$

若令 $t<0$ 表示过去时刻，$t>0$ 表示未来时刻，$t=0$ 表示当前时刻，则当前时刻（$t=0$）的投资组合价值为

$$V_0 = V(f_1(0), f_2(0), \cdots, f_n(0))$$

2. 选择历史区间，收集历史数据

历史模拟法需要根据具体要求合理选取历史数据的时间区间，所选择的时间区间应足够宽，以便具备统计规律并能够反映未来风险因子的变化。考虑到历史数据的可获取性及其所具有的未来模拟价值，时间区间一般不能太过久远。假设选取的历史数据时间区间为 $[-(T+1), -1]$，则在收集风险因子 f_i 在 $[-(T+1), -1]$ 的历史数据后，得到数据序列 $\{f_i(-T-1), f_i(-T), \cdots, f_i(-1)\}$。这时，风险因子 f_i 在过去时刻的 T 种变化情况可以表示为

$$\Delta f_i(-t) = f_i(-t) - f_i(-t-1), \quad t=1,2,\cdots,T$$

3. 模拟风险因子的未来变化

由于历史模拟法假定风险因子未来变化的分步等同于其历史变化分布，因此风险因子 f_i 未来时刻的变化情况可以用其历史时刻的变化情况进行模拟。于是，f_i 在未来时刻的 T 种可能取值可以表示为

$$f_i^t = f_i(0) + \Delta f_i(-t), \quad t=1,2,\cdots,T$$

4. 计算投资组合未来收益分布

利用步骤 3 的模拟结果及投资组合的价值计算公式，投资组合在未来时刻的 T 种可能价值水平为

$$V^t = V(f_1^t, f_2^t, \cdots, f_n^t), \quad t=1, 2, \cdots, T$$

因此，投资组合未来时刻与当前时刻相比的价值变化量（即投资组合的收益 ΔV）同样存在 T 种可能取值：

$$\Delta V^t = V^t - V_0, \quad t=1, 2, \cdots, T$$

5. 根据投资组合收益分布计算 VaR

对投资组合的收益可能值 ΔV^t 从大（利润）到小（损失）进行排序后，可根据 ΔV^t 的排序结果查找到相应置信水平 X 下的风险价值（VaR）。

14.4.2 应用实例

假设投资者于 2014 年 9 月 1 日买入 1 000 股招商银行的 A 股股票（股票代码 600036），如何利用历史模拟法来计算置信水平 $X=95\%$ 下的每日 VaR 呢？

首先，在证券交易所网站选取招商银行最近连续 500 个交易日的历史数据（2012 年 7 月 27 日至 2014 年 8 月 29 日），从而得到招商银行 A 股每日涨跌额的 500 个历史数据（见表 14-2）。

表 14-2　2014 年 9 月 1 日前 500 个交易日招商银行 A 股历史数据

t	日期	开盘价（元/股）	收盘价（元/股）	涨跌额（元/股）	收益率
1	2014-08-29	10.53	10.56	0.09	0.86%
2	2014-08-28	10.57	10.47	−0.1	−0.95%
3	2014-08-27	10.56	10.57	−0.03	−0.28%
4	2014-08-26	10.58	10.6	0.02	0.19%
5	2014-08-25	10.72	10.58	−0.13	−1.21%
6	2014-08-22	10.56	10.71	0.11	1.04%
7	2014-08-21	10.72	10.6	−0.12	−1.12%
8	2014-08-20	10.74	10.72	−0.06	−0.56%
9	2014-08-19	10.8	10.78	−0.02	−0.19%
10	2014-08-18	10.8	10.8	0.01	0.09%
⋮	⋮	⋮	⋮	⋮	⋮
491	2012-08-09	10.1	10.08	0.01	0.10%
492	2012-08-08	10.01	10.07	0.07	0.70%
493	2012-08-07	10.01	10	−0.01	−0.10%
494	2012-08-06	10	10.01	0.01	0.10%

(续)

t	日期	开盘价（元/股）	收盘价（元/股）	涨跌额（元/股）	收益率
495	2012-08-03	10.02	10	-0.01	-0.10%
496	2012-08-02	9.96	10.01	0.04	0.40%
497	2012-08-01	9.92	9.97	0.05	0.50%
498	2012-07-31	9.85	9.92	0.11	1.12%
499	2012-07-30	9.8	9.81	0.06	0.62%
500	2012-07-27	9.62	9.75	0.16	1.67%

资料来源：上海证券交易所。

历史模拟法假设风险因子的未来变化完全等同于其历史变化，即表14-2所列的500个历史日收益率都可能在2014年9月1日出现。由于利用历史数据可得到该股票日收益率的500个可能取值，当以上一个交易日的收盘价10.56元/股来进行计算时，可得到2014年9月1日持有该股票的500个可能收益结果（见表14-3）。

表14-3　2014年9月1日招商银行A股的500个可能收益取值

i	日收益率第i个可能取值	涨跌额（元/股）	收益（10 000股）（元）	收益大小排序
1	0.86%	0.09	908.2	115
2	-0.95%	-0.10	-1 003.2	390
3	-0.28%	-0.03	-295.7	284
4	0.19%	0.02	200.6	201
5	-1.21%	-0.13	-1 277.8	410
6	1.04%	0.11	1 098.2	98
7	-1.12%	-0.12	-1 182.7	401
8	-0.56%	-0.06	-591.4	325
9	-0.19%	-0.02	-200.6	270
10	0.09%	0.01	95.0	219
⋮	⋮	⋮	⋮	⋮
341	-2.23%	-0.24	-2 354.9	475
⋮	⋮	⋮	⋮	⋮
491	0.10%	0.01	105.6	217
492	0.70%	0.07	739.2	133
493	-0.10%	-0.01	-105.6	263
494	0.10%	0.01	105.6	218
495	-0.10%	-0.01	-105.6	264
496	0.40%	0.04	422.4	171
497	0.50%	0.05	528.0	161

(续)

i	日收益率第i个可能取值	涨跌额（元/股）	收益（10 000股）（元）	收益大小排序
498	1.12%	0.12	1 182.7	91
499	0.62%	0.07	654.7	143
500	1.67%	0.18	1 763.5	56

对收益的可能取值从大到小进行排序后，根据VaR的定义可知：在500个可能的收益取值中，位列第475名的损失值为2 354.9元，这即为95%置信水平下的日VaR值。

14.4.3 优点与缺陷

虽然使用历史模拟法来计算VaR十分方便，但该方法存在一定的缺陷。具体而言，使用历史模拟法来计算VaR的优点与缺陷如下：

1. 优点

1) 历史模拟法简便易行，直观易懂，计算过程简洁，即使没有专业统计知识的人，也可以较快地掌握和实施。

2) 历史模拟法是非参数估计方法，既不需要预先就风险因子等变量建立数学模型并拟合其分布形式，也不需要估算均值、方差、相关性等分布参数与数字特征，从而有效地减少了模拟风险与参数估计风险。

3) 历史模拟法不需要假定金融风险因子服从特定的概率分布，对于非对称分布、厚尾、尖峰等分布情况具有同样的适用性。

4) 历史模拟法可以处理期权等非线性收益投资组合的风险度量问题。

5) 由于其简单易用，历史模拟法也可以用于VaR之外的风险测量方法，如灵敏度法等。

2. 缺陷

1) 历史模拟法假设风险因子的未来变化完全等同于其历史变化，这一假设与现实情况不完全相符。在现实金融市场中，国内外、宏微观环境瞬息万变，使金融风险因子的变化趋势也处在动态变化之中，很难确保其未来变化完全是其历史变化的完整再现。因此，历史模拟法计算VaR的可靠性极度依赖于风险因子历史变化与未来变化的近似程度。

2) 历史模拟法假设风险因子的过往变化在未来时刻以相同的概率出现，这一假设同样与现实情况不完全相符。一般而言，越久远的过往变化在未来的应用价值越小，概率相同的假设显然容易引起估计偏差。同时，概率相同的假设没有考虑到所选取的历史数据所处特定时期、特殊数值对模拟未来变化时的可能影响。同一金融变量在不同时期有着不同的波动规律，若选取的历史时期处于经济繁荣阶段，则可能低估未来的风险；若选取的历史时期处于经济萧条阶段，则可能放大未来的风险。

3) 模拟金融风险因子未来变化需要收集、处理大量连续的历史数据，时间、人力、物力成本较高。同时，对于发展历史较短的新兴市场来说，要收集到足够的历史数据相对而言比较困难。

4) 历史模拟法计算 VaR 的结果对历史数据的选择区间、时间长度、数据质量等较为敏感，计算得到的 VaR 值波动较大、稳健性较差。

14.5 利用 VaR 值进行市场风险控制

近年来，VaR 已发展成为一种主动性（Active）的风险管理工具。运用 VaR 工具，各机构不仅可寻求风险和收益之间的平衡，而且可以运用 VaR 值进行经济资本配置，还可以运用经济风险调整收益对交易员的业绩进行评价。

14.5.1 VaR 作为信息披露的工具

目前，VaR 已成为一个披露金融市场风险的标准方法。使用者可以很方便地用它向股东、债权人及其他投资者准确披露风险状况，而且还可以用它评估高级管理层对交易和投资运营的风险管理状况。有关市场风险的信息披露是股东、债权人和金融分析师等经济主体对公司进行监督及市场约束发挥作用的重要依据。不进行相关信息的披露，市场就会怀疑公司可能状态不佳，从而可能引起经营或融资困难。

"市场约束"的表现方式之一就是对于那些被认为存在更多风险的公司，市场会要求更多的投资回报，这无疑增加了其融资成本。另外，若投资者认为其所得到的关于某公司的信息不充分，他们就会减少该公司的股票交易，进而降低了该公司股票的交易量，加大了交易成本，并可能会降低其股票价格，这显然对公司不利。

14.5.2 VaR 作为一个风险控制工具

VaR 不仅可以作为信息披露工具，还可以作为一个风险控制工具。传统的限制交易风险的手段是对名义交易量的限制，而 VaR 方法可以作为其补充。

1. 对机构 VaR 值的调整

在一个日益变动的金融环境中，VaR 界限值可以作为机构对风险-收益替代关系进行调整的标准，其中一个办法就是降低风险暴露头寸。比如，针对当时剧烈波动的利率，1994 年信孚银行进行了利率风险暴露头寸的大幅调整。信孚银行于 1994 年年初所设定的 VaR 界限值约为 7 000 万美元，不过，随着全球利率水平的迅速上升和剧烈波动，信孚银行在 1994 年 2 月迅速将 VaR 界限值下调至 4 000 万美元。

信孚银行对如此巨大的 VaR 界限调整做出如下解释："1994 年年初全球利率水平迅速

上升……公司对于这种不利的、不稳定的市场环境所做的反应是：在1994年第一季度有序地收缩主要市场的业务头寸……"

我们可以从中知道同期短期利率水平及其波动性情况，即随着利率水平的上升，波动性也在不断增加。因此，信孚银行大幅降低其利率风险暴露头寸，以降低波动性增加带来的风险。由此可见，VaR值可以作为降低市场风险暴露头寸的一个指标。

2. 对业务部门VaR值的调整

在业务部门层面上，VaR值可用于确定头寸限额，从而决定如何分配有限的资本资源。

VaR方法的一大优势是，它可以作为对不同风险投资活动进行比较的一个标准。传统确定头寸限额的方法是名义交易价值，如一个交易员被赋予1 000万美元在5年期国债上的隔夜头寸，但同样数量的头寸若放在30年期国债或国债期货上，则风险要大得多。因此，名义头寸限额在不同的交易部门之间进行比较是没有意义的。然而，VaR却提供了一个通用标准，以此来进行不同类型资产之间的比较，并据此指导头寸限额的设置。

另外，VaR方法还充分考虑了相关性问题。上级部门设定VaR限额可以低于下级部门VaR限额的和，这是分散化投资的结果。如图14-4所示，业务部门A在分散经营下的风险限额为6 000万美元，少于A_1，A_2，A_3部门的VaR之和7 500万美元，这就是分散化的好处。

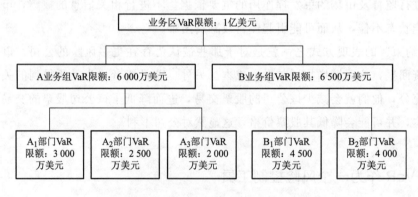

图14-4 设定VaR限额

表14-4给出了一家面临外汇和固定收益市场风险公司的总结性头寸报告，这里分别用美元、欧元和日元表示两个业务部门所具有的不同外汇头寸，且所有头寸及其风险衡量值都以美元表示，现以此来估计VaR和VaR限额。A部门在95%的置信水平下的日VaR是128万美元，相应的限额为200万美元；B部门在95%的置信水平下的日VaR是273万美元，限额为300万美元。值得注意的是，在风险分散作用下，这两个部门的总体外汇VaR为194万美元，明显低于A部门和B部门各自VaR之和（401万美元）；两部门总体外汇VaR限额为400万美元，同样低于A部门和B部门各自VaR限额之和（500万美元）。

第二组显示了2年期债券的头寸。总体利率VaR为81万美元，低于其限额400万美元。最后一组列出了这两个部门的 VaR、它们的限额及总体投资组合的 VaR（仅为 201 万美元）。因此，该报告大体上描述了头寸和风险的状况。因为它用一个简单的数字（即 VaR）概括企业面临的风险，所以任何超出限额的部分就会很快被察觉，进而采取行动。

表 14-4　一个 VaR 的例子　　　　　　　　　　　　　　（单位：百万美元）

		A 部门	B 部门	总体
外汇头寸（当前股权）	美元头寸	−150	120	−30
	欧元头寸	100	80	180
	日元头寸	50	−200	−150
	VaR	1.28	2.73	1.94
	限额	2.00	3.00	4.00
利率期权（2 年期期权）	美元头寸	−300	0	−300
	欧元头寸	90	150	240
	日元头寸	100	−500	−400
	VaR	0.68	0.67	0.81
	限额	2.00	3.00	4.00
总体头寸	VaR	1.27	2.74	2.01
	限额	3.00	4.50	5.00

■ 本章小结

　　风险管理是金融工程最为核心的部分。通常用变量的波动率来度量风险。波动率 σ 为变量在单位时间内连续复利回报率的标准差。当波动率被用于期权定价时，时间单位通常定义为一年。但当波动率被用于风险控制时，时间单位通常是一天，此时的波动率对应于每天连续复利回报率的标准差。历史波动率的估计模型有指数加权移动平均模型（EWMA）和广义自回归异方差模型（GARCH）。

　　风险价值度（Value at Risk，VaR）试图对金融机构的资产组合提供一个单一风险度量，以体现金融机构的整体风险。VaR 试图做这样的解释：在未来的 N 天内，我们有 $X\%$ 的把握损失不会超过 V。其中，变量 V 就是投资组合的 VaR。VaR 计算通常采用模型构建法和历史模拟法。

　　模型构建法需要对风险因子变化及其导致的投资收益的变化分布做出预设，也就是说，要利用模型来刻画金融机构持有资产的收益联合分布及其波动率。主要假设目标资产的报酬呈现正态分布，再求出目标资产的波动率，然后利用统计理论求出风险值。

　　历史模拟法是指通过历史数据来模拟将来可能发生的不同情形，即将市场变量的历史价格变化视作市场变量未来价格变化的一种情形，从而对所持头寸进行估值，并计算所持头寸的价值变化。将所持头寸的损益从大到小依次进行排列得到损益分布，最后在给定的置信度下求出 VaR。在拥有大量历史数据及所持头寸资产种类数量较少且基本不变时，历史模拟法运用较多。

■ 本章重点

① 金融市场风险含义及其类型。
② 市场波动性含义及其度量。
③ VaR 方法基本原理。
④ 基于正态分布的 VaR 值计算和基于历史模拟法的 VaR 值计算。
⑤ 应用 VaR 进行市场风险控制。

■ 练　习

1. 解释 VaR 与预期亏损的区别。
2. 解释在计算 VaR 时，如何将利率互换的现金流映射成一个由具有标准期限的零息债券所构成的交易组合。
3. 假设你的投资组合由 1 000 股 A 股票、500 股 B 股票构成，现在 A 股票的收盘价为 50 元，B 股票的收盘价为 80 元，因此目前你的投资组合价值为 9 万元。简述如何使用历史模拟法求取 10 天、95% 置信度下的 VaR。
4. 假定某个投资者投资 A 公司股票总资产为 1 000 万元，其中，A 公司股价的日波动率为 3%，年收益率为 8%，10 天展望期的 99% 的 VaR 为多少？
5. 假定投资组合是由价值为 50 万元的资产 A 与价值为 100 万元的资产 B 所构成的，假定资产 A 的日波动率为 2%，资产 B 的日波动率为 1%，两个资产回报的相关系数为 0.5，该投资组合 20 天展望期的 95% 的 VaR 为多少？
6. 一个投资组合由标的资产为 A 公司股票和 B 公司股票的期权组成，其中 A 公司期权的 delta 为 100，B 公司期权的 delta 为 500，A 公司股票价格为 250，B 公司股票价格为 120，同时 A 公司股票日波动率为 2%，B 公司股票价格日波动率为 3%，相关系数为 0.5，该组合 10 天展望期的 95% 的 VaR 近似为多少？
7. 请说明如何采用局部模拟方法来计算某个投资组合展望期为 1 天的 95% 的 VaR。
8. 在对某个投资组合 1 天的 95% 的 VAR 进行估计之后，我们选取了 2 000 天的观察检测期间，若发现有 200 天实际损失超过我们所估计的 VaR 值，则我们计算的 VaR 是否满意？若只有 60 天实际损失超过我们所估计的 VaR 值又如何？

■ 练习答案

1. 在未来的 N 天内，我们有 $X\%$ 的把握损失不会超过 V。其中，变量 V 就是投资组合的在险价值，也就是 VaR。而预期亏损是指损失大于 VaR 的条件下的损失期望值。

2. 利率互换可被看作浮动利息债券（可以被当作期限等于下一个付息日的零息债券）与固定利息债券的交换，即转换为债券多头与空头的组合，因此用现金流映射也可相应处理。

3. 找出投资组合 A 和 B 两只股票过去一段时间如 1 001 天每日的收盘价格，相应求出第 i 种情形下 A 和 B 各自的损益 R_i^A 和 R_i^B，再求出资产组合在第 i 种情形下的可能损益 ΔP_i，将这些可能出现的损益从大到小依次排序，找到第 50 个最坏的结果，其为 1 天展望期的 95％的 VaR，而 10 天展望期的 95％的 VaR 通常是 1 天展望期的 95％的 VaR 再乘以 $\sqrt{10}$。

4. A 公司股票在 1 天内价格变化的标准差为 10 000 000×3％=300 000，假定其价格变化符合正态分布，在正态分布下，我们有 95％的把握肯定，价格下跌不会超过 2.326 倍的标准差。于是，我们可以算出这 1 000 万元 A 公司股票 1 天展望期的 99％的 VaR：

$$\text{VaR}_{95\%} = 2.326 \times 300\ 000 = 697\ 800 (元)$$

假定 A 公司股票价格在天与天之间的变化相互独立，因此我们可以求出 10 天展望期的 99％的 VaR 为

$$697\ 800 \times \sqrt{10} = 2\ 206\ 637 (元)$$

即 A 公司股票的 10 天展望期的 99％的 VaR 为 2 206 637 元。

5. 用 σ_A 表示 A 公司股票价格在 1 天内价格变化的标准差，σ_B 表示 B 公司股票价格在 1 天内价格变化的标准差，于是 $\sigma_A = 10\ 000$，$\sigma_B = 10\ 000$，则我们可以求得投资组合 1 天内价格变化的标准差为

$$\sigma_P = \sqrt{10\ 000^2 + 10\ 000^2 + 2 \times 0.5 \times 10\ 000 \times 10\ 000}$$

或

$$\sigma_P = 17\ 321$$

我们假设价格变化服从正态分布，则 1 天展望期的 95％的 VaR 为

$$\text{VaR} = 1.645 \times 17\ 321 = 28\ 493$$

20 天展望期的 95％的 VaR 为

$$28\ 493 \times \sqrt{20} = 127\ 425$$

即该组合 20 天展望期的 95％的 VaR 为 127 425 元。

6. 当投资组合包含几种不同标的市场变量时，我们可以写出投资组合在 1 天内的价值变化：

$$\Delta P = 100 \times 250 \Delta x_1 + 500 \times 120 \Delta x_2$$

或

$$\Delta P = 25\ 000 \Delta x_1 + 60\ 000 \Delta x_2$$

式中，Δx_1、Δx_2 分别表示 A 公司、B 公司在 1 天内的收益率。

我们再算出投资组合在 1 天内变化的标准差：

$$\sigma_P = \sqrt{(25\,000 \times 0.2)^2 + (60\,000 \times 0.3)^2 + 2 \times 0.5 \times 25\,000 \times 0.2 \times 60\,000 \times 0.3} = 20\,952$$

因此 10 天展望期的 95% 的 VaR 为

$$1.645 \times \sqrt{10} \times 20\,952 = 108\,991(元)$$

即该组合 10 天展望期的 95% 的 VaR 近似为 108 991 元。

7. 为了加快模拟的进程，我们将采用局部模拟法，也就是通过找到某个公式来描述 ΔP 与 Δx_i 之间的关系，再对市场变量 Δx_i 进行模拟抽样。我们主要采取以下步骤：

1) 按市场变量的当前值对投资组合进行定价。

2) 由 Δx_i 服从的多元正态分布进行一次完整的抽样。

3) 利用第 2) 步得到的 Δx 的抽样值计算投资组合的价值，然后减去第 1) 步所得到的价值，就得到 ΔP 的一个抽样值。

4) 多次重复第 2) 步到第 3) 步，我们就能得到一个较为完整的 ΔP 的概率分布。

假如我们抽样得到了 10 000 个 ΔP 的估计值，于是我们要求的 1 天展望期的 95% 的 VaR 就对应了第 500 个最坏的结果。

8. 我们采用某种方法计算完 VaR 之后，要检验 VaR 估计值在过去的表现，若发现有 200 天实际损失超过估计的 VaR 值，也就是说，失效率达 10%，远远超过了 5%，则不得不对计算 VaR 的方法重新思考；如果只有 60 天实际损失超过估计的 VaR 值，那么我们对该计算 VaR 的方法感到满意。

第15章

信用风险

目前，本书讨论的衍生品主要针对市场风险。其实在金融市场中，还有一类非常重要的风险——信用风险。与利率风险类似，信用风险是固定收益证券面临的主要风险。本章将首先讨论信用风险的有关概念及违约概率估计的多种方法，同时将解释风险中性概率与现实世界的区别；然后介绍衍生品交易中的信用风险特性，以及如何减少交易中的信用风险；最后讲述如何估算信用风险价值度等。

15.1 信用风险的概念

传统观点认为，信用风险是指无力履约的风险，也就是债务人未能如期偿还其债务造成违约而给债权方带来的风险。随着现代风险环境的变化及管理技术的发展，催生了一种现代意义的信用风险：由于合约一方（借款人或市场交易对手）未履行合约而导致合约另一方发生经济损失的可能性。更为一般地讲，信用风险也包括由于合约一方（借款人或市场交易对手）的信用评级变动和履约能力变化导致合约市场价值变动而引起合约另一方遭受损失的可能性。比如，对于金融衍生品市场而言，信用衍生品价格总是随着债务人的信用评级变动和履约能力变化而变动。

因此，信用风险主要体现在以下三个方面：
1) 由于债务人偿债能力低而导致债权人发生损失的可能性。
2) 由于债务人偿债意愿差而导致债权人发生损失的可能性。
3) 由于债务人的信用等级变动而导致债权人存在潜在损失的可能性。

同时，我们要区分信用风险与违约风险之间的关系。两者不等同，债务人发生违约给债权人带来损失的可能称为违约风险。违约风险侧重于违约，而信用风险侧重于损失。违约后很有可能带来损失,因此违约风险是信用风险的一部分。两者主要区别在于其侧重点不同。

15.2 信用风险度量

传统的信用风险度量方法有专家法、评级方法和信用评分法。这些度量方法主要借助债务人的有关信息,如债务人的财务信息及个人素质方面。

1. 专家法

专家法也称要素分析法,是由相关部门的主管人员和行业资深人士对每一构成要素逐一打分并赋予一定权重再求得加权平均分,据此给出客户信用评价等级,并作为是否为其提供贷款、贷款金额等的依据。其评级系统中最为典型的是5C评级法,它是通过对5个关键因素的分析,评价企业的违约风险(见图15-1)。

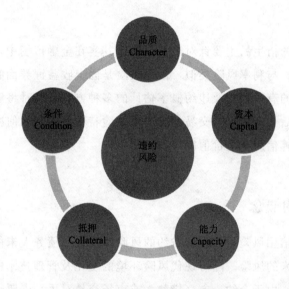

图 15-1　5C 评级法的各个因素

5个关键因素分别为:①品质(Character),它衡量公司的信誉、偿还意愿及偿还债务的历史等。②资本(Capital),它以财务杠杆来表现,衡量企业自有资本和债务的关系,高的财务杠杆比低的财务杠杆意味着更高的破产概率。③能力(Capacity),主要考察企业的盈利能力和盈利产生的现金流,可由借款人的收入和利润的波动率来刻画。借款人收入及利润的波动率越低,说明借款人的经济状况越稳定,无法偿还债务的可能性越低。④抵押(Collateral),它是指在授信中所采取的抵押和担保等措施。如果这些措施十分有效,则信用等级会提高,违约可能性较低。⑤条件(Condition),当经济处于上升阶段,该指标值较大,反之较小。当考察和经济周期较为紧密的行业时,这一因素显得尤为重要。

2. 评级方法

评级方法是指对客户的资信状况进行综合性考察，并以定量化的方式对客户信用做出相应的评定。从1998年开始，我国银行业开始对借款企业的贷款采用五级分类法，分别为正常贷款、关注贷款、次级贷款、可疑贷款及损失贷款，见表15-1。评级方法涵盖了反映客户经营实力和发展潜力的重要指标。

表 15-1 我国商业银行五级贷款及定义

贷款级别	内 涵
正常贷款	借款人能够履行合同，有充分的把握按时足额偿还本金及利息
关注贷款	借款人目前有能力偿还本金及利息，但是存在一些可能对偿还产生不利影响的因素
次级贷款	借款人还款能力出现明显问题，依靠其正常经营收入无法保证足额偿还本息
可疑贷款	借款人无法足额偿还本息，即使执行抵押或担保，也肯定会造成一部分损失
损失贷款	在采取所有可能的措施和一切必要的法律程序之后，本息仍然无法收回或只能收回极少部分

3. 信用评分法

信用评分法的基本思想是事先确认某些影响违约概率的关键因素，将它们加以联合考虑或加权计算得出一个以数量化表示的分数，再据此判断企业信用风险的大小。主要的信用评分法有多元判别分析模型、Probit模型等，其中又以多元判别分析模型中的Z计分模型为代表。

Z计分模型是由美国学者Altman提出的。1968年，Altman分析了美国66家企业（33家破产企业和33家非破产企业）的22个会计指标和22个非会计指标，经过统计筛选出5个关键指标，并建立多元线性模型将5个指标有机结合起来，从而产生判断总分，这就是Z值。可以依据Z值来预测企业违约或财务失败的可能性，以此来判断企业信用状况。Altman分别建立了适用于上市公司和非上市公司的Z计分模型。

1) 对于上市公司而言，Z计分模型为

$$Z = 1.2X_1 + 1.4X_2 + 3.3X_3 + 0.6X_4 + 1.0X_5$$

式中，X_1为运营资产/总资产，即（流动资产－流动负债）/总资产；X_2为留存收益/总资产，即（留存收益＋盈余公积）/总资产；X_3为息税前利润/总资产，即（利润总额＋财务费用）/总资产；X_4为股权市价总值/总负债；X_5为销售收入/总资产，即为总资产周转率。

Altman认为Z得分越高，企业违约的可能性就越低。当$Z \leqslant 1.81$时，上市公司财务状况不太乐观，企业具有破产风险；当$Z \geqslant 2.99$时，公司状况良好，财务极其稳定；当$1.81 < Z < 2.99$时，称该区间为未知区，又称公司处于灰色地带，公司具有较低的违约概率，但要引起警觉。

2) 为了对非上市公司资信状况评估，Altman对模型加以修改，用账面价值代替其中市场价值，并改变各个比率的参数，因此，对于非上市公司而言，Z计分模型为

$$Z = 0.717X_1 + 0.847X_2 + 3.107X_3 + 0.420X_4 + 0.998X_5$$

式中，X_4 为股东权益的账面价值－总负债；其余 X_1、X_2、X_3、X_5 的含义与上述上市公司的相同。

Altman 认为，当 $Z \leqslant 1.23$ 时，上市公司财务状况不太乐观，企业具有破产风险；当 $Z \geqslant 2.90$ 时，公司状况良好，财务极其稳定；当 $1.23 < Z < 2.90$ 时，称该区间为未知区，又称公司处于灰色地带，公司具有较低的违约概率，但要引起警觉。

Z 计分模型的出现使许多金融机构开始采用此模型来预测信用风险。当某公司想要贷款时，信用分析人员便可以按照相应的 Z 计分模型来算出这家公司的 Z 值，若小于预定的 Z 值，则该公司可被看作财务状况不太良好，信用风险较高，因此，信用分析人员就会拒绝对其贷款。若大于预定的 Z 值，则该公司财务状况较好，信用风险较低，信用分析人员就会同意其贷款要求。但是，这并不意味着 Z 计分模型是万能的，Altman 算出的模型是基于美国企业的数据得出的，不一定对别的国家合适。此外，适用于某一行业的 Z 值模型也并不一定适用于其他行业。

随着计算机技术的快速发展和世界各种环境的相互融合，新的信用衍生品不断出现。影响信用风险的因素也越来越多，各因素之间的相互关系也越来越复杂。单凭直觉判断、定性描述及简单的数学分析已经无法准确理解和预测多因素变量的相互复杂关系。在金融全球化大格局下，金融机构运用现代信用风险模型量化和控制信用风险已经成为信用风险管理的总体趋势。

信用风险的度量涉及违约概率和风险敞口的估计。其中，违约概率是指交易对手在合约有效期内或在一个特定期间（如一年）不能履行合约的可能性；风险敞口是指发生违约时，交易对手还未履行的义务。

15.3 违约概率的计算

违约概率是指交易对手在合约有效期内或在一个特定期间（如一年）不能履行合约的可能性。我们介绍 3 种估计违约概率的方法：利用历史数据估计违约概率、债券定价法及股票价格估计违约概率。

15.3.1 利用历史数据估计违约概率

一般来说，银行、保险公司及资产管理公司都会有专门的信用分析人员，他们会基于公司自身的资金使用形成信用评级历史数据。当然，也存在穆迪（Moody's）、标准普尔（Standard & Poor, s）和惠誉（Fitch）等专门提供信用评级的公司，它们也会提供大量的信用评级历史数据。表 15-2 展示了标准普尔的信用评级。其中，AAA 级为信用的最佳级别，偿还债务能力极强，接下来依次为 AA、A、BBB、BB、B、CCC、CC、C。评级为

BBB 以上（含 BBB）的金融工具为投资级。同时，惠誉与标准普尔的划分一致，而穆迪的评级划分为 Aaa、Aa、A、Baa、Ba、B、Caa、Ca、C。

表 15-2 标准普尔信用评级

AAA	最佳信用品质——偿还债务能力极强
AA	非常好的信用品质——非常可靠
A	（相对于较高评级的债务/发债人）更易受经济条件影响——信用品质仍然好
BBB	投资级中的最低评级
BB	有必要引起注意——最佳替代投资级信用品质
B	易受经济环境变化影响——恶劣的经济情况可能削弱发债人偿还债务的能力和意愿
CCC	目前有可能违约——发债人须依赖良好的商业、金融或经济条件才有能力偿还债务
CC	目前违约的可能性较高
C	濒临破产——债务清偿能力极低但尚能维持

三大信用评级公司的信用等级还可以进一步细化。标准普尔和惠誉将其中的 AA 级分为 AA+、AA 和 AA−，并将 A 等级分为 A+、A 和 A− 等。类似地，穆迪将 Aa 等级划为 Aa1、Aa2、Aa3，并将 A 等级划为 A1、A2、A3 等。不过，三大信用评级公司对最高等级 AAA（或 Aaa）和最低的两个信用等级均没有做进一步细化。

表 15-3 是穆迪投资者服务机构在 2013 年公布的一组数据，这组数据显示了不同级别的债券在信用评级后 20 年内的违约情况。

表 15-3 部分级别债券的平均累计违约概率 （%）

时间跨度(年)	1	2	3	4	5	7	10	15	20
Aaa	0.000	0.013	0.013	0.037	0.106	0.247	0.503	0.935	1.104
Aa	0.022	0.069	0.139	0.256	0.383	0.621	0.922	1.756	3.135
A	0.063	0.203	0.414	0.625	0.870	1.441	2.480	4.255	6.841
Baa	0.177	0.495	0.894	1.369	1.877	2.927	4.740	8.628	12.483
Ba	1.112	3.083	5.424	7.934	10.189	14.117	19.708	29.172	36.321
B	4.051	9.608	15.216	20.134	24.613	32.747	41.947	52.217	58.084
Caa~C	16.448	27.867	36.908	44.128	50.366	58.302	69.483	79.178	81.248

资料来源：穆迪投资者服务公司。

由表 15-3 我们可以知道，不同信用级别的债券在一定期限内的违约情况。例如，初始信用级别为 A 的债券在 2 年内违约的概率为 0.203%，在 10 年内违约的概率为 2.480%，等等。我们也可以算出债券在其中某年的违约概率。例如，初始信用为 Ba 的债券在第 3 年的违约概率为 2.341%（=5.424%−3.083%）。

仔细观察表 15-3，可以发现以下特征：投资级别债券（Baa 及 Baa 以上级别）的违约概率会逐渐变大。例如，级别为 Aa 的债券在 0~5 年、5~10 年、10~15 年、15~20 年之间的违约概率分别为 0.383%、0.539%、0.834%、1.379%，这是因为投资级别债券刚开始信用极好,但随着时间的慢慢推移,公司经营状况可能有所改变,公司信用出现问题的可能性增大。与之相反的是,信用级别较低债券的违约概率会逐渐变小。例如,级别为 Ba 的债券在 0~5 年、5~10 年、10~15 年、15~20 年之间的违约概率分别为 10.189%、9.519%、9.464%、7.149%,对于信用级别较低债券,最初几年对债券发行公司的影响巨大,但如果能熬过前几年生存下来,公司经济财务状况转好的可能性会比较大。

我们上面计算了初始信用为 Ba 的债券在第 3 年的违约概率为 2.341%,这被称为无条件违约概率(Unconditional Default Probability)。此概率是现在(也就是 0 时刻)我们观察到的第 3 年的违约概率。我们再计算级别为 Ba 的债券前两年的生存概率:100% − 3.083% = 96.917%。由此可以计算出级别为 Ba 的债券在前两年没有违约、在第 3 年违约的概率为 2.341%/96.917% = 2.415%。我们称这个概率为第 3 年的条件违约概率(Conditional Default Probability)。所谓第 n 年的条件违约概率,是指在第 n 年前没有违约的条件下,第 n 年的违约概率。

接下来我们介绍如何利用历史数据计算违约概率。前面我们算出的 2.415% 是以一年为观察期限的违约概率,若考虑观察期限为一个极小时间区间 $(t, t+\Delta t)$,定义 t 时刻的违约密度为 $\varphi(t)$,使得在 t 时刻前[即区间 $(0, t)$]没有违约的条件下,t 到 $t+\Delta t$ 之间的违约概率为 $\varphi(t)\Delta t$。很明显,$\varphi(t)\Delta t$ 是区间 $(t, t+\Delta t)$ 的条件违约概率。令 $V(t)$ 为从 0 到 t 区间公司的生存概率,则可以算出 t 到 $t+\Delta t$ 区间的违约概率为 $V(t)-V(t+\Delta t)$,t 到 $t+\Delta t$ 区间的条件违约概率 P 为

$$P = \frac{V(t)-V(t+\Delta t)}{V(t)}$$

根据前文违约密度的定义有

$$P = \varphi(t)\Delta t$$

则

$$\frac{V(t)-V(t+\Delta t)}{V(t)} = \varphi(t)\Delta t$$

对上式进行数学处理,求极限得

$$\frac{\mathrm{d}V(t)}{V(t)} = \varphi(t)\mathrm{d}t$$

两边积分,整理得

$$V(t) = \mathrm{e}^{-\int_0^t \varphi(\tau)\mathrm{d}\tau}$$

定义 $Q(t)$ 为 0 到 t 区间的违约概率,因此

$$Q(t) = 1 - V(t) = 1 - \mathrm{e}^{-\int_0^t \varphi(\tau)\mathrm{d}\tau}$$

或

$$Q(t) = 1 - \mathrm{e}^{-\bar{\varphi}(t)t} \tag{15-1}$$

式中，$\bar{\varphi}(t)$ 为 0 到 t 区间的平均违约密度。

【例 15-1】 假定一家公司违约密度为常数，每年 2%，因此我们可以分别算出这家公司到第 1 年年末、第 2 年年末、第 3 年年末、第 4 年年末、第 5 年年末违约概率分别为 $1-e^{-0.02\times1}=0.0198$、$1-e^{-0.02\times2}=0.0392$、$1-e^{-0.02\times3}=0.0582$、$1-e^{-0.02\times4}=0.0769$、$1-e^{-0.02\times5}=0.0952$。因此，我们也可以算出第 3 年无条件违约概率为 $0.0582-0.0392=0.0190$，同时可计算出在前两年无违约条件下，第 3 年的条件违约概率为 $0.0190/(1-0.0392)=0.01978$。

15.3.2 债券定价法

上节讲述了利用历史数据来估计违约概率的方法，而本节要讲述利用债券收益率溢差 (Bond Yield Spread) 来估计违约概率。其中，债券收益率溢差是指债券收益率超过无风险利率的部分。

在讲述债券定价法之前，我们先讲述一个概念——回收率。债券回收率是指当债券刚刚违约时，其市场价值与债券面值的比率。则违约损失率等于 1 减去债券回收率。表 15-4 给出了不同种类债券在 1982 年到 2012 年的平均回收率，其中，优先支付有抵押债券的平均回收率最高，为 51.6%；更次级债券的平均回收率最低，仅为 24.7%。

表 15-4 1982~2012 年企业债券的平均回收率

债券种类	平均回收率（%）
优先支付有抵押债券	51.6
优先支付无抵押债券	37.0
优先次级债券	30.9
次级债券	31.5
更次级债券	24.7

资料来源：穆迪投资者服务公司。

实际上，债券的回收率与违约率之间往往呈负相关关系。也就是说，低回收率往往意味着违约率更高。例如，当债券违约率很低时，如 1%，往往意味着经济状况很好，因此回收率可能达到 70%；而债券违约率很高时，如 10%，则往往意味着经济状况很差，平均回收率可能只有 31%。

债券收益率通常要高于无风险利率，其原因是债券具有违约风险。那么，我们可以认为债券收益率溢差代表着市场对投资者承担债券违约风险的补偿。假设一个 T 年期债券收益率溢差为 $s(T)$，说明由债券违约风险导致债券持有者遭受损失的比率为 $s(T)$。假设在 0 到 T 这段时间内违约密度的平均值为 $\bar{\varphi}(T)$，债券的回收率为 R，则有

$$\bar{\varphi}(T)(1-R)=s(T)$$

由此求出 0 到 T 区间的违约密度平均值 $\bar{\varphi}(T)$ 为

$$\bar{\varphi}(T) = \frac{s(T)}{1-R} \quad (15\text{-}2)$$

【例 15-2】 假定一家公司发行的 1 年期、2 年期、3 年期债券收益率分别为 6.5%、6.8%、6.95%，所有期限的无风险利率均为 5%（以上都是连续复利）。可以知道，此时 1 年期、2 年期、3 年期债券收益率溢差分别为 1.5%、1.8%、1.95%，预估此时回收率为 40%，则可以通过式(15-2)算出 1 年期、2 年期、3 年期的平均违约密度分别为

$$\frac{0.015}{1-0.4} = 0.025,\ \frac{0.018}{1-0.4} = 0.03,\ \frac{0.0195}{1-0.4} = 0.0325$$

同时，也可以算出第 2 年的平均违约密度为 $0.03 \times 2 - 0.025 \times 1 = 0.035$，即 3.5%；第 3 年的平均违约密度为 $0.0325 \times 3 - 0.03 \times 2 = 0.0375$，即 3.75%。

除了以上利用债券收益率溢差计算违约密度平均值外，还可以利用有风险债券和无风险债券之间的价格差来计算违约密度平均值。下面通过例 15-2 进行详细介绍。假设每个债券的面值都为 100 元，且票息都是每年 8%（每半年支付一次，而且刚刚付过一次票息）。我们可以得出 1 年期债券价格为 $4e^{-0.065 \times 0.5} + 104e^{-0.065 \times 1} = 101.33$ 元，同理可得 2 年期和 3 年期债券价格为 101.99 元和 102.47 元；若以无风险利率计算债券价格，我们可以算出 1 年期债券价格为 $4e^{-0.05 \times 0.5} + 104e^{-0.05 \times 1} = 102.83$ 元，同理可得 2 年期和 3 年期债券价格分别为 105.52 元和 108.08 元。对于 1 年期债券来说，可以算出收益率 6.5% 的债券价格比无风险收益率 5% 的债券价格高 $102.83 - 101.33 = 1.50$ 元，同理可得有风险的 2 年期和 3 年期债券价格比无风险的债券价格分别高 3.53 元和 5.61 元。

假设第 i 年的违约密度平均值为 $\bar{\varphi}_i (1 \leqslant i \leqslant 3)$。考虑 1 年期债券，可以算出在前 6 个月违约的概率为 $1 - e^{-0.5\bar{\varphi}_1}$，在后 6 个月违约的概率为 $e^{-0.5\bar{\varphi}_1} - e^{-\bar{\varphi}_1}$。为了方便计算，假设违约只可能发生在 6 个月的中间，即违约可能发生的时间为第 3 个月月末和第 9 个月月末。如在第 3 个月月末发生违约，相比于无风险债券价值，债券持有人所受损失现值为

$$(4e^{-0.05 \times 0.25} + 104e^{-0.05 \times 0.75} - 40)e^{-0.05 \times 0.25} = 63.33$$

若在第 9 个月月末发生违约，则

$$(104e^{-0.05 \times 0.25} - 40)e^{-0.05 \times 0.75} = 60.40$$

因此，$\bar{\varphi}_1$ 必须满足

$$(1 - e^{-0.5\bar{\varphi}_1}) \times 63.3 + (e^{-0.5\bar{\varphi}_1} - e^{-\bar{\varphi}_1}) \times 60.40 = 1.5$$

解得

$$\bar{\varphi}_1 = 2.46\%$$

接下来我们可以利用式(15-1)求出 1 年期债券在 3 个月和 9 个月内违约的概率。类似地，我们可以算出第 2 年、第 3 年的违约密度平均值分别为 3.48% 和 3.74%。

15.3.3 违约密度估计的比较

在掌握了两种方法之后,为了更好地比较这两种方法,分别计算了各级别债券 7 年间的平均违约密度,见表 15-5。

表 15-5 各级别债券 7 年间的平均违约密度

级别	历史违约密度 (%)	由债券计算的违约密度 (%)	比例 (%)	差额 (%)
Aaa	0.04	0.6	15.0	0.56
Aa	0.09	0.73	8.1	0.64
A	0.21	1.15	5.5	0.94
Baa	0.42	2.13	5.1	1.71
Ba	2.17	4.67	2.2	2.50
B	5.56	8.02	1.4	2.46
Caa 或更低	12.50	18.39	1.5	5.89

表 15-5 的第 2 列所得出的数据是基于表 15-3 中有关 7 年期限的数据,利用式(15-1)的变形

$$\bar{\varphi}(t) = -\frac{1}{t}\ln[1-Q(t)]$$

例如,信用级别为 A 的公司,$Q(7) = 0.01441$,因此,7 年的违约密度平均值为

$$\bar{\varphi}(7) = -\frac{1}{7}\ln(1-0.01441) = 0.0021$$

即 0.21%。

表 15-5 的第 3 列数据是由债券计算得出的平均违约密度。采用的债券收益率数据为 1996 年 12 月至 2007 年 6 月之间的平均值,其中,对于 A 级债券,美林证券报告的平均收益率为 5.995%,平均 7 年期互换利率为 5.408%。一般认为,无风险利率在平均意义上大致等于 LIBOR-互换利率减去 10 个基点,无风险利率平均值为 5.308%。因此,可以算出 7 年债券平均违约密度为

$$\bar{\varphi}(t) = \frac{s(T)}{1-R} = \frac{5.995\% - 5.308\%}{1-0.4} = 0.0115$$

即 1.15%。

表 15-5 显示,由债券计算的违约密度与用历史数据计算的违约密度的比例很大,不过,该比例随着债券信用级别的下降,总体上呈现减小的趋势。同时,两种方法计算的违约密度差额,随着债券信用级别的下降,总体上呈现上升的趋势。

可以采用收益溢差方法对以上结果进行另一种解释。表 15-6 展示了各级别债券额外收益的期望值。继续假定无风险利率为 7 年期互换利率减去 10 个基点。其中,第 2 列为债券

收益率与国债收益率溢差,数值随着信用级别递减而逐渐加大;第 3 列为无风险利率与国债收益率溢差,均为 42 个基点;第 4 列为补偿历史违约的溢差,计算为历史违约密度(表 15-5 第 2 列)乘以(1-回收率),这里回收率为 0.4。观察信用评级为 A 的债券,收益率与国债收益率差别为 111 个基点,而其中除了无风险利率与国债收益率的溢差 42 个基点和补偿历史违约的溢差 12 个基点(=0.002×0.6)外,购买此债券的投资者仍有 57 个基点的额外收益。

表 15-6 各级别债券额外收益的期望值

信用评级	债券与国债收益率的溢差	无风险利率与国债收益率的溢差	补偿历史违约的溢差	额外收益
Aaa	78	42	2	34
Aa	86	42	5	39
A	111	42	12	57
Baa	169	42	25	102
Ba	322	42	130	150
B	523	42	340	141
Caa	1 146	42	750	354

由表 15-6 可知,即使两种方法计算的债券违约密度相差很大,但额外收益却相对较小。例如,对于 Aa 级别的债券,两种违约概率的比例为 8.1,但额外收益仅仅只有 39 个基点。对于 Aaa 级别的债券,这种情况更为明显。额外收益随着债券级别的下降,总体上呈上升趋势。

1. 真实世界与风险中性世界违约概率的比较

对于风险中性理论,我们已经不是很陌生了。这个理论可以使我们在所有投资者为风险中性的前提下,对现金流进行定价,具体为:当存在违约风险时,我们可以计算出现金流在风险中性世界的期望值,然后利用风险中性方法将现金流按无风险利率进行贴现,即可得到现金流的价值。这样计算得到的价值无论在风险中性世界还是在现实世界都有效。

由债券收益率所隐含的违约概率为风险中性概率。例 15-2 就是采用风险中性方法计算违约损失期望值现值;与此同时,我们通过历史数据计算出的违约概率称为真实世界的违约概率。实际上,表 15-6 债券额外收益的期望值就是风险中性世界与现实世界计算的违约概率的差异。假如没有额外收益,真实世界违约概率会等于风险中性违约概率。

但为什么风险中性世界中违约概率与现实世界中违约概率相差这么远,这一问题等同于:企业债券的交易员在进行债券交易时,为什么要求高于无风险利率的收益率。截至目前,人们发现债券违约并不是相互独立的,这是造成表 15-5 和表 15-6 结果的主要原因。在有些时间段违约率较高,而在其他时间违约率则较低,年与年之间的违约率变化还会导致系统风险,交易员由于承受这种不能通过风险分散而消除的风险自然会要求额外收益。

在实际中，许多债券组合风险往往也没有完全分散㊀（即使我们想要分散债券的风险，也需要成千上万种不同类别的债券，而这在市场中很不容易做到），因此交易员也会对自己所承担的非系统性风险索取相应的额外报酬。

2. 应采用哪种违约估计

在信用风险分析中，我们究竟是该采用真实世界违约概率还是风险中性违约概率？这取决于分析的目的。

1) 当我们对衍生品定价或者分析违约对衍生品的影响时，我们应采用风险中性违约概率。这是因为在分析过程中会涉及将来预期现金流的贴现值，在计算过程中会不可避免地采用风险中性定价理论。

2) 当我们采用情形分析法来估计因违约而触发的损失时，应采用真实世界的违约概率。例如，在计算监管资本金时，我们采用的违约概率即为真实世界的违约概率。

15.3.4 股票价格估计违约概率

如果我们用历史数据（见表15-3）来计算真实世界的违约概率，那么要依靠信用评级。但是，公司信用评级往往更新较为缓慢。因此，我们就需要一种更为快捷、便于及时计算违约概率的新工具。

默顿（1974）提出了一种基于公司权益价值评估公司债信用风险的简单模型，该模型被称为默顿模型或资产价格模型。该模型的思想是将公司权益视为公司资产上的期权。为了方便讨论，假设公司债务为到期时间 T 的零息债券，权益不支付股利。

在任何时刻 t，公司价值由未清偿的债务及权益价值组成，则

$$V_t = B_t + E_t$$

在 T 时刻，公司债务到期价值 $B_T = D$，当公司价值 V_T 大于债券的到期价值 D 时，公司将会清偿到期债务，此时公司权益价值为 $V_T - D$；当公司价值 V_T 小于债券到期价值 D 时，公司发生违约，此时公司权益价值为 0。因此，在时间 T 时，公司权益价值为

$$E_T = \max(V_T - D, 0) \tag{15-3}$$

式(15-3)显示可以将公司权益看作执行价格为偿还债券面值 D 的公司价值的看涨期权。利用B-S-M公式可计算出这一期权的当前价值为

$$E_0 = V_0 N(d_1) - De^{-rT} N(d_2) \tag{15-4}$$

式中

㊀ 债券收益具有非常大的偏态性，而且上涨幅度有限。例如，对于单一债券，可能有99.5%的可能性收益率为8%，而有0.5%的可能性收益率为-50%。第二种情况就可能有违约发生。

$$d_1 = \frac{\ln\left(\frac{V_0}{K}\right) + \left(r + \frac{\sigma_V^2}{2}\right)T}{\sigma_V \sqrt{T}}, \quad d_2 = d_1 - \sigma_V\sqrt{T}$$

我们在第 12 章已经知道 B-S-M 期权定价公式中 $N(d_2)$ 可以理解为风险中性世界期权被执行的概率。因此，公司在时间 T 时违约的风险中性概率为 $N(-d_2)$。

为了计算 $N(-d_2)$，我们需要知道 V_0 和 σ_V 的值，但这两个变量都无法直接从市场上观测到。不过，我们可以观察到权益价值 E_0，同时也能估计 σ_E。把式(15-4)看作 V_0 和 σ_V 的二元方程。要解出两个未知数（V_0 和 σ_V），还需要寻找一个方程。由于权益价值（E）是资产价值（或公司价值 V）的一个函数，因此利用伊藤引理，可以由资产的波动来确定权益的瞬时波动：

$$\sigma_E E_0 = \frac{\partial E}{\partial V}\sigma_V V_0 = N(d_1)\sigma_V V_0 \tag{15-5}$$

解式(15-4)和式(15-5)联立方程，可以由 E_0 和 σ_E 求出不可观测的 V_0 和 σ_V。V_0 和 σ_V 求出后，便可计算出 $N(-d_2)$，即风险中性世界的违约概率。

【例 15-3】 假设一家公司股价为 300 万美元，股权变化的波动率为 80%，公司在 1 年后必须支付的债务总额为 1 000 万美元，无风险利率为每年 5%。请问如何计算公司的违约概率。

假设价值单位以百万计，则有 $E_0 = 3$，$\sigma_E = 0.8$，$T = 1$，$D = 10$，$r = 0.05$。利用式(15-4)和式(15-5)，我们可以解得 $V_0 = 12.40$，$\sigma_V = 0.212\ 3$。随后计算出参数 $d_2 = 1.140\ 8$。因此，可以算出公司违约概率为 $N(-d_2) = N(-1.140\ 8) = 0.127$，即 12.7%。债券当前价值也可以通过等式 $B_0 = V_0 - E_0$ 算出，B_0 为 $12.40 - 3 = 9.40$，债券面值的贴现值为 $B^* = De^{-rT} = 10e^{-0.05 \times 1} = 9.51$，因此债券预期损失率为 $(9.51 - 9.40)/9.51$，大约是债券不违约时价值的 1.2%，预期损失等于违约概率乘以（1－回收率 R），则

$$1.2\% = 12.7\% \times (1 - R)$$

或

$$R = 91\%$$

15.4 衍生品交易中的信用风险

本节我们将介绍如何量化双边结算的衍生品交易的信用风险。一般来讲，两家公司之间的双边结算衍生品交易要遵循国际掉期与衍生品协会（ISDA）的主协议（Master Agreement）。ISDA 主协议的一条重要条款是关于净额结算的规则：在出现提前终止事件时，两家公司之间的所有未平仓交易都应视作一项交易。交易的某一方发现另一方有违约事件，可以宣布出现了提前终止事件，违约事件包括其中一方宣布破产、对交易无法进行

付款及没有能力按要求交付抵押品等。

净额结算会大幅降低信用风险，假定此时没有抵押品，净额结算将未违约一方所面临的风险暴露由

$$\sum_{j=1}^{N}\max(V_j,0)$$

减少为

$$\max(\sum_{j=1}^{N}V_j,0)$$

式中，V_j 表示两个公司之间的第 j 项交易的风险暴露。

15.4.1 CVA 与 DVA

在场外衍生品交易市场的双边清算中，对于每一个交易对手，交易商都要计算信用价值调节量（Credit Value Adjustment，CVA），这一数量是对交易对手违约所带来的预期损失的估计，或者说是由于对手违约所产生的预期费用贴现值。所有交易对手的信用价值调节量要从交易商资产平衡表上的衍生品总价值中剔除。另外一个重要的信用风险指标为债务价值调节量（Debit Value Adjustment，DVA）。DVA 等于交易商自身违约而给交易对手造成的预期费用的贴现值。交易商违约对于自身而言是有利的。

未平仓交易的无违约价值是假设交易双方都不违约情况下的交易价值。如果用 f_{nd} 表示未平仓交易对于交易商的无违约价值，那么考虑可能的违约情况后，未平仓交易的价值为

$$f_{\text{nd}} - \text{CVA} + \text{DVA}$$

假设交易商与交易对方之间未平仓的衍生品交易中，期限最长的是 T 年。为了计算 CVA 和 DVA，我们将 0 到 T 的时间区间划分为 N 个小区间，假定第 i 个小区间起始为 t_{i-1}，结束为 t_i，则有

$$\text{CVA}=\sum_{i=1}^{N}q_i v_i, \text{DVA}=\sum_{i=1}^{N}q_i^* v_i^*$$

式中，q_i 为交易对手在第 i 个区间违约的风险中性概率；v_i 为交易对手在第 i 个区间的中间时点违约时，给交易商造成损失的预期值的贴现值。q_i^* 为交易商在第 i 个区间违约的风险中性概率，v_i^* 为交易商在第 i 个区间的中间时点违约时，给交易对手造成损失（对交易商有利）的预期值的贴现值。

变量 q_i 可以由交易对手信用溢差来进行估计。假定 $s(t_i)$ 为交易对手在 0 至 t_i 期限内的信用溢差估计值，则我们可以利用式（15-2）求得时间 0 到 t_i 期限的平均违约密度估计值：

$$\bar{\varphi}(t_i) = \frac{s(t_i)}{1-R}$$

式中，R 为交易对手违约时的回收率。通过式(15-1)我们知道，交易对手在时间 t_i 之前的违约概率为

$$Q(t_i) = 1 - e^{-\bar{\varphi}(t_i)t_i}$$

因此，对手在 0 到时间 t_i 时间段不违约的概率为

$$1 - Q(t_i) = e^{-\bar{\varphi}(t_i)t_i}$$

将 $\bar{\varphi}(t_i)$ 表达式代入上式中，也可写成

$$1 - Q(t_i) = e^{-\left(\frac{s(t_i)}{1-R}\right)t_i}$$

于是，交易对手在第 i 个时间段的违约概率为

$$q_i = e^{-\left(\frac{s(t_{i-1})}{1-R}\right)t_{i-1}} - e^{-\left(\frac{s(t_i)}{1-R}\right)t_i}$$

利用类似方法同样可以从交易商的信用溢差估计出交易商在第 i 个时间段的违约概率 q_i^*。

接下来考虑如何计算 v_i。首先考虑在没有抵押品的情况下如何计算 v_i，通常采用蒙特卡罗模拟计算来完成，即在风险中性世界，从时间 0 到 T，我们对其中一些市场变量进行模拟，这些市场变量决定了交易商与交易对手之间所有未平仓交易的无违约价值。在每次模拟抽样中，在每个时间区间的中间时点上计算交易商关于交易对手的风险敞口，这里风险敞口等于 $\max(v, 0)$，其中 v 为交易对于交易商的总价值（对交易商来说，如果总价值是负值，则没有风险敞口；如果总价值为正值，则风险敞口等于这个值）。计算在所有模拟中这项风险敞口的平均值，再将其贴现值乘以（1－回收率）就可以得到变量 v_i 的估计值。采用类似的方法，从交易对手关于交易商的风险敞口可以计算变量 v_i^*。

当交易商与交易对手双方之间存在抵押协议时，v_i 的计算将会变得更加复杂。我们先介绍零门槛（Zero-Threshold）抵押协议。所谓零门槛抵押协议，即交易商与交易对手双方都需要向对手提交价值 $\max(v, 0)$ 抵押品，这里 v 代表未平仓交易对于对手的价值。现在我们来具体讲述如何计算交易商在每个时间区间的风险敞口。在每次模拟实验中，在第 i 个区间的中间时点上如果有违约事件发生，我们需要计算双方所持抵押品的价值。在计算之前，通常假设从违约发生的 c 天前开始，对方既不再提交抵押品，也不再归还超量的抵押品。参数 c 被称为补救期（Cure Period），一般等于 10 或 20 天。为了知道在区间中间时点上违约发生时都持有什么抵押品，需要计算所有交易在 c 天前的价值。我们通过例子来展示如何计算风险敞口。表 15-7 展示了交易商风险敞口计算的例子。假设 τ 为时间区间的中间时点，v 代表在时间区间的中间时点 τ 未平仓交易对于交易商的价值，K 代表在中间时点 τ 的 c 天前未平仓交易对于交易商的价值，此时交易商风险敞口为 $\max(v-K, 0)$。例如，在一次模拟实验中，未平仓交易对于交易商的价值为 50，c 天前对于交易商的价值为 40，因而在发生违约时，交易商只持有价值为 40 的抵押品，此时风险敞口为 50－40＝

10；在另一次模拟实验中，未平仓价值对于交易商价值为 -50，而 c 天前的所有交易价值为 -60，如果在 τ 时违约，交易对手仍然持有交易商在 c 天前提交的价值为 60 的抵押品，这时交易商面临的风险敞口为 $-50-(-60)=10$，即为多余的抵押品部分。

表 15-7 交易商的风险敞口

v	K	风险敞口
50	40	10
50	60	0
-50	-40	0
-50	-60	10

预期损失 v_i 的贴现值是按所有实验中的风险敞口平均值计算的。考虑交易对手关于交易商的风险敞口时，利用类似的方法可以得到 v_i^*。除了计算 CVA 之外，交易商还要计算在每个区间中间时点上的高峰敞口，该峰值对应蒙特卡罗模拟的高分位数，例如，我们想寻求对应于 95% 的分位数，如果蒙特卡罗模拟的次数为 1 万次，将蒙特卡罗模拟所得到的 1 万个风险敞口按由高到低的顺序排列，则一个区间中间时点上的高峰敞口为排在第 500 位的风险敞口。

15.4.2 缓解信用风险

有许多种方法可以用来减少双边结算交易中的信用风险，其中之一是我们之前讲过的净额结算。例如，假设交易商与某个交易对手有 4 笔无抵押的交易，交易价值分别为 $+1\,500$ 万元、$-1\,000$ 万元、$-2\,000$ 万元、$+2\,500$ 万元。如果把这 4 笔交易都视为独立交易，则交易商面临的风险敞口为 $+1\,500$ 万元、0、0、$+2\,500$ 万元，一共面临 4 000 万元风险敞口；若采用净额结算，则交易商面临的风险敞口为 1 000 万元。这样交易商风险敞口就从 4 000 万元降至 1 000 万元。

另外一种缓解信用风险的方式是抵押品条款。交易对手必须支付抵押品，当衍生品价格走向不利于交易对手时，交易对手要支付更多的抵押品，若交易对手不能及时支付抵押品，交易商可以以事先约定的定价方式对交易进行平仓。在违约事件发生时，非违约方还可以扣留违约方所交付的所有抵押品。

第三种用于缓解信用风险的方式是降级触发。在这一方式中，若交易对手信用评级降至一定水平，例如 BBB 以下，则交易商有权对所有未平仓的交易按市价平仓。但实际上只有当信用级别跳动幅度不是很大和该策略使用不是很多时，其效果才会相对较好。

15.4.3 两个简单例子

本节我们考虑两个不需要蒙特卡罗模拟就可以计算 CVA 的特殊情形。

1) 首先考虑交易商与交易对手之间只有一笔无抵押的衍生品交易。为了简单起见，我们假定衍生品的最终回报只在最终到期日 T 时刻才会获得（如到期日为 T 的欧式期权）。在将来任意时刻，交易商的风险敞口为交易价值，因此，风险敞口的现值等于衍生品在将来时刻价值的贴现值，这正是衍生品在今天的无违约价值。因此，对所有 i

$$v_i = (1-R)f_{nd}$$

式中，f_{nd} 为衍生品在今天的无违约价值。同时，我们还可以求得 CVA 表达式为

$$\text{CVA} = (1-R)f_{nd}\sum_{i=1}^{n}q_i$$

又因为此时 DVA=0，所以在考虑信用风险后，衍生品的价值 f 为

$$f = f_{nd} - \text{CVA} = f_{nd}\left[1-(1-R)\sum_{i=1}^{n}q_i\right] \tag{15-6}$$

式(15-6)显示了在我们假设的这一情形下，对手违约对于衍生品价值的影响是按相应的比例减少，比例为累计风险中性违约概率乘以（1－回收率）。

若我们以上考虑的衍生品是由交易对手发行的 T 年期无抵押债券，定义 B_{nd} 为无违约风险时债券价格，B 为考虑信用风险后的债券价格。假定在违约时，债券的优先支付权与衍生品支付的优先权等同，因此，违约时衍生品的回收率等于债券的回收率，则我们可以得出

$$B = B_{nd} - \text{CVA} = B_{nd}\left[1-(1-R)\sum_{i=1}^{n}q_i\right] \tag{15-7}$$

考虑式(15-6)和式(15-7)可以得出

$$\frac{f}{f_{nd}} = \frac{B}{B_{nd}} \tag{15-8}$$

如果 y_{nd} 为在 T 时刻到期的无风险零息债券收益率，y 为在 T 时刻到期的由交易对手发行的零息债券收益率，即 $B_{nd} = e^{-y_{nd}T}$，$B = e^{-yT}$，由式(15-8)可得

$$f = f_{nd}e^{-(y-y_{nd})T} \tag{15-9}$$

式(15-9)说明，衍生品的价格等于无风险的衍生品价格以交易对手 T 年期限的信用溢差进行贴现。

【例 15-4】 考虑某个公司在场外市场卖出一个 3 年期的无抵押期权，由卖出这个期权的公司所发行的零息债券收益率比相应的无风险利率高 2.5%，已知在无违约前提下，该期权的 B-S-M 价值为 2 元，则在考虑违约风险后，期权的价值为 $2e^{-0.025\times 3} = 1.855$ 元。

2) 现在我们考虑交易商与交易对手之间进行的一笔远期交易，其中交易商将在 T 时间按固定价格 K 购买某种资产，该笔交易无抵押，定义资产在时间 t（$t\leqslant T$）的远期价格为 F_t，今天的远期价格为 F_0，交易在时间 t 的价值为

$$(F_t - K)e^{-r(T-t)}$$

因此，交易商在时间 t 的风险敞口为

$$\max[(F_t-K)\mathrm{e}^{-r(T-t)},0]=\mathrm{e}^{-r(T-t)}\max[F_t-K,0]$$

根据式(11-15)远期价格的随机过程，我们可得，在风险中性世界，F_t 的期望值等于 F_0，$\ln F_t$ 的标准差为 $\sigma\sqrt{t}$，σ 为资产远期价格的波动率。由式(12-14)可得时间 t 的风险敞口的期望值为

$$w(t)=\mathrm{e}^{-r(T-t)}[F_0 N(d_1(t))-KN(d_2(t))]$$

式中

$$d_1(t)=\frac{\ln\left(\dfrac{F_0}{K}\right)+\dfrac{\sigma^2 t}{2}}{\sigma\sqrt{t}}$$

$$d_2(t)=d_1(t)-\sigma\sqrt{t}$$

因此，v_i 表达式为

$$v_i=w(t_i)\mathrm{e}^{-r_i}(1-R) \tag{15-10}$$

【例 15-5】假定一家银行与一家矿业进行了一笔关于黄金的远期交易，交易无抵押，其中远期合同阐明在两年后将以每盎司 1 000 元的价格买入 100 万盎司黄金，已知目前 2 年期黄金的远期价格为每盎司 1 200 元，为了简单计算，我们只考虑长度为 1 年的两个时间区间，已知矿业公司在第 1 年违约的概率为 5%，在第 2 年违约的概率为 7%，在违约发生时，假设有 30% 的回收率，此时无风险利率为 5%，黄金远期价格的波动率为 20%。

由题可知：$k=1\,000$，$F_0=1\,200$，$t_1=0.5$，$t_2=1.5$，$q_1=0.05$，$q_2=0.07$，$R=0.3$，$r=0.05$，$\sigma=0.2$，因此

$$d_1(t_1)=\frac{\ln\left(\dfrac{F_0}{K}\right)+\dfrac{\sigma^2 t_1}{2}}{\sigma\sqrt{t_1}}=\frac{\ln\left(\dfrac{1\,200}{1\,000}\right)+0.2^2\times\dfrac{0.5}{2}}{0.2\times\sqrt{0.5}}=1.359\,9$$

$$d_2(t_1)=d_1(t_1)-\sigma\sqrt{t_1}=d_1(t_1)-0.2\times\sqrt{0.5}=1.218\,5$$

于是，由式(15-10)可得

$$v_1=\mathrm{e}^{-0.05\times 2}[1\,200 N(d_1(t_1))-1\,000 N(d_2(t_1))](1-0.3)=131.24$$

同理可得 $v_2=149.09$，又知道 $q_1=0.05$，$q_2=0.07$，因此违约预期费用为

$$q_1 v_1+q_2 v_2=0.05\times 131.24+0.07\times 149.09=17.00$$

在不考虑违约情况下，合约的价值为 $(1\,200-1\,000)\mathrm{e}^{-0.05\times 2}=180.97$；在考虑对手违约情况下，合约价值变为 $180.97-17.00=163.97$。

■ 本章小结

信用风险既指未能如期偿还其债务造成违约而给经济主体带来损失的可能性，还包括

由借款人信用评级的变动和履约能力的变化导致债权人遭受损失的可能性。利用现代信用风险模型量化和控制信用风险已经成为当今金融全球化大格局下信用风险管理的总体趋势。信用风险度量有两个关键要素：违约概率和风险敞口。

违约概率的计算可以通过历史数据、债券价格及股票价格来估计。其中，由历史数据估计的违约概率为现实世界违约概率，由债券定价法估计的违约概率为风险中性世界违约概率。采用哪种违约概率则取决于我们分析问题的目的。对信用衍生品定价或分析违约对产品价格的影响时，应采用风险中性概率。当采用情景分析方法来估计因违约而可能触发的损失时，应采用现实世界里的违约概率。

风险敞口的计算通常采用蒙特卡罗模拟计算来完成，即在风险中性世界，从时间 0 到 T，对相关市场变量进行模拟，这些市场变量决定了交易商与交易对手之间所有未平仓交易的无违约价值。在每次模拟抽样中，在每个时间区间的中间时点上计算交易商关于交易对手的风险敞口 $\max(v, 0)$，其中 v 为交易对于交易商的总价值（对交易商来说，如果总价值是负值，则没有风险敞口；如果总价值为正值，则风险敞口等于这个值）。

由于交易对手违约的可能性而使交易商产生预期费用的贴现值，我们称之为 CVA。由于交易商自己违约的可能性而给交易对手产生预期费用的贴现值，我们称之为 DVA。净额结算、抵押协议及降级触发策略往往可以缓和交易双方结算中的信用风险。

■ 本章重点

① 信用风险的含义。
② 计算估计违约概率的多种方法。
③ 风险中性违约概率和现实世界违约概率。
④ 风险敞口的计算。

■ 练 习

1. 对于以下两种情形，研究人员该如何选择，是采用现实世界还是风险中性世界违约概率？
（1）计算信用风险价值度；
（2）因违约对衍生品的影响。

2. 某家企业 5 年期的债券收益率与相似的无风险收益率之间的溢差为 120 个基点，同时该债券回收率为 40%，试估计 5 年期内每年的违约率。

3. 假设有一个 1 年期债券的面值为 100 元，且票息为每年 6%（每半年支付一次，而且刚刚付过一次票息）。已知 1 年期债券的收益率为 8%（连续复利），无风险利率为 5%（连续复利），回收率为 0.4。求该债券第 1 年违约率所满足的式子。

4. 假设对于 A 级债券，美林证券过去在报告的平均收益率为 6.975%，平均 7 年期互换利率为 6.487%，已知 A 级债券的回收率为 0.4，求 A 级债券 7 年平均违约率。假设无风险利率为 7 年期互换利率减去 10 个基点。

5. 假设一家公司股价为 400 万元，股权变化的波动率为 60%，公司在 2 年后必须支付的债务总额为 1 500 万美元，无风险利率为每年 6%。采用默顿模型来估计预期损失、违约概率及违约的回收率。

6. 假设补救期为 10 天，t 是在银行的信用价值调节计算中所用的一个时间区间的中间点，在一次模拟实验中，时间 t 时未平仓交易对于银行的价值为 V^*，而 10 天之前的价值为 V，分析以下 4 种情况，银行的风险敞口分别为多少？

(1) $V^* = 30$，$V = 40$；

(2) $V^* = 30$，$V = 20$；

(3) $V^* = -30$，$V = -40$；

(4) $V^* = -30$，$V = -20$。

7. 考虑某个公司在场外市场卖出一个 5 年期的无抵押期权，由卖出这个期权的公司所发行的零息债券收益率比相应的无风险利率高 4.5%，已知在无违约前提下，该期权的 B-S-M 价值为 4 元，则在考虑违约风险后，期权的价值为多少？

8. 假定一家银行与一家矿业进行了一笔关于黄金的远期交易，交易无抵押，其中远期合同阐明在两年后将以每盎司 500 元的价格买入 40 万盎司黄金，已知目前 2 年期黄金的远期价格为每盎司 650 元，为了简单计算，我们只考虑长度为 1 年的两个时间区间，已知矿业公司在第 1 年违约的概率为 3%，在第 2 年违约的概率为 6%，在违约发生时，假设有 30% 的回收率，此时无风险利率为 5%，黄金远期价格的波动率为 30%。求在考虑违约风险后该合约的价值。

■ 练习答案

1. 当我们采用情形分析法来估计因违约而触发的损失时，应采用真实世界的违约率，因此在计算信用风险价值度时，我们同样要采用真实世界的违约率；而分析违约对衍生品定价影响时，由于分析过程中会涉及将来预期现金流的贴现值，在计算过程中会不可避免地采用风险中性定价理论，因此应采用风险中性违约概率。

2. 由题意得，$s(T) = 0.012$，$R = 0.4$，我们可以算出该债券 5 年期内每年的违约率为

$$\bar{\varphi}(t) = \frac{s(T)}{1-R} = \frac{0.012}{1-0.4} = 0.02$$

3. 我们先通过债券的收益率计算出该债券的价值

$$3e^{-0.08 \times 0.5} + 103e^{-0.08 \times 1} = 97.96$$

若债券无风险，则债券价值应为

$$3e^{-0.05 \times 0.5} + 103e^{-0.05 \times 1} = 100.90$$

以上结果说明 1 年期债券违约损失的现值应为 2.94 元。此时我们假设债券第 1 年违约

的概率为 φ，则该债券在前 6 个月违约的概率为 $1-e^{-0.5\varphi}$，接下来 6 个月债券违约概率为 $e^{-0.5\varphi}-e^{-\varphi}$，假设违约只可能发生在 6 个月时间段的中间，于是违约时间只可能发生在 3 个月或 9 个月后。如果违约发生，由于债券回收率为 0.4，因此违约时债券市场价值将会变成 40 元。在 3 个月债券的无风险价值为 $3e^{-0.05\times0.25}+103e^{-0.05\times0.75}=102.17$，而后违约发生时，债券持有人所遭受损失的现值为 $(102.17-40)e^{-0.05\times0.25}=61.40$；在 9 个月时间债券的无风险价值为 $103e^{-0.05\times0.25}=101.72$，此时发生违约债券持有人所遭受的风险为 $(101.72-40)e^{-0.05\times0.75}=59.45$。因此，该 1 年违约率必须满足以下等式

$$(1-e^{-0.5\varphi})\times61.40+(e^{-0.5\varphi}-e^{-\varphi})\times59.45=2.97$$

4. 由于无风险利率为 7 年期互换利率减去 10 个基点，因此为 6.387%，于是 $s(T)=0.00588$，$R=0.4$，我们可以算出该债券 5 年期内每年的违约率为

$$\bar{\varphi}(t)=\frac{s(T)}{1-R}=\frac{0.00588}{1-0.4}=0.0098$$

即 0.98%。

5. 由题意知，$E_0=4$，$\sigma_E=0.6$，$T=2$，$D=15$，$r=0.06$，用式(12-4)和式(12-5)可求得 $V_0=17.084$，$\sigma_V=0.1576$，参数 $d_2=1.0106$，因此公司违约的可能性为 $N(-d_2)=0.1561$，即 15.61%。债券当前价值也可以通过等式 $B_0=V_0-E_0$ 算出，B_0 为 $17.084-4=13.084$，债券面值的贴现值为 $B^*=De^{-rT}=15e^{-0.06\times2}=13.304$，因此债券预期损失率为 $(13.304-13.084)/13.304$，大约是债券不违约时价值的 1.65%，预期损失等于违约概率乘以（1－回收率 R），则

$$1.65\%=15.61\%\times(1-R)$$

或

$$R=89.43\%$$

即无违约价值的 89.43%。

6. 当 $V^*=30$，$V=40$ 时，通常假定在时间 t 发生违约时，银行所持有的抵押品价值为 40，因此在发生违约时，银行有足够的抵押品，银行风险敞口为 0；当 $V^*=30$，$V=20$ 时，通常也假定在时间 t 发生违约时，银行持有的抵押品价值为 20，没有足够的抵押品，因此银行的风险敞口为衍生品价值超过抵押品价值的那一部分，为 10；当 $V^*=-30$，$V=-40$ 时，通常假定在时间 t 发生违约时，银行交付的抵押品价值为 40，超过违约给交易对手造成的损失，因此银行的风险敞口为银行多交付的抵押品价值，为 10；当 $V^*=-30$，$V=-20$ 时，通常假定在时间 t 发生违约时，银行交付的抵押品价值为 20，因此银行的风险敞口为银行多交付的抵押品价值，为 0。

7. 当某个公司与交易对手之间只有一笔无抵押的衍生品交易时，我们可以得到考虑违约风险后的衍生品价值等于无违约价值（如 B-S-M 价值）以某个贴现率贴现的结果：

$$f_0^*=F_0e^{-(y^*-y)T}$$

其中，贴现率为风险中性世界收益用以贴现的利率加上对手的 T 年期信用溢差。因此，当考虑风险后的衍生品价值为 $4e^{-0.045 \times 5} = 3.19$ 元。

8. 由题意知，$k=500$，$F_0=650$，$t_1=0.5$，$t_2=1.5$，$q_1=0.03$，$q_2=0.06$，$R=0.3$，$r=0.05$，$\sigma=0.3$，因此我们可以求得在时间 $t_1=0.5$ 时的风险敞口 $w(t_1)$ 为

$$e^{-0.05 \times 1.5}[650N(d_{1,1}) - 500N(d_{2,1})] = 144.9732$$

式中

$$d_{1,i} = \frac{\ln\left(\frac{650}{500}\right) + 0.3^2 \times \frac{0.5}{2}}{0.3 \times \sqrt{0.5}} = 1.3428$$

$$d_{2,i} = d_{1,i} - 0.3 \times \sqrt{0.5} = 1.1307$$

所以 $v_1 = e^{-rt} w(t_1)(1-R) = e^{-rt} w(t_1)(1-R) = 98.9756$，同理可得 $v_2 = 113.3399$，违约的预期费用为

$$98.9756 \times 0.03 + 113.3399 \times 0.06 = 9.77$$

远期价格的无违约价值为 $(650-500)e^{-0.05 \times 2} = 135.73$，考虑违约可能后，价值降到了 $135.73 - 9.77 = 125.96$ 元。

第16章

信用衍生品

简单地说，凡是交易双方通过合约的形式转移信用风险的产品都可称为信用衍生品。信用衍生品具有以下几个特征：①损益取决于基础资产的信用事件，这些事件包括违约、信用评级降级、信用利差变化等；②转移的风险可以与单个资产挂钩，也可以是多个资产的信用；③由于是合约形式，信用衍生品通常根据投资者的需求量身定做，适合场外交易，但目前标准化的信用衍生品交易也越来越多。

信用衍生品能够使公司对信用风险就像对市场风险一样进行交易。同时，信用衍生品与传统的债券和银行贷款相比，最大的优点在于将信用风险与融资行为相分离。市场参与者可以在不进行债券买卖或放贷的情况下改变自身信用风险头寸。换句话说，金融机构可以主动管理自身的信用风险组合。例如，大多数银行都会通过买入信用违约互换来对自身多余的信用风险加以保护。

信用衍生品可以分为"单一公司"产品或"多家公司"产品。其中，单一公司信用衍生品中最为流行的是信用违约互换（Credit Default Swap，CDS），多家公司信用衍生品中最为流行的是担保债务凭证（Collateralized Debt Obligation，CDO）。本章我们对 CDS 和 CDO 的相关内容进行简单介绍。

16.1　CDS 的相关定义

CDS 是市场上最为常见的信用衍生品。这种合约可视为对某一特定公司的违约风险的保险，其中所涉及的公司称为参考实体（Reference Entity）。该公司的违约被称为信用事件（Credit Event）。CDS 的买方是指获得基础资产违约保护的一方，为此，它需要向 CDS 的卖方定期支付一定的保险费用，相当于利率互换的固定利率支付方；而 CDS 的卖出方是指承担信用风险的一方,它的现金流支付情况则取决于违约事件的发生,相当于利率互换的浮动利率支付方。CDS 的运行机制如图 16-1 所示。

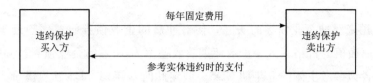

图 16-1　CDS 的运行机制

为了更好地理解 CDS,我们假设有两家公司在 2017 年 3 月 20 日签订了 5 年期的信用违约互换。其中,名义本金为 1 亿元,为获得对参考实体违约的保护,违约保护买入方每年向违约保护卖出方支付 100 个基点,每季度末支付一次。我们对以下两种情况进行分析:

1) 如果参考实体没有违约,也就是信用事件没有发生,那么 CDS 的买入方将不会获得收益,而且买入方在 2017 年 6 月和以后每个季度都将支付 1 亿元的 100 个基点的 1/4,也就是 250 000 元,直到 2022 年 3 月 20 日。

2) 如果参考实体违约或者信用事件发生,CDS 的买入方将会获得一笔不菲的违约赔偿。例如,在 2019 年 8 月 20 日信用事件发生,则买入方可以通知卖出方按指定的方式进行交割清算。若为实物交割,买入方有权向卖出方按面值出售面值为 1 亿元、由参考实体所发行的债券;若为现金交割,在信用事件发生后几天内,买入方将会参考由 ISDA 组织拍卖确定的最便宜可交割债券的市场价来获得相对应的违约赔偿。例如,IS-DA 确定了每 100 面值的债券价格为 45 元,则此时 CDS 的卖出方必须向买入方支付 5 500 万元。

在了解信用违约互换的基本运行机制后,我们还要注意以下几个问题:①应计付款的计算。我们知道当信用事件发生后,信用保护的买入方向卖出方的定期付款将会终止。但是,由于付款时间在期尾,通常买入方还需支付最后的应计付款。例如,在上例中,信用违约事件在 2019 年 8 月 20 日发生,因此买入方需要向卖出方支付 2019 年 6 月 20 日到 2019 年 8 月 20 日之间的应计付款,估计为 166 667 元。在支付完这次费用后,买入方就不再需要向卖出方支付任何其他费用了。②CDS 造市商(通常为几家大银行)针对某参考实体的信用保护,会同时报出买价和卖价。例如,对 5 年期 CDS,造市商的报价可能是 200 和 210。前者为买价,表明造市商愿意以 200 个基点买入这家公司的信用保护;后者是卖价,表明造市商愿意以 210 个基点卖出这家公司的信用保护。③合约的到期日与合约里所说的年数可能有一点误差。例如,我们在 2017 年 5 月 20 日通知交易商要买入某公司 5 年期的信用保护,合约的到期日为 2022 年 6 月 30 日。第一次支付日是 2017 年 6 月 30 日,支付金额为 2017 年 5 月 20 日到 2017 年 6 月 30 日的信用保护价值。④合约中关于信用事件的定义。各合约中信用事件的定义可能不太一样。这些事件大多包括违约、债务重组或破产、信用评级降级、信用利差变化等。

16.1.1　CDS 债券基点

CDS 可以用来对冲企业债券的头寸，使对冲后的企业债券收益率趋近于无风险利率。例如，投资者以面值的价格买入一份 5 年期、收益率为 10% 的企业债券，同时又买入一份以该债券发行者为参考主体的 5 年期 CDS。假定此时 5 年期 CDS 互换溢价为 300 个基点，也就是每年 3%。如果债券发行人没有违约，那么该投资者收益为每年 7%；如果债券发行人违约，那么该投资者在违约发生之前收益率为 7%。发生违约事件时，投资者要求 CDS 卖出方以债券面值购买此违约债券。投资者在收到债券面值之后，可以在剩余时间以无风险利率进行投资。

上述例子说明 n 年期的 CDS 溢价应大体上等于 n 年期企业债券收益率与无风险利率的差价，具体见下式：

$$n \text{ 年期 CDS 溢差} = n \text{ 年期企业债券收益率} - \text{无风险利率}$$

如果两者之间相差甚远，则可以进行套利。当 n 年期 CDS 溢差远小于 n 年期企业债券收益率与无风险利率的差价时，投资者可买入 n 年期企业债券同时买入相应的信用保护，这样操作将使投资者得到收益率大于无风险利率。当 n 年期 CDS 溢差远大于 n 年期企业债券收益率与无风险利率的差价时，投资者可卖空 n 年期企业债券同时卖出相应的信用保护，这样将会使投资者获得小于无风险利率的借款。

定义 CDS 债券基点为

$$\text{CDS 债券基点} = \text{CDS 溢差} - \text{债券溢差}$$

式中，债券溢差的计算是以 LIBOR - 互换利率作为无风险利率的。上文的无套利阐述说明我们定义的 CDS 债券基点理论上应接近于 0。

16.1.2　最便宜可交换债券

CDS 合约规定，当参考实体发生违约时，信用保护买入方可以选择几种不同的债券用于交割。这些债券的优先级别往往相同。但发生违约时，债券价格与其本金比例却大多有所不同。这样做就相对给 CDS 的买入方提供了选取最便宜可交换债券的期权机会。在确定了最便宜可交换债券后，我们就可以相应地计算 CDS 买方的收益，即面值减去违约后的回收价值，也就是

$$\text{CDS 收益} = L(1-R)$$

式中，L 为债券的面值，R 为回收率。债券的回收率等于债券刚刚违约时的价格与其面值的比例。债券刚刚违约时的价格由 ISDA 组织拍卖来确定。

16.1.3 信用指数

在信用衍生品市场上，参与者构造了一些用于跟踪 CDS 溢价变化的信用指数。其中最为重要的标准组合是 CDX NA IG（由北美 125 家投资级公司组成的组合）和 iTraxx Europe（由欧洲 125 家投资级公司组成的组合）。这些交易组合在每年的 3 月 20 日和 9 月 20 日被更新[⊖]。

我们可以假设造市商对 5 年期的 iTraxx 欧洲指数的买入价为 50 个基点，卖出价为 52 个基点。这表示交易员可以以 52 个基点买入关于 iTraxx 欧洲指数中 125 家公司的信用违约保护。若交易员想对其中每家公司设定 600 000 美元面值的保护金额，则交易员将为此支付 0.005 2×125×600 000＝390 000 美元，即每年支付 390 000 美元。与此同时，交易员也可以以 50 个基点卖出关于 iTraxx 欧洲指数中 125 家公司每家面值为 600 000 美元的违约保护。这笔交易将使交易员每年获得 0.005 0×125×600 000＝375 000 美元。但当其中某个公司违约时，信用保护的买入方将会获得与往常计算的 CDS 收益一样，同时还将每年减少 390 000/125＝3 120 美元买入 CDS 保护的费用。

16.2 CDS 定价

这一小节我们将讲述如何利用违约概率来估计关于参考实体的 CDS 溢价，以及如何从 CDS 溢价中反向推导出隐含违约概率。

首先，我们假设参考实体的 5 年期平均违约密度为 3%，于是我们便可以通过式(15-1)计算出零时刻至 t 时刻这一区间的生存概率为 $e^{-0.03t}$，在第 t 年内违约的概率等于在第 t 年年初的生存概率减去第 t 年年底的生存概率。例如，生存到第 3 年年末的概率为 $e^{-0.03\times 3}=0.913\ 9$，生存到第 4 年年末的概率为 $e^{-0.03\times 4}=0.886\ 9$，于是我们可以计算出在第 4 年内的无条件违约概率为 $0.913\ 9-0.886\ 9=0.027\ 0$。表 16-1 显示了 5 年中每年年底的生存概率及每年的无条件违约概率。

表 16-1 t 年年底的生存概率及每年期间内的无条件违约概率

时间 t（以年计）	年底的生存概率	第 t 年的无条件违约概率
1	0.970 4	0.029 6
2	0.941 8	0.028 6
3	0.913 9	0.027 9
4	0.886 9	0.027 0
5	0.860 7	0.026 2

⊖ 具体操作为除去组合中不再具备投资级别的公司，同时加入新投资级公司。

接下来假设违约只会发生在 1 年的中间,并且在 CDS 中信用保护的付款时间是在每年年底。无风险利率为每年 5%,回收率为 60%。于是,我们可以分别计算出 CDS 买入方所有预期付款的贴现值、所有预期收益的贴现值及其应计付款的贴现值,见表 16-2~表 16-4。

表 16-2 中预期付款的贴现值等于预期付款乘以贴现因子。其中,我们假设每年支付的 CDS 溢价保护的费用为每年 s,保护的名义本金价值为 1 元。例如,第 2 次付款数量为 s 发生的概率为 0.941 8,所以预期付款的期望值就为 0.941 8s,再将预期付款的期望值贴现回来得 $0.941\ 8se^{-0.05 \times 2} = 0.852\ 2s$。由此我们可以算出总的预期付款贴现值的和为 3.958 3s。

表 16-2 CDS 保护的买入方预期付款的贴现值

时间(以年计)	生存概率	预期付款	贴现因子	预期付款的贴现值
1	0.970 4	0.970 4s	0.951 2	0.923 1s
2	0.941 8	0.941 8s	0.904 8	0.852 2s
3	0.913 9	0.913 9s	0.860 7	0.786 6s
4	0.886 9	0.886 9s	0.818 7	0.726 1s
5	0.860 7	0.860 7s	0.778 8	0.670 3s
合计				3.958 3s

表 16-3 则运用了 CDS 收益的计算公式,因为我们假设了违约只会发生在每年年中,名义本金为 1 元,所以计算式为 $p_t(1-R)$。其中,p_t 为违约时间发生在第 t 年年中的概率,R 为回收率。例如,在第 2 年年中的 CDS 收益为 $0.028\ 6 \times (1-0.6)$,即 0.011 4。其预期收益贴现值为 $0.011\ 4e^{-0.05 \times 1.5} = 0.010\ 6$ 元。总的预期收益贴现值为 0.049 4 元。

表 16-3 预期收益的贴现值

时间(以年计)	违约概率	回收率	预期收益	贴现因子	预期收益的贴现值
0.5	0.029 6	0.6	0.011 8	0.975 3	0.011 5
1.5	0.028 6	0.6	0.011 4	0.927 7	0.010 6
2.5	0.027 9	0.6	0.011 2	0.882 5	0.009 8
3.5	0.027 0	0.6	0.010 8	0.839 5	0.009 1
4.5	0.026 2	0.6	0.010 5	0.798 5	0.008 4
合计					0.049 4

我们之前说过,由于付款时间在期尾,买入方在最后仍然需要向卖出方支付最后的应计付款。例如,假设在第 2 年年中发生违约事件,这时信用保护买入方每年所支付的定期费用就会终止。但是由于从上次定期支付的第 1 年年末到第 2 年年中这半年累计期限保险卖出方提供了保护,因此保险买入方只需结清这半年的应计付款,之后便不再需要任何付款。

表 16-4 说明了这一计算。例如,我们计算第 2 年的应计付款,发生在第 2 年年中违约的概率为 0.028 6,而我们计算这期间的应计付款为 0.5s,则我们可以算出应计付款期望

值为 $0.028\ 6\times 0.5s=0.014\ 3s$。其贴现值为 $0.014\ 3se^{-0.05\times 1.5}=0.013\ 3s$，于是我们可以算出总得应计付款期望贴现值为 $0.061\ 8s$。

表 16-4　预期应计付款的贴现值

时间（以年计）	违约概率	预期应计付款	贴现因子	预期应计付款的贴现值
0.5	0.029 6	0.014 8s	0.975 3	0.014 4s
1.5	0.028 6	0.014 3s	0.927 7	0.013 3s
2.5	0.027 9	0.013 9s	0.882 5	0.012 3s
3.5	0.027 0	0.013 5s	0.839 5	0.011 5s
4.5	0.026 2	0.013 1s	0.798 5	0.010 5s
合计				0.061 8s

由上述 3 个表我们可以得到 CDS 保护买入方总支付期望值的贴现值为

$$3.958\ 3s+0.061\ 8s=4.020\ 1s$$

也可以得出买入方总收益的期望值的贴现值为 0.049 4 元，使两者相等，即

$$4.020 1s=0.049\ 4$$

或

$$s=0.012\ 3$$

因此，我们所考虑的 5 年期 CDS 溢价的市场价为名义本金乘以 0.012 3，即每年 123 个基点。

我们每天对 CDS 按市值计价，来确定此 CDS 对信用保护买入方和卖出方的价值。其中 CDS 的价值可能为正，也可能为负。假设上述例子中的信用保护合约是在之前签订的，CDS 溢价为 160 个基点，则买入方为购买此信用保护所花费的总费用的贴现值为 $0.016\times 4.020\ 1=0.064\ 3$。此时收益期望值的贴现值为 0.049 4，对于买入方来说，这一 CDS 价值为 $-0.014\ 9$（$=0.064\ 3-0.049\ 4$），也就是名义本金的 -1.49%；对于信用保护卖出方来说，这一 CDS 按市场计算的价值是面值的 1.49%。

我们上例讲述了如何利用违约概率来关于特定参考实体的 CDS 定价。反过来，我们是否可以通过 CDS 的报价推导出隐含违约概率？答案是明显的，我们可以通过逆向计算推导出隐含违约概率。例如，在上述例子中，我们并不知道违约概率，但已知市场上 5 年期 CDS 的报价为每年 100 个基点，我们可以逆向推导出隐含违约概率为每年 2.44%。

16.3　两点信用互换

两点信用互换与普通的 CDS 相似，唯一不同的就是两点信用互换的收益为一个固定的值，与回收率无关。假设在上例中，对应的两点收益为每年 1 美元，则表 16-3 变为表 16-5，

表 16-1、表 16-2 和表 16-4 都不变。于是，CDS 溢价由 $4.020\ 1s=0.123\ 6$ 决定，即 $s=0.030\ 7$，即 307 个基点。

表 16-5　由两点信用互换计算的预期收益的贴现值

时间（以年计）	违约概率	预期收益	贴现因子	预期收益的贴现值
0.5	0.029 6	0.029 6	0.975 3	0.028 9
1.5	0.028 6	0.028 6	0.927 7	0.026 5
2.5	0.027 9	0.027 9	0.882 5	0.024 6
3.5	0.027 0	0.027 0	0.839 5	0.022 7
4.5	0.026 2	0.026 2	0.798 5	0.020 9
合计				0.123 6

16.4　CDS 远期合约与期权合约

随着 CDS 交易的发展，出现了一系列基于信用违约互换上的衍生品交易，其中常见的是 CDS 远期合约和期权合约。

CDS 远期合约是指在未来某个特定时间 T，合约双方需要按约定买入或卖出有关参考实体的特定信用违约互换。但是若参考实体在时间 T 之前违约，远期合约将自动失效。例如，某交易商现在签订了 1 年后按 220 个基点卖出某公司 5 年期信用保护的远期合约。若在现在到 1 年之间，该公司出现了违约，这份远期合约将自动消失。

CDS 期权合约是指在将来某个特定时间 T，期权买入方有权以约定价格买入或卖出某参考实体的特定信用违约互换。例如，一个交易商有权在 1 年后按 220 个基点买入某公司的 5 年期信用保护的权利。这是一种看涨期权，若 1 年后该公司的 5 年期信用保护价格超过 220 个基点，则期权将会被行使，否则期权不会被行使。又如，一个交易商买入 1 年后按 220 个基点卖出某公司的 5 年期信用保护的权利。这是一种看跌期权，若 1 年后该公司 5 年期信用保护的价值低于 220 个基点，则交易商将会行权，否则期权将不会被行使。与 CDS 远期合约一样，如果在期权到期日之前参考实体发生了违约，那么相对应的 CDS 期权合约也将失效。

16.5　违约篮子互换

违约篮子互换不再仅仅对单个资产的违约提供保护，而是对一篮子参照资产（例如 10 个或 100 个资产）的违约发生保护。但每种违约篮子互换是有相应条件的，例如首次违约篮子互换，顾名思义只对一篮子参照资产的首次违约提供保护。第 2 次违约篮子互换只对一篮子参考资产发生的第 2 次违约提供保护，第 n 次违约篮子互换只对第 n 次发生的参照资产违约提供保护。接下来我们将以首次违约篮子为例来具体说明这种互换的运行机制及对买卖双方的影响。图 16-2 显示了首次违约篮子互换运行机制。违约保护的卖出方向买入方收取固定的保险费，向一篮子中的所有资产的首次违约提供保护。当篮子里的任意资产首次发生违约时，违约保护的买入方可以将其按现金面值卖给违约保护的卖出方或以合约约定形式交割，之后合约便完成，双方都不再需要任何其他付款。

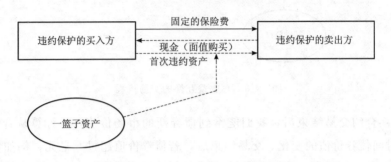

图 16-2　首次违约篮子互换运行机制

首次违约篮子互换将使违约保护的卖出方通过承担较高杠杆来获得高收益。我们之前讲过的一些信用衍生品主要着眼于单个资产的违约概率。而首次违约篮子互换的主要影响因素为各资产的违约相关性。只要组合中各个资产不是完全相关的，那么显然一篮子资产中出现一个资产违约的概率会比单个资产违约的概率大得多，因此首次违约篮子互换将使违约保护的卖出方获得超过单个资产违约互换的保险费用。但其最大违约损失仅仅为首次违约资产的本金额，这与单个资产违约互换损失相同。

首次违约篮子互换对违约保护的买入方来说，提供了一个以较低保险费用来对冲多个资产的信用风险程度。例如，交易商可以就自己所拥有的投资组合买入基于这些资产的首次违约互换，大大降低了对各资产的保险金的使用。但首次违约篮子由于只能对首次资产违约提供保护，因此也并非很完美。

16.6　总收益互换

总收益互换与资产互换比较相似，其实质是投资者 A 将特定基础资产的总收益支付给投资者 B，同时向投资者 B 收取 LIBOR 加上一个差价的浮动利率的互换合约。其中，基础资产既可以是单个债券，也可以是一个债券组合，甚至可以是特定指数等。同时，资产的总收益包括券息、利息及在互换期间基础资产的损益情况。

图 16-3 显示了总收益互换的交易流程。接下来我们具体分析一个例子，假定 1 个 5 年期总收益互换的债券总价值为 5 亿元，总收益的付出方将此债券的收益与总收益收入方的 LIBOR 加上 20 个基点进行交换。

1）在债券支付日期，总收益的付出方将价值 5 亿元的债券所获得的券息付给总收益的收入方，同时总收益收入方按约定将利率为 LIBOR 加上 20 个基点的 5 亿元债券的利息交给总收益的付出方。

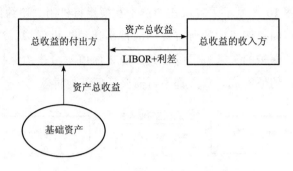

图 16-3 总收益互换的交易流程

2) 在互换合约交易结束后,我们能看到债券新的市场价值,并计算从合约签订到结束的这一段时间债券价值的变化。交易结束后,若债券价值超过 5 亿元,例如增长了 5%,则总收益的付出方还需要向总收益的收入方支付 2 500 万元;若债券价值不增反降了 10%,则总收益的收入方应向总收益的付出方支付 5 000 万元;若债券违约,则总收益的收入方需要向总收益的付出方支付债券的市场价值与 5 亿元的差额。

总收益互换也常常被用作融资工具。例如,总收益的收入方为了对参考的 5 亿美元投资进行融资,就会与总收益的付出方签订一项总收益互换协议。由总收益的付出方买入基础资产债券后,将资产的总收益交给总收益的买入方。这样做的好处是对于总收益的收入方来说,可以不支付现金来购买基础资产,获得等同的预期的总收益,可以通过加大信用风险的杠杆来获取更大的收益。对于总收益的付出方来说,总收益互换使其不需要出售基础资产就可以使基础资产的风险完全转移,获得了固定的 LIBOR 加上利差收入。总收益互换协议使付出方所受风险比直接借钱给总收益收入方来买入债券再通过债券作为抵押所面临的风险要小很多。毕竟总收益互换协议中,基础资产的所有权还是总收益的付出方,如果收入方违约,付出方不会再承担因抵押品所有权是谁而产生的法律风险。

16.7 CDO

资产证券化是金融业最为重要的业务之一。所谓资产证券化(Securitization),就是以各类资产为支持发行证券,其作用主要是筹集资金、提高资产流动性、分散信用风险等。通过资产证券化所发行的证券通常称为资产支持证券(Asset-Backed Security, ABS)。当用来支持发行证券的资产为按揭贷款时,资产支持证券也被称为抵押支持证券(Mortgages-Backed Security, MBS)。当用来支持发行证券的资产为债券(Bond)时,资产支持证券被称为 CDO。

CDO 是一个典型的证券化产品,它是一系列债券组合起来,再以它们获得的现金流作为支持,发行新的债券品种。具体而言,就是原始债券所有者作为证券化发起人将自己所拥有的各类债券打包出售给特殊目的实体(Special Purpose Vehicle, SPV),形成基础资产池，以达到资产隔离的作用。SPV 以基础资产池的现金流作为支持，重新包装成不同级别债券或单位收益凭证，通过承销商出售给投资者，具体如图 16-4 所示。

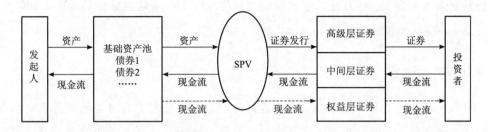

图 16-4　CDO

注：实践为发行和售卖时单次流动，虚线为证券化后的长期流动。

16.8　合成 CDOs

　　CDO 和 CDS 互相结合就形成了合成 CDOs（Synthetic CDOs）。它与传统 CDO 的区别在于商业银行等发起人并不是把基础资产打包直接出售给 SPV，而是通过信用违约互换将信用风险转移给 SPV，达到了与真实基础资产出售的效果。

　　合成 CDOs 的发起者首先选取一个公司债券组合与期限（如 5 年），然后出售关于组合中每家公司的信用违约保护 CDS，CDS 期限与之前选定期限相同。其中，合成 CDOs 的本金等于所有 CDS 名义本金的总和。发起者获得的现金流等于 CDS 的溢价。当组合中的某公司发生违约时，发起人则有现金流出。现金流出等于由于公司违约而对 CDS 买方的支付。在构造 CDO 时，往往会形成不同的份额，典型的 CDO 一般有 3 类不同份额，分别为高级、中间及股权份额。本息的偿付顺序为高级层、中间层及权益层，来自基础资产池的损失先由权益层吸收，因此权益层面临的风险最大，回报自然也应更多。具体规则如下：

　　1) 股权份额首先承担 CDS 的现金流出，直到超过合成 CDOs 本金的 5%。股权份额的现金流入为本份额剩余本金的每年 1000 个基点的溢价。

　　2) 中间份额承担超过合成 CDOs 本金 5% 至 20% 区间的现金流出。中间份额的现金流入为本份额剩余本金的每年 100 个基点的溢价。

　　3) 高级份额承担超过合成 CDOs 本金 20% 以下的现金流出，高级份额现金流入为本份额剩余本金的每年 10 个基点的溢价。

　　为了更好地理解 CDO 的运作，我们假设总的名义本金为 1 亿元，于是股权份额、中间份额及高级份额的面值分别为 500 万元、1 500 万元及 8 000 万元。每类份额得到如前指定的基点溢差。例如，中间份额收取 100 个基点的溢价。我们假设在 2 年后，基础资产包中有资产发生违约，需要 400 万元现金支付信用违约赔偿。首先由股权份额购买者支付。支付 400 万元后，股权份额只剩下 100 万元。股权份额之后收取的 1 000 个基点溢价是基于 100 万元的剩余本金，而不是最初的 500 万元本金；若之后一段时间，基础资产包中又有资产发生了信用违约，则需要对信用违约保护买入方支付 300 万元，仍然首先由股权份额支付 100 万元，其余的 200 万元则开始由中间份额支付。于是，股权份额剩余本金为 0，中间份额剩余本金为 1 300 万元。中间份额之后收取的 100 个基点溢价是基于 1 300 万元，而不再是 1 500 万元。

■ 本章小结

信用衍生品是衍生品市场中一项重要的发展，凡是交易双方通过合约的形式转移信用风险的产品都可称为信用衍生品。市场上最为流行的信用衍生品是信用违约互换。其可视为对某一特定公司的违约风险所提供的保险。当然，CDS 也可以用来对冲企业债券的头寸，使对冲后的企业债券收益率趋近于无风险利率。CDS 定价可通过保护买入方总支付期望值的贴现值与买入方总收益的期望值的贴现值相等而推出。

随着 CDS 市场的逐渐发展，CDS 远期合约和期权合约出现了。其中，CDS 远期合约是指在未来 T 时刻，合约双方需要按约定买入或卖出某参考实体的特定信用违约互换。CDS 期权合约是指在将来 T 时刻，期权买入方有权以约定价格买入或卖出某参考实体的特定信用违约互换。

总收益互换是投资者 A 将特定基础资产的总收益支付给投资者 B，同时向投资者 B 收取 LIBOR 加上一个差价的浮动利率的互换合约。由于使总收益付出方所受风险比直接借钱给总收益收入方来买入债券再通过债券作为抵押融资所面临的风险要小很多，总收益互换常被当作融资工具。

■ 本章重点

① 信用违约互换运行机制。
② 信用违约互换的定价方法。
③ 总收益互换的运行机制。
④ 合成 CDOs 的运行机制。

■ 练　习

1. 总收益互换为什么常常被当作融资工具？
2. 什么是首次违约篮子？当其中资产信用相关性增加时，其价格会怎么变？
3. 解释 CDS 远期合约与 CDS 期权合约的结构，并举例说明 CDS 看涨期权合约。
4. 某交易商卖出 5 年期 CDS 合约，合约规定 CDS 买入方每年向卖出方支付 150 个基点，每半年付款一次。名义本金为 1 000 万元，交割方式为现金。假设违约发生在 3 年零 4 个月后，已知在刚刚违约发生后，ISDA 确定了每 100 股本金的股票价格只值 55 美元。列出 CDS 卖出方的现金流和支付时间。

5. 若市场上 3 年期无风险债券的收益率为 5%，A 公司的 3 年期的债券收益率为 7.5%，同时市场上对 A 公司违约提供保护的 3 年期 CDS 溢价为每年 100 个基点，问是否存在套利？当 CDS 溢价由 100 个基点变为 350 个基点时，又有怎样的套利机会？

6. 假定无风险零息收益曲线为水平，每年为 5%，同时假定一个在 4 年期普通的 CDS 合约中，违约只可能发生在每一年的中间，CDS 溢价为每年年底支付一次。假定回收率为 30%，并且无条件违约概率（在时间 0 观察到）在 0.5 年和 1.5 年时均为 2%，在 2.5 年和 3.5 年均为 3%。问 CDS 溢价为多少？

7. 已知 1 年期、2 年期、3 年期和 4 年期 CDS 溢价分别为 120、135、145 和 152 个基点，对应于所有无风险利率均为 3%，回收率为 40%，每季度支付一次，利用 DerivaGem⊖ 计算每年的违约率。在 1 年内违约率为多少？在第 3 年违约率又为多少？

8. 某 3 年期总收益互换面值为 100 万元，收益条款规定互换的一方将某个企业债券的总收益同 LIBOR 加上 15 个基点进行互换。如果债券在互换期限内价值增长了 20%，总收益互换的收入方 3 年后现金流会怎么变化？若债券在互换期限内价值降低了 10%，总收益互换的收入方 3 年后现金流又会怎样？在互换期限内债券发生违约时，又会如何？

■ 练习答案

1. 例如，总收益的收入方为了对参考的 5 亿元投资进行融资，就会与总收益的付出方签订一项总收益互换协议。由总收益的付出方买入基础资产债券后，将资产的总收益交给总收益的买入方并收取其 LIBOR 加上利差收入。这样做的好处是使付出方所受风险比直接借钱给总收益收入方来买入债券再通过债券作为抵押所面临的风险要小很多。毕竟总收益互换协议中，基础资产的所有权还是总收益的付出方，如果收入方违约，付出方不会再承担因抵押品所有权是谁而产生的法律风险。因此，总收益互换常常被当作融资工具。

2. 首次违约篮子互换是对一篮子参照资产（例如 10 个或 100 个资产）首次违约提供保护。赔偿方式与一般 CDS 的违约赔偿方式相同。当违约支付完时，合约将会自动失效。当资产信用相关性增加时，首次违约篮子价格将会减少。理由是当篮子里各资产的违约相关性越高，各资产发生违约的概率会比违约相关性低的资产篮子违约的概率小很多，因而对首次违约互换篮子的卖出方越有利。因此，首次违约篮子价格将会降低。

3. CDS 远期合约是指在未来某个特定时间 T，合约双方需要按约定买入或卖出有关参考实体的特定信用违约互换。但是若参考实体在时间 T 之前违约，远期合约将自动失效。

CDS 期权合约是指在将来某个特定时间 T，期权买入方有权以约定价格买入或卖出关于某个参考实体的特定信用违约互换。与 CDS 远期合约一样，如果在期权到期日之前参考

⊖ DerivaGem 是约翰·赫尔教授开发的一款衍生品价格计算软件。

实体发生了违约,那么相对应的 CDS 期权合约也将失效。例如,一个交易商买入 CDS 看涨期权合约,这使交易商有权在 1 年后按 220 个基点买入关于某个公司的 5 年期信用保护的权利。若 1 年后关于这个公司的 5 年期信用保护价格超过 220 个基点,那么期权将会被行使,否则期权将不会被行使。

4. CDS 卖出方将获得

$$10\,000\,000 \times 0.015 \times 0.5 = 75\,000$$

这 75 000 元现金将分别在 0.5 年、1 年、1.5 年、2 年、2.5 年及 3 年时刻获得,同时将在违约时间 3 年零 4 个月收到一笔关于出售 3 年期到 3 年零 4 个月的信用保护现金流 $10\,000\,000 \times 0.015 \times \frac{4}{12} = 50\,000$

由于违约事件发生使违约保护卖出方需要在 3 年零 4 个月支付给买入方

$$10\,000\,000 \times \frac{100-55}{100} = 4\,500\,000$$

5. 我们知道 n 年期的 CDS 溢价应大约等于 n 年期的企业债券收益率与无风险利率的差价。而 3 年企业的债券收益率与无风险利率差价为 2.5%,超过了 3 年期的 CDS 溢价,因此存在套利。投资者可买入 3 年期企业债券同时买入相应的信用保护,这样操作将使投资者得到的收益率大于无风险利率。若 CDS 溢价变为 350 个基点,投资者可卖出 3 年期企业债券,并同时卖出相应的信用保护,这样可以使投资者得到小于无风险利率的借款利率。

6. 表 16-6 列出了 CDS 预期付款的贴现值,我们假定溢价为每年 s,名义本金为 1 元。例如,第 2 年数量为 s 支付的概率为 0.96,因此期望值为 $0.96s$,贴现值为 $0.96se^{-0.05 \times 2} = 0.868\,6s$。

表 16-6 CDS 预期付款的贴现值

时间(以年计)	生存概率	预期付款	贴现因子	预期付款的贴现值
1	0.98	0.98s	0.951 2	0.932 2s
2	0.96	0.96s	0.904 8	0.868 6s
3	0.93	0.93s	0.860 7	0.800 5s
4	0.90	0.90s	0.818 7	0.736 7s
合计				3.338 0s

接下来我们将计算当违约发生时,信用保护的买入方将获取收益的贴现值为多少。表 16-7 展示了对应于名义本金为 1 元的预期收益的贴现值。例如,在第 3 年年中发生违约的概率为 0.03,因而预期收益为 $0.03 \times 1 \times (1-0.3) = 0.021$,贴现值为 $0.021e^{-0.05 \times 2.5} = 0.018\,5$。

表 16-7 名义本金为 1 元的预期收益的贴现值

时间（以年计）	违约概率	回收率	预期收益	贴现因子	预期收益的贴现值
0.5	0.02	0.3	0.014	0.975 3	0.013 3
1.5	0.02	0.3	0.014	0.927 7	0.013 0
2.5	0.03	0.3	0.021	0.882 5	0.018 5
3.5	0.03	0.3	0.021	0.839 5	0.017 6
合计					0.062 4

表 16-8 给出了预期应计付款的贴现值。例如，违约发生在第 2 年年中的概率为 0.02，而此时由对应的累计付款期限为第 1 年年末到第 2 年年中这半年，所以应计付款为 $0.5s$，我们可以求出第 2 年应计付款的期望值的贴现值，为 $0.5s \times 0.02 e^{-0.05 \times 1.5} = 0.009\ 3s$

表 16-8 预期应计付款的贴现值

时间（以年计）	违约概率	预期应计付款	贴现因子	预期应计付款的贴现值
0.5	0.02	$0.010s$	0.975 3	$0.009\ 8s$
1.5	0.02	$0.010s$	0.927 7	$0.009\ 3s$
2.5	0.03	$0.015s$	0.882 5	$0.013\ 2s$
3.5	0.03	$0.015s$	0.839 5	$0.012\ 6s$
合计				$0.044\ 9s$

由上述 3 个表我们可以得到 CDS 保护买入方总支付期望值的贴现值为

$$3.338\ 0s + 0.044\ 9s = 3.382\ 9s$$

也可以得出买入方总收益的期望值的贴现值为 0.062 4 美元，使两者相等，即

$$3.382\ 9s = 0.062\ 4$$

或

$$s = 0.018\ 4$$

因此，我们所考虑 5 年期 CDS 溢价的市场价为名义本金乘以 0.018 4，即每年 184 个基点。

7. 由 DerivaGem 得到在 1 年、2 年、3 年和 4 年的违约率分别为 1.99%、2.50%、2.77% 及 2.91%。因此，在 1 年内违约的概率为

$$1 - e^{-0.019\ 9 \times 1} = 1.970\ 3\%$$

在第 3 年内违约的概率为

$$e^{-0.025\ 0 \times 2} - e^{-0.027\ 7 \times 3} = 3.097\ 0\%$$

8. 如果债券在互换期限内价值增长了 20%，3 年后总收益互换的收入方可以向付出方索要 20 万元；若债券在互换期间价值降低了 10%，则 3 年后总收益互换的收入方要向付出方获取 10 万元；债券发生违约时，总收益互换收入方必须向付出方支付债券市场价格与 100 万元之间的差额。

参考文献

[1] 赫尔.期权、期货及其他衍生产品：原书第 9 版[M].王勇，索吾林，译.北京：机械工业出版社，2014.

[2] 宋逢明.金融工程原理：无套利均衡分析[M].北京：清华大学出版社，1999.

[3] 格利茨.金融工程学：修订版[M].唐旭，等译.北京：经济科学出版社，2004.

[4] 张惠茹，李海东.金融期货[M].北京：科学出版社，2005.

[5] 陈信华.金融衍生工具：定价原理与实际应用[M].2 版.上海：上海财经大学出版社，2009.

[6] 杨艳军.期货与期权投资学[M].北京：清华大学出版社，2013.

[7] 庄新田，苏艳丽，王健.金融工程：原理、工具与应用[M].北京：科学出版社，2009.

[8] 尹晓冰.公司财务理论[M].天津：南开大学出版社，2008.

[9] 郁洪良.金融期权与实物期权[M].上海：上海财经大学出版社，2003.

[10] 杨军战.金融工程应用与案例[M].上海：复旦大学出版社，2013.

[11] 朱平芳.统计学理论前沿[M].上海：上海社会科学院出版社，2016.

[12] 施兵超.金融衍生产品[M].上海：复旦大学出版社，2008.

[13] 周洛华.金融工程学[M].4 版.上海：上海财经大学出版社，2019.

[14] 张宗新.投资学[M].3 版.上海：复旦大学出版社，2013.

[15] 杜尔劳夫，布卢姆.新帕尔格雷夫经济学大辞典：第二版[M].贾拥民，等译.北京：经济科学出版社，2016.

[16] 汪天都.技术分析、有效市场与行为金融[M].上海：复旦大学出版社，2014.

[17] 潘红宇.金融时间序列模型[M].北京：对外经济贸易大学出版社，2008.

[18] 陈威光.金融衍生工具[M].武汉：武汉大学出版社，2013.

[19] 赵胜民.金融工程[M].厦门：厦门大学出版社，2010.

[20] 张金清.金融风险管理[M].2 版.上海：复旦大学出版社，2011.

[21] 叶蜀君.信用风险的博弈分析与度量模型[M].北京：中国经济出版社，2008.

[22] 傅元略，HEYJ.金融工程：衍生金融产品与财务风险管理[M].上海：复旦大学出版社，2007.

[23] 赫尔.风险管理与金融机构：原书第 5 版[M].王勇，董方鹏，张翔，译.北京：机械工业出版社，2021.

[24] 吴恒煜.信用风险控制理论研究：违约概率度量与信用衍生品定价模型[M].北京：经济管理出版社，2006.